앵그리 보스 2
MZ 킬러

"모든 문제는 인간관계에서 비롯된다."

알프레드 아들러 Alfred Adler, 《인간이해 Menschenkenntnis》(1927)

"호의를 베풀기 전에 먼저 그럴 가치가 있는 사람인지 확인하라."

셰리 아곱Sherry Argov

《남자들은 왜 여우 같은 여자를 좋아할까Why men love bitches》(2002)

이 책은 위험한 책이오[주1]

"자신에게 솔직한 사람만 보시오."

돈 벌고 싶지 않은 사람은 보지 마시오.

사랑받고 싶지 않은 사람도 보지 마시오.

평범한 일상이나 현실에 그럭저럭 만족하는 사람도 읽지 마시오. 책장을 넘길 힘조차 없을 테니 말이오. 나까지 무기력해지는 것 같소.

내 친구가 그렇다던데, 장래희망이 왜 하필 **독거노인**인지 모르겠소.

이는 농담으로라도 해서는 안 될 말이라고 생각하오. 무엇이든 생각하고 말하는 대로 되는 법이잖소.

오스카 와일드는 이렇게 말했소.

"사람들에게 진실을 말하고 싶다면, 그들을 웃겨라.

안 그러면 당신을 죽이려고 할 것이다."

너무 진지한 사람에게도 이 책은 권하고 싶지 않소. 지루할 것이오.

카프카는 이렇게 말했소.

"한 권의 책은 우리 안의 얼어붙은 바다를 부수는 도끼여야 한다네."

이 책이 그렇소. 심신이 미약한 사람은 아랫배에 힘을 꽉 주어야 할 것이오.

책장을 넘길수록 독자는 자기 생각이나 사상, 심지어 진리라고 믿었던 것들과 모순되는 주장과 사례를 직면할 것이오. 이 책을 갈가리 찢어버리거나, 땅바닥에 패대기 쳐버리고 싶은 충동을 느낄 수 있소. 하지만 괜찮소. 이 책이 진리와 가깝다는 강력한 반증이 아니겠소.

　누군가는 이 책을 화형시켜야 한다거나, 금서禁書로 지정해야 한다고 목소리를 높일 수 있소. 오히려 고맙소. 그것이 바로 '권장 도서'가 아니겠소.

　조나단 스위프트는 이렇게 말했소.

　"진정한 천재를 알아보는 방법이 있다. 그가 세상에 나섰을 때 얼간이들이 모두 똘똘 뭉쳐 그에게 대항한다면 틀림없다."

　누군가에게 이 책은 흔해 빠진 비즈니스 서적이겠지만, 필자에게는 유신론有神論 적 실존철학의 계보를 잇는 철학 서적이오. (필자보다 먼저 권위를 '책임지는 순서, 또는 '정체성'이라고 말한 사람이 있다면 알려주시오. 듬뿍 사례하겠소. 종교 경전을 제외하면, '권위를 인정하라'라고 말하는 책은 거의 없소)

　쇼펜하우어는 《의지와 표상으로의 세계》(1818) 〈서문〉에서 이렇게 말했소.

　"삶은 짧다. 하지만 위대한 진리는 인류의 역사만큼은 살아남을 것이다."

　그 순간 그 말이 필자에겐 이렇게 들렸소.

　"이 책은 '평소에 책을 읽지 않던 사람'조차 읽게 될 것이다!"

　이 책도 그럴 것이오.

　　　　　　　　　　그대의 고민이 돈이라면 이 책이 제법 흥미로울 것이오.

　　　　　　　하지만 그대 고민이 **사람**이라면, 그대 자신의 이야기로 가닿을 것이오.

　　　　　　　　　　　　　　　　　　　　　　　경고 | 이 책은 위험한 책이오

권위가 높아질수록 외로워진다

전작,《앵그리 보스》를 읽은 사람들은 열광했다. 하지만 책은 팔리지 않았다.

심지어 어느 독자는 이렇게까지 말했다.

"우리 딸도 이런 남편을 만났으면 좋겠다는 생각을 했다."

하지만, 그래도 책은 팔리지 않았다. (상급자와 하급자 사이의 갈등이 없는 조직은 없다. 그렇다면 이는 정말 대단한 기회초대박 슈퍼 베스트셀러가 아닌가! 그런데 고작 2쇄라니, 이 무슨 망신인가.)

심각하게 고민했고, 문제를 발견했다. 독자들 탓이었다.

독자들이 원했던 건 자기 이야기가 아니었다. 남의 이야기였다. (독자들을 믿었던 내 탓도 크다. 그래도 덕분에 미움받을 용기를 제대로 낼 수 있었다.)

그래서 다시 썼다.《앵그리 보스 2: MZ 킬러[주2]》

문제는 '요즘 젊은 사람들'이 아니다

이 책이 주목하는 문제는 오직 하나, '상급자와 하급자 사이의 갈등'이다.

하지만 필자가 주목하는 건 'MZ 세대'나 '90년대생' 등 실체도 없는 '요즘 젊은 사람들'만이 아니다. 우리 권위자들이다. 필자는 이렇게 주장하겠다.

"문제는, 요즘 젊은 사람들이 상급자의 권위를 인정하지 않는 것이 아니다.

우리 권위자들이 '권위 인정받을 자격'을 갖추지 못한 것, 그것이 문제다."

최소한 그들을 말할 자격은 갖추어야 하지 않겠는가.

이 책 전반부에서 필자는, 이른바 '개념 없는 하급자'로서 필자 한 사람만 강하게 비판하겠다. 필자에게 그들을 말할 자격이 없음이 증명될 것이다.

(행간^間을 읽는 독자는 필자가 '자기비하 유머^(주3)를 사용하는 이유를 이해할 것이다. 이보다 무거운 주제도 없는 것 같다.)

권위는 책임지는 순서다

전반부에서 필자는 권위를, '책임지는 순서'라고 정의하려 한다.

어?! 그렇다, 순간 여러 가지 생각이 들었을 것이다. 이는 상급자들에게 더 큰 책임을 요구할 수 있는 무기가 아닐 수 없다. 그들의 권위를 인정하지 않아도 무방한 이유도 설명할 수 있다.

'우리가 책임지면 된다.'

오히려 그 이상으로, 우리가 가진 권위가 더 높아질 것이다.

필자가 이 말을 강조하는 이유가 사실 따로 있다. 본문에서 확인하기 바란다. 독자가 하급자라면 속이 시원해질 것이며, 상급자라면, 벽에 머리라도 찧고 싶어질 것이다.

중반부는 앵그리 보스^{Angry Boss}, 이른바 '죽이고 싶은 상급자'로서 필자의 경험담이다. 중반부에서 독자는 권위자가 된 이후에야 비로소 경험하게 될 현실을 목격할 것이다.

그 순간 무엇이 그대를 가장 힘들게 하겠는가?

그렇다, 사람, 그중에서도 바로 하급자다.

세상 모든 조직에서 상급자와 하급자가 갈등하는 이유는 사실 간단하다. 양측의 처지가 다르기 때문이다. 하지만, 양측의 처지는 사실 같다.

'둘 다, 사람을 움직이게 해야 한다.'

다만 하급자가 본인 한 사람만 움직이게 해야 한다면, 상급자는 자신과 더불어 하급자도 움직이게 해야 한다. 이것이 세상에서 가장 어려운 일이다.

하지만 괜찮다. 후반부에서 독자는 사람을 움직이게 하는 강력한 동인動因, 이른바 '사람을 움직이는 힘'을 발견할 것이며, 그것만으로도 상급자나 하급자와 갈등할 이유는 사라질 것이다.

후반부에서, 모든 구성원이 리더로 구성된 조직을 목격할 것이다.

권위가 높아질수록 외로워진다

이 책의 진짜 목적은 사실 따로 있다. 독자가 가진 권위를 높이는 것이다.

토니 로빈스는 이렇게 말했다.

"행복의 비결은 딱 한 단어, '성장'으로 정의된다."

물론 필자 친구처럼 승진이나 연봉 인상을 전혀 원하지 않을 사람도 있겠지만, 우리 조금씩만 더 솔직하자. ('권위 있는 것'과 '권위적인 것'이 다르다[주4]는 것을 필자는 너무 늦게 깨달았다. 하지만 독자는 필자보다 나으리라 믿는다.)

누구나 권위자가 되는 법이다. 최소한 나이는 먹지 않겠는가. 그 순간 비로소 피부에 와닿을 현실, 권위자들이 차마 말하지 못했던 속내를 하나 밝히며 서문을 마친다.

"권위가 높아질수록 외로워진다."

그 마음을 아는 독자에게 이 책은 자신의 이야기로 가닿을 것이다.

《앵그리 보스》를 시작한다.

차례

나는
죽이고 싶은 상급자다

| 문제는 죽이고 싶은 상급자다

세상에서 가장 보편적인 문제가 있다. '상급자와 하급자 사이의 갈등'이다.

나폴레온 힐Napoleon Hill은 《황금률》(1928)에서 이렇게 말했다.

"이 시대의 가장 심각하고도 시급한 문제는 바로 경영자관리자와 노동자실무자 사이의 갈등, 즉 노사문제다."

인생의 사명을 발견하는 순간 느꼈던 그 기분을 뭐라고 표현해야 할지 모르겠다. 순간 숨이 턱 막혔다. 그가 이렇게 부연했기 때문이다.

"노동자들에게 불만이 많다는 사실을, 노동계와 재계의 어느 누가 모르겠는가. 그렇다면 이는 정말 대단한 기회가 아닐 수 없다. 노동자들의 문제를 해결할 사람에게는 엄청난 부와 명성이 보장된 셈이다."

엄청난 부와 명성이라니!

필자를 움직이는 힘이 항상 그런 건 아니지만, 글을 쓰지 않고는 견딜 수 없을 정도로 가슴이 뜨거워졌다. 그런데 이게 보통 문제가 아니었다.

세상에서 가장 보편적인 문제

문제는 관리자와 실무자, 즉 상급자와 하급자의 갈등이다. 누군가에게 이는 스승이나 선배와의 갈등이며, 누군가에게는 부모나 형제와의 갈등이다.

도대체 왜 그런 걸까? 더 근본적인 이유가 따로 있지 않을까?

"상급자의 처지와 하급자의 처지는 다르다."[주5]

그렇다면 해답은 간단하다. 양측의 처지를 하나로 만들면 되지 않겠는가.

문제는 바로 그것이 어렵다는 것이다. 중국 춘추시대 전략가, 손무孫武도 그랬다. 《손자병법孫子兵法》에서 그는 이렇게 말했다.

"상하가 하고자 함이 같으면 이긴다上下同欲者勝."

하지만 그것으로 끝이었다. 상하가 동욕同欲하게 할 방법, 즉 양측의 처지를 하나로 만들 방법은 찾을 수 없었다.

그래서야 뭘 이기겠는가. 진심으로 되묻고 싶었다. '그래서 어쩌라고요?'

하지만 되물을 수도 없었다. 이미 죽었기 때문이다.

이보다 유구한 역사와 전통을 자랑하는 문제도 또 없는 것 같다.

문제는 간단하다. "상급자의 처지와 하급자의 처지는 다르다."

목표도 명확하다. "양측의 처지를 하나로 만드는 것이다."

그렇다면 먼저 양측의 책임 소재를 분명히 해보자.

둘 중 누구에게 그 책임을 물어야 할까?

문제는 죽이고 싶은 상급자다

지금 하급자들 문제라고 말하고 싶은 독자도 많을 것이다. 당장 인터넷 게시판만 봐도 '요즘 젊은 사람들', 즉 MZ 세대나 90년대생에 대한 불만을 토로하는 글이 많다. 그 마음을 조지 칼린George Carlin은 이렇게 표현했다.

"그들은 딱 해고되지 않을 정도로만 일하고, 겨우 일을 때려치우지 않을 정도의 급여를 받는다."

일이 돌아가든 말든, 고객이 만족하든 말든, 회사가 망하든 말든, 월급만 제때 나오면 된다는 심리다. 하지만 내가 그랬다.

하지만, 권위가 '책임지는 순서'라면, 상급자와 하급자 둘 중 누구의 책임이 더 크겠는가? 문제 자녀를 그렇게 만든 부모의 책임이 더 큰 것과 같다. 윗물이 맑아야 아랫물도 맑지 않겠는가.

그렇다고 지금 필자가 세상 모든 상급자를 탓하려는 건 아니다. 어찌 세상 모든 상급자가 '죽이고 싶은 상급자'겠는가. 이른바, '죽이고 싶지 않은 상급자'가 더 많을 것이다. 그렇다면 결론은 자명하다.

문제는, 죽이고 싶은 상급자다.

행정 인턴 A를 증인으로 지정하여 신청한다.

| 행정 인턴 A의 일화

어느 지방자치단체 산하 공공기관에서 행정 인턴으로 일하게 되었어요. 곧 어느 문화센터로 발령받았습니다. 급여가 많은 건 아니었지만, 근무 시간도 일정하고, 일도 힘들지 않았어요.

잡다한 실무는 B 센터장님께서 모두 알아서 해주셨어요. 덕분에 저는 제가 해야 할 일만 하면 됐죠. 솔직히 여유도 좀 있었어요. 메신저로 수다도 떨고, 쇼핑도 좀 하고, SNS도 좀 했죠. 다들 눈치껏 하잖아요?

하지만 B 센터장님이 다른 문화센터로 가시며, 문제가 발생했습니다.

새로운 센터장이라던 그 C라는 젊은 인간, 그 인간이 모든 문제의 시작이었습니다. 눈앞에서 헬 게이트[주6]가 열리더라고요.

죽이고 싶었어요

센터장님이시라는 분이 알고 보니, 겨우 한 살 차이입니다. 그런데 자기가 무슨 대단히 높으신 분인 양 사사건건 개념을 운운하며 시비를 겁니다. 당연히 센터장님의 권위를 인정해 드려야겠죠. 나도 압니다. 그런데 왜 그렇게 허세를 부리시는 겁니까? 자기 자랑은 이제 지긋지긋합니다!

B 센터장님은 본인의 일은 본인이 하셨습니다. 그런데 이 인간은 일할 생각이 아예 없나 봅니다. 사람을 부려먹어도 정도가 있지, 센터장님 일은 센터장님이 직접 하셔야 하는 건 아닙니까? 이건 내 일 아니잖아요!

그런데 이 인간이, 지금 또 뭐 하는 겁니까? 자기 일은 죄다 남에게 미루고, 본인은 다른 사람들과 시시덕거리며 수다나 떨고 앉아만 있습니다.

"하기 싫으면, 안 하셔도 괜찮습니다, 내가 하면 되니까요."

아니, 그렇다고 어떻게 대놓고 하기 싫다고, 어떻게 대놓고 그냥 니가 하라고 말할 수 있겠습니까? 아무리 그래도 상급자시라면서요?

이젠 멋있는 척, 허세까지 부립니다.

"실수를 해도 괜찮습니다. 책임은 내가 집니다."

전혀 안 멋있거든요? 내가 왜 너한테 약한 소리를 합니까? 내 실수는 내가 책임집니다! 마음 같아서는 확, 들이받고 싶습니다.

"내 일 아니잖아요!" (이건 좀 아닌 것 같습니다!)

다행히 속으로만 말했습니다.

얼마 지나지 않아 C가 다른 문화센터로 발령 났다고 한다. 근무 시간에 자다가 마침 방문한 팀장에게 딱 걸렸다고 한다.

당시 기분을 묻자 그녀는 어금니를 꼭 깨물고 말했다.

"죽이고 싶었어요." 매일 집에 가서 울었다고 한다.

자신이 해야 할 일조차 A에게 미루던 게으른 인간, A가 하는 일에 사사건건 참견하며 아는 척을 했던 인간, 멋있는 척 허세나 부리던 인간, 그 죽이고 싶은 상급자가 누구였겠는가?

그렇다, 필자다.

그녀의 주장은 모두 사실이다. 하지만, 필자가 왜 그랬겠는가?

관리자는 실무자가 아니다

문화센터에 가보니 문제가 많았다. 보수할 시설과 장비도 많았고, 무엇보다 프로그램 개편이 시급했다. 그래야 회원 수를 늘릴 수 있지 않겠는가.

하지만 그보다도 심각한 문제가 따로 있었다.

사람이었다.

센터장 B는 온종일 혼자 분주했고, 행정 인턴 A는 무료하게 시간을 보내고 있었다. 얼굴에 심심함이 묻어났다. 그런 상황이 과연 정상일까?

아니라고 생각한다. 센터장은 실무자가 아니다. **관리자**다.

관리자에게 실무는 기본에 불과하다. 관리자는 실무자, 즉 하급자를 움직이게 해야 한다. 실무자가 자발적이고도 적극적으로 움직이도록 그 동기를 부여해야 한다는 말이며, 실무자에게 변화와 발전의 이유를 주어야 한다는 말이다. 관리자 자신이 아니라면 누가 자기 하급자에게 관심을 주겠는가.[주7]

그런데 B는 지금 뭐 하는 건가? 왜 그렇게 혼자만 분주한 건가? 왜 일하려 하는 사람을 자리에 앉혀만 두는 건가? 그런데도 B가 올바른 관리자인가?

먼저 A에게 두 가지를 확인했다.

"실무를 배우고 싶은가?"

"정규직으로 입사하고 싶은가?"

A의 눈이 반짝이기 시작했다.

무엇보다 먼저 업무와 관련된 지식과 경험을 전달하기 시작했다.

잔소리로 들을 수 있는 거 안다. 하지만 내가 겪었던 시행착오를 반복하게 하고 싶지는 않았다. 그래서 틈날 때마다 도움이 될 만한 이야기를 해주었다.

그런데 그게 그렇게 못 들어줄 자기 자랑과 허세인 건가? 자신을 돋보이려는 자기 자랑과 상대방을 위한 자기비하 유머[주3]는 다르다.

기능적인 지식[주8], 즉 관련 양식이나 규정, 절차 등을 전달하기란 어렵지 않다. 하지만 기술적인 지식, 즉 그 목적이나 이유, 당위를 전달하기란 어렵다. 그것이 A

에게 실무를 넘긴 이유다. 상급자가 직접 실무를 처리하는 것과 하급자를 믿고 기다려주는 것 중 어느 편이 더 어렵겠는가?

물론 반론을 제기하고 싶은 사람도 많을 것이다.

"그러다가 무슨 문제라도 생기면 어떻게 하려고?"

내가 책임지면 된다. 하급자가 감당하지 못하는 책임을 대신해 주는 것, 그것이 관리자의 가장 중요한 역할이 아니겠는가.[주7]

실제로 A는 문제를 거의@ 일으키지 않았다. 전문적인 지식이나 기술을 필요로 하는 실무가 많지 않은 까닭도 있었지만, A가 이미 그 정도의 책임감과 인성, 이른바 '배움 받을 자격'을 갖추었기 때문이다. 필자가 아무에게나 일을 가르쳐주었겠는가.

하지만 그래도 반론을 제기하고 싶을 수 있다.

"그래도 어떻게 근무 시간에 다른 사람들과 노닥거릴 수 있어요?"

물론 필자가 게으른 인간이었기 때문이지만, 다른 이유도 있었다.

프로그램 개편을 위해 이해관계자들의 의견을 모아야 했다.

다른 사람의 마음을 열고 그 속내를 꺼내기란 절대 쉬운 일이 아니다. 하물며 그 많은 회원의 의견을 하나로 모으기가 얼마나 어려웠겠는가. 강습 하나하나가 단체 민원이다.

두 달이 채 지나지 않아 다른 곳으로 발령이 났던 건 물론 근무 시간에 자다가 팀장에게 걸렸기 때문이다. '프로그램 종합 개선(안)'을 비로소 완성하고 잠시 긴장이 풀렸던 것 같다. 하지만 다른 이유도 있었다.

팀장이 필자에게 더 큰 문화센터를 맡겼다.

당시 필자는 '상급자들이 서로 데려가려 하는 담당자'였다.

(한번은 어느 상급자가 이렇게 말하는 걸 들었다.

"내가 저놈을 사위Son-in-Love로 삼으려고 했어."

순간적이었지만, 식은땀이 흘렀다. *(집에까지 데려가려 하셨던 거다.)*

결론이다. C의 후임 센터장 D는 이렇게 말했다.

"어떻게 행정 인턴이 센터장보다 일을 더 잘 해?"

행정 인턴 A가 마치 센터장 C라도 된 것처럼 말하고, 행동하고 있었기 때문이다. 그렇다면 된 거 아닌가.

문제는, 죽이고 싶지 않은 상급자다

아니다. 아직 문제가 하나 남아 있다. A가 가장 바랐던 건 조직에 정규직으로 입사하는 것이었다. 말단 현장관리자에게 그런 권한이 있을 리 없다. 하지만 필자가 말하고 싶은 건, 필자의 행동이다.

추천서를 만들고 팀장님께 확인을 받아 A에게 주었고, A는 이를 냉큼 받아 입사 지원 서류에 첨부했다. 이제 A는 어떻게 되었을까?

그녀가 우리 집에 있는 무서운 여자Angry Wife가 되었다고 생각한다면, 그대는 로맨틱한 사람Romantist이다. 하지만 진지한 비즈니스 철학 서적에 어울리는 결말은 아니다.

A는 다음 해 정식으로 입사했다. 이제 그녀도 센터장이다.

A는 청출어람靑出於藍, D는 어부지리漁父之利. 그렇다면 된 거 아닌가.

그렇다면, A, B, C 셋 중 누가 가장 나쁠까?

물론 C라는 젊은 인간이다. 어찌 목적이 수단을 정당화할 수 있겠는가.

하지만 B도 잘한 건 아니다. 그가 바로 죽이고 싶지 않은 상급자의 전형, 즉 '하급자에게 무관심[주9]한 상급자'이기 때문이다.

물론 이는 그가 관리자의 역할을 배우지 못했기 때문이다. 하지만 단지 몰랐다는 이유로 관리자가 그 책임을 피할 수는 없다고 생각한다. 그 피해가 본인 한 사람에게만 돌아가는 건 분명 아닌 까닭이다.

비슷한 사례는 많다. 또 다른 행정 인턴, E의 이야기다.

공주 대접을 학습시킨 책임

더 큰 문화센터를 거쳐 본사로 올라갔고, 행정 인턴 E를 만났다.

상황은 같았다. E도 온종일 자리에 앉아만 있었고, 얼굴에는 심심함이 더 많이 묻어났다. 예전처럼 나는 E에게 잡무를 부탁했고, 그 순간, 비록 순간적이었지만, 하기 싫은 티가 노골적으로 스쳤다. 다른 담당자들이 문제였다.

"그런 걸 행정 인턴에게 시키면 어떡해? 네가 직접 해야지!"

일이야 내가 하면 된다. 하지만 왜 일하려는 사람을 자리에 앉혀만 놓는 건가?

(정말로 게으른 사람은 좋아하겠지만, 그런 사람은 비교적 소수다.)

하지만 그들은 공주님을 모시는 시종이라도 된 듯, E를 모시고 있었다. 시답잖은 농담을 걸어댔고, 데리고 나가서 달달한 것을 사주었다. 그런 처우를 '공주 대접'이라고 해보자.

E도 그런 대우가 싫을 리 없다. 달달한 걸 사주는 데 안 먹을 사람도 없다. 하지만 만약에라도 E가 그런 대우를 당연하게 여기게 된다면 무슨 일이 일어날까? E가 그런 호의를 자신의 권리라고 여기게 된다면 무슨 일이 일어날까?

하급자에게 호의를 베풀지 말아야 한다는 말을 하려는 것이 아니다. 상대방이 그런 호의 받을 자격을 갖추었는지 먼저 확인해야 한다는 말이다.

로버트 그린리프Robert K. Greenleaf는《서번트 리더십》(1970)에서 이렇게 말했다.

"이 시대의 적은 누구인가? 사악한 사람이나 어리석은 사람이 아니다. 지도자로서 사회나 조직을 섬길 기회가 주어진 순간, 그 기회를 외면하는 사람들이다."

같은 맥락에서 필자는 이렇게 주장하겠다.

"이 시대의 적은 누구인가? 권위적이거나 폭력적인 범죄자급 상급자, 이른바 '죽여야 할 상급자'가 아니다. 하급자에게 무분별하게 호의를 베푸는 무관심한 상급자, 즉 '죽이고 싶지 않은 상급자'다."

공주 대접을 학습하게 된 하급자가 있다면, 자신이 약자라는 사실을 교묘하게 이용하게 된 하급자가 있다면, 그래서 지금도 제삼자가 그 피해를 보는 것이 사실이라면, 하급자에게 무분별하게 호의를 베푼 '죽이고 싶지 않은 상급자'의 잘못이라고 필자는 주장하겠다.

이 시대의 권위자들이 그 권위를 잃어버린 이유가 바로 여기에 있다고 생각한다. 미묘하기에 쉽게 드러나진 않지만, 광범위할 것이다.

이제 다시 심판대 앞으로 돌아가 보자.

"개념 없는 하급자와 죽이고 싶은 상급자, 둘 중 누가 죄인인가?"

글을 쓰다 보니 내가 틀린 것 같다.

답은 3번, '죽이고 싶지 않은 상급자'일 수 있기 때문이다.

파커 J. 파머Parker J. Palmer는 《가르칠 수 있는 용기》(1998)에서 이렇게 말했다.

"좋은 교육은 학생을 만족시키지 않는다. 오히려 학생을 불만족하도록 몰아붙인다. … 그런 경우 학생이 선생의 의도를 파악할 때까지는 어느 정도의 시간이 필요하지 않을까?"

앵그리 보스의 정체가 드러나는 순간이다. 앵그리 보스는 권위적이거나 폭력적인 상급자가 아니다. (그런 사람은 이미 범죄자급이다.)

하급자를 위해 애써 '미움받을 용기'를 실천하는 상급자, 그가 바로 '앵그리 보스'다. 주제로 돌아간다.

┃사람을 움직이는 힘

문제는 간단하다. "상급자의 처지와 하급자의 처지는 다르다."

그 해답도 간단하다. "상급자와 하급자, 양측의 처지를 하나로 만드는 것이다."

그 가능성은 센터장 D의 말로 이미 증명되었다고 믿는다.

"어떻게 행정 인턴이 센터장보다 더 잘 해?"

청출어람靑出於藍 청어람靑於藍(주10), 제자를 가르치는 선생이나 자녀를 양육하는 부모에게, 하급자를 사랑하는 상급자에게 그 이상의 칭찬이 있을 수 있을까?

하나 있었다. 어느 목사님께서 길 삼 형제에게 이렇게 말씀하시는 걸 들었다.

"아빠처럼만 커라."

뭐라고 말해야 할지 모르겠더라. 그래서 아무 말도 하지 않았다.

(집에서 녀석들에게 물어보고 싶었던 것이 생각났다.

"교회에서 보는 아버지랑 집에서 보는 아버지가 같니, 다르니?"

그런데 갑자기 녀석들이 정색했다. "완전 똑같은데요?"

'너희 엄마는 완전히 다르잖아'라는 말이 목구멍까지 올라왔지만, 말하지 않았다. 아내의 권위를 무너뜨릴 수는 없지 않은가. *그런데 왜 남편을 쥐잡듯이 잡았던 걸까?*)

당시 A는 센터장 C의 권위를 인정하기는커녕, 대놓고 싫어했다.

"내 일 아니잖아요!"

오죽했으면 매일 집에 가서 울었겠는가. 하지만 A는 C의 말을 거부하거나 불복종하지 않았다. 심지어 어느 순간부터 A는 마치 C가 된 것처럼 말하고 행동하고 있었다. 도대체 무슨 일이 일어난 걸까?

그 이유를 이번에는 이렇게 설명하겠다.

"'사람을 움직이는 힘'이 A를 움직이게 한 것이다."

이 책의 진짜 목적이 드러나는 순간이다.

사람을 움직이는 힘의 정체를 밝히는 것이다.

사람은 사람을 움직이려 한다

문제를 한 번만 다시 보자. 그 정도로 쉽지 않은 문제다. 상급자와 하급자의 처지는 도대체 왜 그렇게 완전히 다를까? 더 근본적인 이유가 따로 있지 않을까?

그 이유를 이번에는 이렇게 설명하겠다.

"서로가 서로를 자기 의도대로 움직이려 하기 때문이다."

실제로 그렇다, 사람은 누구나 상대방을 자기 의도대로 움직이려 한다. *왜 남편을 쥐잡듯이 잡았겠는가.* 그 의도에 반해 저항하는 것도 결국, 상대방을 자기 의도대로 움직이려는 것이다.

하지만 문제는 그와 동시에, 그에 반하여 저항하려는 심리나 경향이 있다는 사실이다. 작용-반작용의 법칙과 같다. 그것이 바로 '청개구리 심리'[주11]다. 그렇게 서로의 의도가 충돌하는 순간, 갈등은 필연적이다.

아침마다 자녀를 일으키려는 부모의 의도와 5분만 더 자려는 자녀의 의도가 충돌한다. 제자가 공부하기를 바라는 스승의 의도와 그에 저항하는 제자의 의도도 마찬가지다. (공부하라고 말하기는 쉽지만, 그렇다고 공부를 하는 건 아니다. 그걸 본인이 왜 모르겠는가. 잔소리하는 사람의 권위만 더 무너진다. 문제의 본질은 그래야 할 이유, 즉 당위를 아직 깨닫지 못한 것이다.)

관리자와 실무자의 관계에서도 마찬가지다. 어느 한 편이 일은 적게 하면서 돈은 더 받으려 한다면, 다른 편은 일은 더 시키면서 돈은 훨씬 더 적게 주려 하기 때문만이, 아니다.

서로가 움직여야 하는 사람이 완전히 다르기 때문이다.

상급자나 하급자나 자신을 움직이게 해야 하는 건 같다. 하지만 동시에 상급자는 하급자도 움직이게 해야 한다.

학생이 공부를 안 한다고 누가 와서 잡아가는 건 아니다. 하지만 제자들이 단체로 공부 안 하면, 스승은 잡혀간다. 하급자를 움직이게 하지 못하는 상급자도 마찬가지다. 하급자들이 단체로 일 안 하면, 상급자는 집에 가야 한다. 이는 결국, 상급자 자신의 생존이 걸린 문제인 것이다.

한 편은 다른 편을 움직이게 해야 한다. 하지만 다른 편은 그렇게 움직이지 않으려고 온 힘을 다해 저항한다. 하지만 다른 편은 이를 포기할 수조차 없다.

도대체 무얼, 어떻게 해야 할까? (사실 쉽다. 돈이 최고다. 하지만 그 한계는 분명하다. 그만큼 돈이 많은 것도 아니며, 돈이라는 가치가 사라지는 순간 움직여야 할 이유도 사라진다. 자칫 돈만 밝히는 수동적인 사람이 될 수도 있다. 오히려 사람을 망치는 셈이다.)

그 해답이 바로, '사람을 움직이는 힘'이다.

나는 아들 셋의 영웅, 길군이다

아빠는 항상 미안하다. 그런데도 감히 자기 입으로 영웅이라 말할 수 있는 이유는 오직 하나, 그 힘, '사람을 움직이는 힘' 덕분이다.

녀석들이 같은 어린이집에 다닐 때 있었던 일이다. 다 같이 소풍을 다녀왔던 날, 원장 선생님은 이렇게 말했다.

"아니, 이 녀석들이 쓰레기를 주워오더라고요?!"

교회 주일학교 선생님은 이렇게 말했다.

"딸 하나 키우는 것보다 길 삼 형제 키우는 게 훨씬 수월하겠어요!"

매일 밤 우린 실랑이를 벌인다. 책 좀 그만 봐! 딱 한 권만 더 볼게요! 아니, 세 권만 더요! 난 속으로 웃는다.

아침마다 스스로 일어나는 아이들을 본 적이 있는가? 다른 사람이 내릴 때까지 엘리베이터를 잡아주는 5살 꼬마를 본 적이 있는가? 스마트 폰을 사달라고 떼 쓰지 않는 6살 꼬마를 본 적이 있는가? 밉지 않은 4살, 죽이고 싶지 않은 7살 아이를 본 적이 있는가? 게임을 하며 친구나 동료에게 아이템을 양보하는 초등학생을 본 적 있는가? 나는 매일 본다!

부모의 처지에서 가장 움직이기 어려운 사람이 누구겠는가. 하지만 그 힘이 필자의 자녀들을 움직인 것이 사실이라면, 세상 그 누구를 움직이지 못하겠는가.

하나 있다. 집에 있던 무서운 여자다.

이 책으로 필자는 '사람을 움직이는 힘'을 발견했던 계기와 이를 직장, 즉 조직에 적용했던 결과를 나누려 한다. 그 힘이 무언지 깨닫는 것만으로도 독자의 권위는 높아질 것이며, 독자도 누군가의 영웅이 될 것이다.

글을 시작하며 나폴레온 힐의 말을 인용했다.

"노동자들에게 불만이 많다는 사실을, 노동계와 재계의 어느 누가 모르겠는가. 그렇다면 이는 정말 대단한 기회가 아닐 수 없다. 노동자들의 문제를 해결할 사람에게는 엄청난 부와 명성이 이미 보장된 셈이다."

필자가 얻게 될 뭐랑 뭐를 말하려는 것이 아니었다. 독자가 얻게 될 그것들을 말하려는 것이었다. 힐의 배턴을 받아 필자는 이렇게 주장하겠다.

"독자가 속한 조직에도 상급자와 하급자 사이의 갈등이 없을 리 없다. 그렇다면 이는 정말 대단한 기회가 아닐 수 없다. 독자에게 보장된 부와 명성은, 승진이나 연봉 인상, 정년보장 정도가 아닐 것이다."

엄청난 뭐랑 뭐는 진정한 힘의 그림자나 결과에 불과하지만, 그렇다고 승진이나 연봉 인상을 여전히 원치 않을 독자는 없으리라 믿는다.

오스카 와일드는 이렇게 말했다.

"어렸을 때 나는 돈이 삶에서 가장 중요하다고 생각했다.

나이든 지금 생각해 보니, 더 그렇다."

그 힘을 올바르게 사용하는 데 필요한 건 오직 하나, 단 한 사람과 싸워 이기는 것이다. 죽이고 싶지 않은 상급자와 싸워야 한다거나, 뭐 없는 하급자와 싸워야 한다는 말이 아니다. *무서운 여자와 싸우라는 말은 더더욱 아니다. 어차피 못 이긴다.*

'자신과 싸워 이겨야 한다'는 말이다.

노골적으로 말해볼까?

죽이고 싶은 상급자^{Angry Boss}가 되어야 한다.

《앵그리 보스》를 시작한다.

그런데, 또 잠깐!

게임을 시작한다

재미있는 생각이 들었다. 독자에게 추리게임을 제안한다.

사람을 움직이는 힘이 무언지 맞춰보는 거다!

'그 힘은 과연 무엇일까?' (그 정체는 A가 슬쩍 언급하긴 했다.)

필자의 제안은 간단하다.

그대가 추리하는 답을 SNS에 올려주는 것이다.

정답을 맞힌 독자에게, 필자가 줄 수 있는 가장 좋은 걸 선물하겠다.

(사실 필자가 바라는 건 독자와의 소통이다. 최소한 재미는 있지 않겠는가.)

아래 태그가 필자를 소환할 것이다.

#길군 #앵그리보스 #MZ킬러 #AngryBoss #MZKiller

그리고 지금 생각하는 그거, 정답 아니다.

Part 1

나는 사실,
개념 없는 하급자였다

| 일 안 하는 담당자

나는 보통 이하의 공기업 직원이었다. (조직도 보통 이하였고, 필자가 보통 이하였다.)

필자는 '일 안 하는 담당자'였다. 열심히 일할 이유를 찾을 수 없었다.

공기업을 선택한 이유가 어린 시절의 꿈이었을 리 없다. 그냥, 영업하기 싫었을 뿐이다. 노력하기도 싫었다. 평범한 삶에 만족한다며 자위했다.

하지만 지자체가 우리에게 문화센터 네 곳을 위탁하며 문제가 생겼다.

일 안 하던 담당자가 센터장관리자이 된 것이다.

회원 수를 늘리기 위해, 영업을 해야 했다.

문화센터 회원 수를 늘려라!

팀장을 비롯한 상급자들의 영업 전략은 뚜렷하고도 일관적이었다.

현장관리자들만 쥐 잡듯이 잡아댔다.

"문화센터에 회원이 없다!" ("옆 센터는 뭐 하는 거야? 안 도와줄 거야?")

피가 마르고 뼈가 삭는 그 기분을 뭐라고 표현해야 할지 모르겠다. 회의 때마다 우리는 회의에 빠져야 했다.

그러던 어느 날, 사달이 났다. 창립기념일이었다.

고객은 항상 옳다?

행사 직후 CS^{Customer Satisfaction, 고객 만족} 교육이 있었다. 고객 만족의 전설, 스튜 레오나드^{Stew Leonards} 사의 기업 철학을 처음 접했다.

규칙1. 고객은 항상 옳다.

Rule 1. The customer is always right.

규칙2. 만약 고객이 옳지 않다면, 규칙1을 다시 읽어라.

Rule 2. If the customer is ever wrong, reread Rule1.

CS 강사가 말장난이라도 하는 줄 알았다. 그런데 장난이 아니었다.

강사가 불을 뿜어댔다.

"고객은 왕이다!" ('고객은 외부고객이다.')

"고객은 항상 옳다!"

충격이었다. 그리고 그 순간, 팀장을 비롯한 관리자들의 반응을 목격했다.

얼굴에는 흡족한 미소와 함께, 조명*개기름*이 번들거렸다.

이번에는 강사가 침을 뿜어대기 시작했다.

"고객 감동에서 고객 경악으로!"

'아니, 경악이라니? 지금 내가 경악하겠다!!'

혈관 속으로 아드레날린이 솟구치더니, 막을 기세조차 없이 불벼락으로 쏟아져 나왔다.

"정말 고객이 항상 옳습니까??!!"

전 직원 앞에서 사달이 났다.

내부고객도 고객이다!

문화센터 회원들, 즉 '외부고객'에게도 문제가 없는 건 아니었다.

지역 자체가 대한민국에서 가장 잘 사는 동네였고, 지방 출신 신입사원은 뭐라도 다를 것이라 기대했다. 얼마나 발전된 곳, 얼마나 세련된 곳일까? 사람들은 얼마나 교양 있고 친절할까? 얼마나 영적으로 발전했을까?

곧 기대한 만큼 실망했다. "야, 너 공익이지?"

"네가 이 동네 사람이야? 이 동네에서 일하는 사람이지!"

하지만 괜찮다. 고객님이시기 때문이다. 하지만 같은 내부고객, 그중에서도 상급자들은 해도 너무 했다.

"고객외부고객은 왕이다!"

그들의 모든 관심은 오직 회원일 뿐, 내부고객은 안중에도 없었다. 최저임금은 먹는 건가요? 일한 만큼만 받아도 좋겠다. 시간외근무 시간은 항상 한도를 초과했지만, 보상은커녕 식비나 출장비조차 없었다. 심지어 한번은 헌혈 행사를 한답시고 직원들 피까지 뽑아 팔더라.

외부고객을 만족하게 해야 한다는 걸 부정하려는 건 아니다. 다만 내부고객도 생각해 주어야 할 거 아닌가. 내부고객이 만족해야 외부고객이 만족한다는 건 이미 상식이 아닌가? 그런데 왜 내부고객 만족도는 조사하지 않는 건가?

이건 이중 잣대double standard다!

우리에게 고객 만족만을 강요했던, 당시 상급자들을 소개고발하고 싶다.

먼저 식충이다.

| 저런 사람이 밥은 왜 먹어?

식충이 팀장은 전형적인 '멍청하고 게으른 상급자'[주-12]다.

첫인상은 좋다. 목소리도 맑다. 인사도 잘 받아준다. 사무실도 깨끗하고 화분도 많다. 선배들에 따르면 성격이 조금 꼼꼼하다고 한다. 예를 들어, 책상 위 메모지가 조금이라도 틀어지는 순간, 재앙이 일어난다.

"내가 이렇게 놨었나? 저렇게 놨었나?"

메모지를 붙들고 온종일 앉아만 있다. 나중에는 혼자 씩씩대다가 갑자기 소리를 버럭 지른다.

"야! 자랑 각도계 가져와!"

각도를 재다가 전화기를 툭 건드렸다면? 이번엔 전화기를 붙들고 또 앉아만 있다. 그런 날은 말도 못 건다. 결재도 못 받는다.

알아서 해

식충이 팀장이 제시하는 비전은 항상 명확하고도 구체적이다.

"나는 아무것도 몰라."

"알아서 해." ("그런 건 담당자들끼리 알아서 해야지!")

그 뒤에 숨은 뜻이 위험하다. '나는 책임 안 진다.'

식충이 팀장은 문서를 꼼꼼하게 검토한다. 성격 탓이다. 하지만 담당자들은 일을 할 수가 없다. 문서를 서른세 번씩 고쳐야 하기 때문이다.

예를 든다. 결재 전에 구두口頭로 확인을 받았다고 하자.

"업무를 이러저러하게 처리하겠습니다. 예산은 이러저러하게 확보했고요, 이해 관계자에게는 이러저러하게 협조를 구했습니다."

대답은 속 시원하다. "알아서 해."

그렇게 시간이 흘러 계획서를 완성했다. 다른 팀과 업무 조율도 끝냈다. 고객도 이미 알 사람은 다 안다. 결재만 받으면 끝이다. 그런데 지금 이게 무슨 상황인가?

"내가 그렇게 하라고 했었나?"

예? 지금 뭐라고 하셨어요? 제가 잘못 들은 거죠? 고객들도 알 사람들은 다 아는 데요? *실제로 당해보면 피가 거꾸로 솟는다.* 머릿속에 지우개라도 들어있나?

"난 아무것도 몰라, 이러이러하게 다시 해보지?"

예? 아무것도 모르시면 그냥 가만히 계셔주시면 안 될까요? 한숨이 나오는 정도가 아니다. 두개골을 갈라 지우개를 꺼내드리고 싶다.

그렇게 시간이 흐르고, 담당자는 계획서를 고쳐냈다. 다른 팀과 업무 조율도 다시 했다. 미안하긴 하지만 괜찮다. 내부고객이 외부고객보다는 너그럽다.

고객들에게는 욕을 좀 먹었다. 한 번은 봐준다고, 한 번만 더 그러면 죽여 버린다고 한다. 그런데 이게 또 무슨 상황인가?

"내가 그렇게 하라고 했었나?"

이 사람 혹시, 바보 아닐까? 다른 팀 담당자들도 식충이를 욕한다. 고객들은 대노大怒하셨다. 하지만 식충이는 한결같다. "내가 그렇게 하라고 했었나?"

지우개가 좀 큰 건가? 두개골을 톱으로 좀 켜봐야겠습니다! *톱을 잘 골라 와라! 녹이 아주 팍팍 슨 놈으로!*

그렇게 다시 몇 주가 지나고, 계획서도 고침을 당하지만, 식충이는 한결같다.

"내가 그렇게 하라고 했었나?"

예? 저한테 왜 그러세요? 제가 뭘 그렇게 잘못했나요? 나 안 해!

소리 지를 힘도 없다. 벌써 우울증 초기다.

로렌스 피터[Laurence J. Peter]는 《피터의 원리》(1969)에서 20세기 최고의 통찰이라는, '피터의 법칙'을 제시했다.

"위계조직의 구성원은 무능의 단계에 도달할 때까지 승진한다."

하지만 식충이는 무능력자가 아니다. **무지한 무능력자**다.

"위계조직에 가장 심각하게 악영향을 끼치는 사람이 바로 무지한 무능력자다. … 무능한 상사가 미치는 악영향은 능력 있는 부하직원마저도 좌절감을 느끼게 하고 의욕 저하로 고통을 겪게 하는 데 있다."

의욕 저하로 고통을 겪는 수준이라면 그나마 다행이다. 모든 담당자가 이미 '멍청하고 게으른 담당자'가 되어있었다. (그것이 식충이의 가장 큰 해악이었다.) 문서를 서른세 번씩 수정하려면 뇌랑 간이랑 쓸개를 빼서 집에 두고 와야 하기 때문이었다.

하지만 식충이 머리 위에 앉아 있는 담당자도 있었다.

'똑똑하고 게으른 선배'였다. "문서에 오타를 대여섯 개만 섞어 봐."

순간 식충이 눈빛이 달라지더니, 서랍 깊은 곳에서 뭘 꺼내 들었다.

빨간 펜이었다.

식충이가 갑자기 신나게 오타를 찾기 시작했다. 애들 숨은그림찾기라도 하는 것 같았다. 빨간 줄과 빨간 동그라미로 문서가 순식간에 시뻘겋게 되었고, 담당자 눈에 문서는 마치, 피라도 철철 흘리는 것 같았다.

문서를 건네며 식충이는 이렇게 말했다. "나 아니었으면 어쩔 뻔했어?"

담당자 마음엔 피가 더 철철 흘렀다.

문장이 미묘하게 꼬여 있는 문서가 발견될 때가 있다.

식충이가 숨어있다는 증거다.

뭐 좀 맛있는 거 없을까?

식충이에게도 인생의 고민이 있다. 그렇다, 밥이다.

"오늘 뭐 먹을까?" ("뭐 좀 맛있는 거 없을까?")

뭐 좀 맛있는 게 도대체 뭘까? 담당자가 추천하는 점심이 항상 맛있을 순 없다. 식충이 팀장은 혼자 씩씩대다가 순간 화를 버럭 낸다. 잠시 당황하곤 아무 말 없이 꼭꼭 씹어서 잡수신다. 담당자 마음도 꼭꼭 씹히는 기분이다.

"저런 사람이 어떻게 저 자리까지 갔어?"

"저런 인간이 밥은 왜 먹어?"

그러니까 식충이다.

멍청하고 게으른 군인은 알아서 도태되는 법이니 안심하라고 말하는 사람도 있다. 그렇게 말하는 그 인간이 바로 식충이다! 알아서 도태하지 않으니까 식충이라고! 약을 쳐도 안 죽는다고! 느낌표를 자제할 수가 없다고!!

그런데 잠깐, 서른네 번 고침을 당한 문서는 어떻게 될까?

부활한다. 초안 그대로, 회계연도가 끝나기 직전에 결재를 받는다. (그러니 한겨울에 도로를 파헤친다.)

이건 우리끼리 하는 이야기다. 식충이가 제대하는 날은 축제 같았다. 그러니 꽃다발도 준비하고 기념품도 꼭 챙긴다. 박수도 세게 하고, 한번 꼭 안아드린다. 다시 돌아오지 말라는 의미다.

식충이도 아주 신이 났다. 등산 장비도 풀세트로 준비했다고 한다. 기세는 에베

레스트산이라도 정복하고 올 것 같지만, 오래가지 않는다.

등산 장비에 먼지가 쌓이는 이유를 로렌스 피터는 이렇게 설명했다.

"무지한 무능력자가 자신의 무능을 깨닫지 못할 때는 그래도 괜찮다. 그러나 무지에서 벗어나 자신의 위치를 깨닫는 때가 오면, 그는 자신감을 상실하고 최종 승진 단계에서 머무른 시간에 비례하여 충격을 받게 된다."

왠지 가슴이 먹먹한 이유는 식충이가 안쓰럽거나 불쌍하기 때문이 아니다.

나도 똑같이 될까 봐 그렇다. 그러니 말도 꺼내기 싫다.

이번에는 '멍청하고 부지런한 상급자'[주-12]의 전형, 불사조 팀장이다.

식충이 팀장이 그리울 것이다.

| 저 사람은 무슨 불사조야?

불사조 팀장은 전형적인 '멍청하고 부지런한 상급자'다.

첫인상부터 식충이 팀장과는 아주 달랐다. 인상부터 무언가 불만이 가득해 보였고, 목소리도 탁했다. 선배들 이야기를 들어보니, 아주 부지런한 분이라고 한다.

예를 들어, 연초부터 문서 캐비닛이 터져나갔다.

"무슨 문서를 그렇게 많이 만들어?"

담당자도 모른다. 그냥 불사조 팀장이 시키니까 하는 것뿐이다. 바쁘니까 말 걸지 말란다. (뒤에서 누가 듣고 있기 때문이다.)

밥을 맛으로 먹나?

불사조 팀장은 사무실 환경 정비 따위에는 전혀 관심이 없었다. 일 할 시간도 부족했기 때문이다. 화분은 이미 낙엽이 되어있었다.

그렇다고 사무실을 전혀 정비하지 않은 건 아니었다. 사무실 한쪽 벽면을 실적표 한 장이 가득 메우고 있었다.

그런데 그 실적표, 재작년 거였다. (왕년을 그리워하셨기 때문이다.)

불사조 팀장도 가끔은 상념에 잠긴 채 그 실적표를 뚫어지게 쳐다봤다.

우상偶像 Idol이라도 숭배하는 것 같았다.[주13]

불사조 팀장은 밥도 아무거나 먹었다. 일 할 시간도 부족했기 때문이다.

"밥을 맛quality으로 먹나, 양quantity으로 먹지."

선호하는 음식은, 얼음보다 차가운 냉면, 혹은 펄펄 끓는 뚝배기.

"별로 뜨겁지도 않은데 뭘?"

뚝배기가 펄펄 끓으면 뭐하나, 숟가락 몇 번이면 바닥을 드러낸다.

"빨리 먹고 일을 해야지." 뜨거운 거 먹으면 입안에서 뭐가 허우적거린다.

"천천히 먹어." 그런데 왜 자꾸 시계를 쳐다보는 걸까? *그러나 설렁탕이 코로 들어간다.*

불사조 팀장은 식충이 팀장과는 아주 다른 사람이었다. 직원 교육이라도 할 때면 식충이는 교육 자료를 읽기 바빴다. (교과서를 읽어주는 선생님은 인기가 없다.) 하지만 불사조 팀장은 교육 자료 없이도 몇 시간이고 직원 교육을 진행할 수 있었다. 당시 불사조 팀장의 가르침을 나는 여전히 기억한다.

"내가 왕년에는 말이야, 블라블라^{Blar blar}~~."

8할이 허세요, 자기 자랑이었다. 그 외에 기억나는 건 전혀 없다. 도대체 왜 그렇게 허세를 부렸던 걸까? 집에서는 밥도 못 얻어먹었기 때문이었다.

그러니 저녁에도 집에 안 가고, 주말에도 출근했던 거다.

그러니 담당자들도 저녁에 집에 못 가고, 주말에도 출근해야 했다. *이런 망할.*

그러던 어느 날, 이상한 일이 일어났다.

불사조 팀 담당자들이 일을 안 하고 있었다!

뭘 자꾸 보여 줘야 돼

아니, 왜? 무슨 일이야? 불사조 팀장이 손댔던 일들을 수습하다 죄다 과로로 쓰러져 죽었기 때문이다. 아니, 무슨 일을 그렇게 많이 했길래?

재앙^{disaster}이었다, 재앙.

불사조가 손을 댄 모든 것이 허물어지고 무너져 내렸다. 그렇게 잿더미만 남아 있었다. 어떻게 그렇게 수습도 하지 못할 정도로 일을 망칠 수 있었을까?

하지만 그래도 불사조는 계속 부지런했다. 계속 다른 무언가에 손을 댔고, 계속 뭐가 허물어졌다.

나중엔 민원인도 포기했다. (민원을 내면 뭐하나, 오히려 더 불편해졌다!)

"요즘 거기 팀장님께서 일을 열심히 하시나 봐요?"

도대체 왜 불사조 팀장은 일을 그렇게 많이 해야 했던 걸까? 그 비밀은 불사조 팀장이 자주 하던 말 안에 숨어 있었다.

"뭘 자꾸 보여 줘야 돼."

누구에게 뭘 보여주려 했던 건지 모르겠지만, 이 말을 기억해두자.

로렌스 피터가 말하는 전형적인 무능력자가 바로 불사조다.

"어떤 사람은 자기가 최종 승진을 했으며, 무능의 단계에 도달했다는 사실을 깨닫는다. 그런 사람들은 무능력을 게으름과 동일시한다. … 그 순간부터 그는 자신을 무자비하게 채찍질하기 시작한다."

하지만 불사조는 자신에게만 채찍을 휘두르지 않았다. 더 무자비하게 채찍질을 당했던 사람이 따로 있었다. '멍청하고 게으른 담당자'였다.

불사조의 취미

멍청하고 게으른 담당자를 만난 순간, 갑자기 불사조가 서랍 깊은 곳에서 뭘 꺼내 들었다. 채찍이었다.

담당자를 채찍으로 다스려서라도 기어코 부지런하게 하려 했던 거다.

채찍질도 아주 부지런했다. "그냥 해!" (까라면 까)

"예전부터 했으니까 그냥 해!"

"너를 위해 하는 말이니까 해!" (여기서 일할 생각 없어?)

하지만, 멍청하고 게으른 담당자도 호락호락하진 않았다.

'짖어라.'

신경 안 썼다. 그냥 계속 게을렀다. 맷집도 좋았다.

알프레드 아들러는 《인간이해》에서 불사조를 '담즙질'로 분류했다.

"담즙질의 사람들은 길을 가다가 자기 길을 막는 돌을 발견하면 불같이 화를 내며 돌을 집어 던진다. 다혈질의 사람들이 여유 있게 그 돌을 넘어 유유히 자기 길을 가는 것과는 대조적이다."

왜 애먼 돌에게까지 불같이 화를 내는 건진 모르겠다.

그런데 잠깐, 불사조가 담즙질이라면, 식충이는 뭘까? 우울질이다.

"우울질의 사람들은 길을 가다가 자기 길을 막는 돌을 발견하면 '자기의 모든 죄를 떠올리고' 슬픈 생각에 빠져들며, 왔던 길을 다시 돌아간다."

자기 모든 죄를 떠올리든 말든, 슬픈 생각에 빠지든 말든, 왔던 길을 돌아가든 말든 상관할 마음은 전혀 없다. 그런데 왜 다른 사람들까지 슬픈 생각에 빠져들게 하는 건가? 정말 말도 꺼내기 싫다.

결론이다. 멍청하고 게으른 담당자는 곧 한직閑職으로 버려졌다.

(한가한 곳이 아니라 고객을 만족하게 할 수 없는 곳이다.

예를 들어, '견인보관소')

혁신적인 신개념

식충이의 가장 큰 해악은 담당자들을 모두 멍청하고 게으르게 만드는 것이었다. 하지만 불사조는 달랐다.

담당자들이 이미 모두 '멍청하고 부지런한 담당자'가 되어있었다.

회의라도 할 때면 그들은 불사조 팀장의 말씀을 아주 부지런하게 받아 적었다. 하지만 수첩은 깨끗했다. 펜을 부지런히 움직이는 것처럼 '보이기만' 했던 거다.

알고 보니 그들은 멍청하고 부지런한 담당자가 아니었다.

멍청하고 부지런해 '보이는' 담당자였다.

그들은 종종 이렇게 말했다. "팀장님의 은혜^{Grace}입니다."

이번엔 불사조가 무슨 우상^{Idol}이라도 된 것 같았다.

하지만 불사조는 그들을 편애했다. 취미 탓이었다. 알고 보니 불사조의 취미는 채찍질이 아니었다. 사조직이었다.

불사조는 유난히 다른 사조직을 경계했다. 그것이 불사조가 문서 보안을 '특별히' 강조했던 이유였다. 하지만 진심으로 느껴지진 않았다. 수많은 문서가 사무실 여기저기 '버려져' 있었기 때문이다.

하지만 사실, 가져갈 문서도 없었고, 참고할 문서도 없었다. 재작년$^{\emptyset}$ 문서에, '혁신'이나 '신개념'이라는 단어만 붙이면, 무슨 '혁신적인 신개념'이라도 나오는 줄 알았던 것 같다.

하지만 문제는 따로 있었다. 다른 사조직이 없었다. *아니, 이게 뭐야? 피해망상이야!*

사조직을 만들지도 않는 사람들이 사조직으로 몰릴 때가 있다. 실체도 없는 다른 사조직을 경계하는 무리 때문이다. 사조직으로 만들어짐을 당하는 기분은 썩 유쾌하지 않았다.

그러던 어느 날, 기적이 일어났다.

멍청하고 부지런해 보이는 담당자들이, 정말로 일을 안 하고 있었다!

진정한 기적

곧 소문이 돌았다. 불사조 팀장이 징계를 받았다고 한다. 조직을 떠나야 한다니, 사소한 문제는 아닌 것 같다. 그래도 안타까운 마음이 드는 걸 보니 미운 정이라도 들었나 보다. 그래도 아쉽네, 어디 가실 곳이라도 있으려나?

그런데 진짜 기적이 따로 있었다. 불사조가, **부활**했다.

아무렇지 않은 표정으로 복귀해서 계속 다른 일에 손을 대고 있었다.

곧 또 다른 소문이 돌았다. 불사조 팀장이 이번에는 어디 감사에서 지적을 당했다고 한다. 이번에는 정말로 조직을 떠나야 한단다. 이번엔 정말이겠지? 아쉽네, 덕분에 부지런해질 뻔했는데.

그런데, 불사조가 또 부활했다.

또 아무렇지 않은 표정으로 복귀해서 계속 다른 일에 손을 대고 있었다.

식충이 팀 문서도 아니고, 이게 도대체 무슨 일이야?

조직 내 소문도 부지런하게 돈다. 이번에는 불사조 팀장이 무슨 소송을 당했다고 한다. 이젠 그냥 그러려니 한다. 하지만 이번에는 정말로 심각하다고 한다. 손대지 말아야 할 곳까지 손을 댔다고 한다.

"근무 외 시간에, 근무 외적인 연락을 받지 않은 여직원이 없다면서?"

불사조 팀장은 스릴을 즐길 줄 아는 분이었다. 그렇지 않고서야 어떻게 근무 외 시간에 근무 외적인 연락을 그렇게나 많이 했겠으며, 손대지 말아야 할 곳까지 손을 댔겠는가.

이번에는 정말로 불사조 팀장이 조직을 떠났다. 그게 오히려 기적 같다.

하지만, 그래도 불사조는 부활했다. 끝까지 버티는 사람이 강한 사람이라는 말은 사실이었다.

"저 사람은 무슨 불사조야?"

그러니까 불사조다.

식충이 팀장이 제대하는 날은 축제였다. 하지만 불사조의 그 날은 달랐다.

대재앙The Great Disaster이었다.

본인이 없으면 조직이 돌아가지 않도록 만들어 놓았기 때문이다.

그 이유를 짐 콜린스Jim Collins는 《좋은 기업을 넘어 위대한 기업으로》(2001)에서 이렇게 설명했다.

"비교 기업의 리더들은 자기 개인의 위대함에 대한 평판에 더 관심이 큰 나머지, 회사의 차세대 후계자를 세우는 데 실패하는 경우가 많다. 당신이 떠난 뒤 그곳이 풍비박산하는 것보다 당신 자신의 개인적 위대함을 더 잘 입증해 보이는 방법이 달리 있겠는가?"

지금 이들이 일부러 그런다는 말이다. 본인의 존재감은 좀 드러났겠지만, 남은 사람에겐 재앙이 따로 없었다. 다음 장에서 부연하겠다.

문화센터 시절, 우리 팀장은 전형적인 '똑똑하고 부지런한 상급자'였다. 별명을 붙여드린다면, '거북이' 팀장이다. 그런데 그 거북이, 토끼보다 빨랐다.

거북이 팀장을 만족하게 하는 담당자가 없었다.

뭐만 한번 탁 누르면?

멍청하고 게으른 담당자야 진작 한직으로 버려졌다. 하지만 똑똑하고 게으른 담당자도 팀장님을 만족하게 할 수 없었다. 어찌 거북이 팀장보다 부지런할 수 있었겠는가. 하지만 최악은 '똑똑하고 부지런한 담당자'였다.

사무실에서 둘이 맨날 싸웠다.

승부는 쉽게 갈리지 않았다. 둘 다 똑똑했기 때문이며, 둘 다 부지런했기 때문이다. 하지만 어느 순간 싸움이 싱겁게 끝났다. 거북이 팀장이 금단의 무기를 휘둘렀기 때문이었다. 인사권이었다.

똑똑하고 부지런한 담당자도 곧 춥고 외로운 곳으로 버려졌다.

그나마 거북이 팀에 남을 수 있는 건 멍청하고 부지런한 담당자들이 전부였다. 하지만 천하의 거북이 팀장도 그들을 당해내지 못했다. 그들이 일을 부지런히 하는 것처럼 부지런히 위장했기 때문이다. (파업보다 태업이 더 무섭다.)

그런데 그때였다. 거북이 팀장이 서랍 깊은 곳에서 뭘 꺼냈다.

토시套袖였다. (토시는 팔에 끼우는 거다.)

똑똑하고 부지런한 상급자는 관리자가 아니었다. 실무자였다.

하지만 괜찮다. 아주 똑똑했기 때문이며 아주 부지런했기 때문이다. 심지어 일을 즐겼고, 그 결과도 웬만한 담당자보다 훨씬 나았다.

하지만 사소한 문제가 하나 있었다. 거북이 팀장은, 컴맹이었다.

거북이 팀장은 컴퓨터를 끄지 못했다. 물론 거북이 팀장 책상 위에 올려놓음을 당한 콤푸타computer, 영국식 고급 영어다는 최신형이었다. 콤푸타가 최신형이면 뭐하나, 끌 줄도 모르는데?

이 사람아! 말 함부로 하는 거 아니다! 어르신이시니 그러실 수도 있다. 정년이 얼마 남지 않으신 분이다. 왕년에는 말이야 타이프를 치는 직원이 따로 있었다?

하지만 문제는 따로 있었다. 거북이 팀장의 기대치가 조금 높았다.

"뭐만 한번 탁, 누르면 다 되잖아?!"

도대체 뭘를 한번 탁, 눌러야 다 되는 걸까? 멍청하고 부지런해 보이는 담당자들은 계속 뭘 탁탁 눌러댔고, 제대로 되는 건 아무것도 없었다.

그런데 그때였다. 거북이 팀장이 서랍 깊은 곳에서 뭘 또 꺼냈다.

먹지였다. (먹지는 옛날 복사기다.)

밀린 일이 아무리 많아도, 담당자들이 아무리 일을 안 해도 얼마든지 괜찮았다. 거북이 팀장이 그 모든 문서를, 이면지에 먹지를 대고 손수 그려주었기 때문이다.

카랑카랑한 목소리에 힘이 넘쳤다. "야! 이면지 좀 더 가져와!"

그 순간, 비록 순간적이었지만, 멍청하고 부지런해 보이는 담당자들의 얼굴에 미소가 스쳤다. 자기 일을 상급자가 다 해주는데 누가 싫어하겠는가.

그들은 이면지를 만들어서라도 갖다 드렸다. (이면지는 식충이 팀에 많다. 불사조 팀에는 없다. 그들은 이면지를 캐비닛에 소중하게 보관한다. 문서는 여전히 버려져 있다.)

그렇게 그들은 먹지를 품고 앉아, 귀한 고서古書를 해석하듯, 한 자 한 자 그 뜻과 의미를 읽어 내려가며, 타자나 치고 있었다.

먹지의 단점, 시간이 흐를수록 글자가 흐릿해진다. 하지만 담당자들의 소매는 더 새카맣다! 하지만 그들을 기다리는 거북이 팀장 속이 더 새카맣다!

거북이 팀장도 성격이 아주 급하기 때문이다. 하지만 그렇다고 멍청하고 부지런해 보이는 담당자들을 갖다 버릴 순 없다. 남은 담당자가 없기 때문이다.

그러니까 하는 말이다.

"사람은 많은데 쓸 만한 사람이 없어."

시간이 흐르며 글자는 더 흐려졌고, 이번에는 멍청하고 부지런해 보이는 담당자들이 거북이 팀장을 보채기 시작했다.

"팀장님, 이거 무슨 글자예요?" ('연필은 되도록 안 쓰셨으면 좋겠어요!')

사람을 보채도 너무 부지런하게 보챘다. 그러니 거북이 팀장도 저녁에도 집에 못 가고, 주말에도 출근해야 했다. (사실 즐겼다.) 그러니 멍청하고 부지런해 보이는 담당자들도 저녁에도 집에 못 가고, 주말에도 출근해야 했다.

그런데 잠깐, 어디선가 목격했던 장면이 아닌가? 그렇다, 불사조다.

멍청하고 부지런해 보이는 담당자들만 남는 것도 완전 똑같다. (이건 정말 비밀인데, 똑똑하고 부지런한 상급자와 멍청하고 부지런한 상급자는 똑같은 인간일 때가 많다.)

사실 정말로 무서운 인간이 따로 있다.

'똑똑하고 게으른 상급자'다. 다다음 장에서 고발하겠다.

| 담당자가 일 안 한다!

사람의 본 모습은 결정적인 순간에야 드러난다. 그들도 그랬다.

민원이라도 하나 발생하는 순간 그들의 본 모습이 드러났다. 먼저 식충이다.

담당자 누구야??!!

"민원이 떴습니다!"

순간 식충이 얼굴이 시뻘겋게 달아오르더니, 자리에서 벌떡 일어났다.

사무실이 쩌렁쩌렁 울렸다.

"내가 그렇게 하지 말랬지!!"

내 눈을 의심했다. 불사조였다. "담당자 누구야!!"

지금 말씀이 조금 지나친 거 아닙니까? 담당자가 왜 일을 안 했겠습니까? 진작에 보고도 몇 번 드렸잖아요? 그런데 이 무슨 말씀입니까?

"담당자가 일 안 했다!" (사람이 억울하니까 헛웃음만 나오더라.)

민원이 발생해도 눈 하나 깜박이지 않는 식충이도 있다. 담당자에게 이미 그 책임을 전가했기 때문이다. 하지만 그런 식충이도 일을 할 때가 있다.

민원이 발생했다는 말이 대표 귀에 들어가는 순간이다.

하지만 이번에는 일하는 방법이 문제였다. 담당자를 보채기 시작했다.

"어떻게 되었어? 끝났어?"

하지만 어디서 많이 듣던 말은 제발 그만 듣고 싶다.

"내가 그렇게 하라고 했었나?"

하지만 문서를 다시 만들어도 어디서 많이 듣던 말을 계속 듣는다.

"내가 그렇게 하라고 했었나?"

이러니까 톱을 찾게 되는 거다. *녹이 아주 팍팍 슨 놈으로 말이다!*

말을 좀 흐려야 한다

민원을 처리하는 방법을 나는 식충이 팀장에게 배웠다. 민원을 내주셨다는 사실 자체에 먼저 크게 감사드린다. 본문엔 뭔가 좀 있어 보이는 단어들을 잔뜩 나열한다. 해석하기 어려울수록 좋다.

지역적으로 개별화된 철학을 동적이고도 인지적으로 분석하는 과정을 통하여 환경적인 전위와 인지적 전위의 합일점을 전문적으로 모색함으로써 개별화된 커리큘럼과 통합적인 수행을 가속하고자 비자발적인 자원을 사회적으로 결합할 수 있는 창조적이며 순차적인 접근과 조정, 발전하기 위하여 관련 예산이 내년도 예산 심의에 반영될 수 있도록 관련 부서와 적극적으로 협의하도록 노록하겠다고 글을 썼지만, 해석하려 할 필요는 전혀 없다. 해석하지 못하게 쓴 글이다.[주13]

중요한 건 마무리, 말을 좀 흐려야 한다.

"적극 검토하겠습니다."

관련 부서와 협의도 안 할 거라는 말이다.

사유서 가져와

이번엔 불사조다. "민원 떴다!"

그래도 다행히 이번 건은 고객의 실수입니다. 고객이 뭔가를 오해했던 것 같습니다. 그런데 뭔가 이상하다. 불사조 팀장이 평소와 다르다. 목소리도 나직하고, 눈도 마주치지 않는다.

"사유서 가져와."

예? 지금 뭐라고 하셨습니까? 아니, 이건 고객의 잘못인데요? 그리고 일을 하다 보면 민원이 발생할 수도 있는 거 아닙니까?

안 통한다. 민원이 발생했다는 사실 자체가 일단 문제란다. 어이가 없어도 정도가 있지, 계속 헛웃음만 나온다. 하지만 그보다도 억울할 때가 있다.

'담당자가 다를 때'다. "사유서 가져와."

예? 지금 뭐라고 하셨습니까? 이건 제 일이 아닌데요? 정말로 담당자가 다른데요? 실제로 제가 한 일도 아니고요?

안 통한다. 다른 사람을 위해 사유서를 써야 할 때도 있단다. 그 사람은 처자식이 있다고? 이게 말이야 뭐야? 하지만 그보다도 억울할 때가 있다.

'하급자에게 책임을 전가할 때'다. "사유서 가져와."

예? 지금 뭐라고 하셨습니까? 아니, 이 일은 팀장님이 시키신 일이잖아요?

'기억이 나지 않는다'고 한다. '자기는 문서에 날인만 했다'라고 한다. 담당자가 책임져야지, '왜 상급자에게 책임을 전가하나'라고 따지다가 나중엔 동정심까지 유발하려 한다. 자기한테도 처자식이 있다고? (더 억울할 때가 또 있다.

내가 다 한 일을 사조직에 넘길 때다. *이런 망할*)

어떤 불사조는 민원인에게 눈 하나 깜박이지 않고, 거짓말을 했다.

예를 들어, 수영장 수질이 항상 문제였다. 종종 회원들이 몰려와 악을 써댔다. 수영장 수질이 안 좋다고, 앞이 안 보인다고, 담당자가 다 마시라고.

그런 회원들 앞에서 불사조는 만면에 웃음을 띠고는, 말로 때우려 했다.

"수영장 물에 시범적으로 몸에 좋은 성분을 풀어 봤습니다."

두 손을 맞잡고 비비는 모습을 보고 있자니 속이 거북했다.

그리고 마무리, 보통 이런 식이다. "민원을 삭제해 주실 거죠?"

하지만 멍청하고 부지런해 보이는 담당자들은 두 손을 비비며 불사조를 찬양했다. 어떻게 그런 생각을 다 하셨냐고, 정말 스마트하시다고, 천재시냐고, 조직의 보배시라고, 배우고 싶다고, 이런 사례는 적어놔야 한다고.

하지만 수첩은 여전히 깨끗했다.

물론 모든 민원을 말로 때울 수는 없었다. 민원인도 바보가 아니며, 임상 결과가 거짓말을 하는 것도 아니다. 회원들 피부에 뭐가 막 돋아났다. 식충이 얼굴보다 더 시뻘겋다. 회원들이 실험용 쥐야? 그래서 뭘 풀었는데?

그리고 그 순간, 불사조의 본 모습이 드러났다. 식충이였다.

불사조 팀장 얼굴이 시뻘겋게 달아오르더니, 갑자기 자리에서 벌떡 일어났다. 옆의 옆 사무실까지 쩌렁쩌렁하게 울렸다.

"내가 그렇게 하지 말랬지!" ("담당자 누구야!")

그리고 그 순간, 멍청하고 부지런해 보이던 담당자들이 서로 싸우기 시작했다. 네가 했잖아! 아니야, 이거 내 일 아니야! 네 일이잖아!

싸워도 아주 부지런하게 싸웠다. (싸우다 싸우다 나중엔, 글씨체를 가지고 싸우더라. 이거 내 글씨체 아니야! 아니야, 네 글씨체잖아!) 불사조의 사조직은 그날로 깨졌다. (괜찮다. 곧 또 다른 사조직이 만들어졌기 때문이다. 그런데 조직원은 같았다.)

왜 불사조는 그렇게 소리까지 질러야 했던 걸까?

그 이유야 물론 면피(免避)겠지만, 더 중요한 이유가 사실 따로 있었다.

뭘 자꾸 보셔야 했던 '누군가(□)'도 들으셔야 했기 때문이다.

하지만 이런 말씀은 쉽게 하면 안 되는 거였다.

"담당자가 일 안 한다!"

우리가 그렇게 일을 안 합니까? 오히려 당신들 때문에 일을 더 못하는 거 아닙니까? 심지어 저녁에 집에도 못 가는 거 모르십니까? 휴일도 반납하고, 주말에도 출근하는 거 아시잖습니까!

그런다고 업무 능률이 올라갑니까, 아니면 무슨 혁신적인 신개념이라도 떠오릅니까? 오히려 집에서 밥도 못 얻어먹는 거 아닙니까! 내부고객은 고객도 아닌 겁니까?

그런데 지금 저 CS 강사라는 인간이 뭐라고 지껄이는 건가?

"고객은 왕이다!"

혈관 속으로 아드레날린이 쏟아지더니, 불벼락으로 쏟아져 나왔다.

"정말 고객이 항상 옳습니까!!"

전 직원이 모인 창립기념일 행사 중 사달이 났다.

고객이 정말 왕입니까?

고객이 정말 왕입니까? 고객이 정말 항상 옳습니까? 경악이라는 표현이 그렇게 혁신적입니까? 그런데 왜 고객 앞에서 거짓말을 하는 겁니까?

인간의 욕구나 욕심은 끝이 없다는 건 상식 아닙니까? 그런데 왜 오히려 고객의 기대치를 높이는 겁니까? 그만큼 직원들만 더 고생하는 거 모르십니까?

민원이 발생하면 먼저 그 이유나 원인부터 정확히 알아봐야 하는 거 아닙니까? 왜 민원이 발생했다는 이유로 사유서부터 들이대는 겁니까?

"내부고객은 고객이 아닌 겁니까!!"

문화센터 회원 수를 늘려놓으면 뭐합니까? 월급을 더 줍니까, 성과급이라도 챙겨줍니까? 아니면 근무평가라도 잘 받습니까? 오히려 사조직이다, 라인이다, 서로 자기 사람들만 챙기기 바쁘지 않습니까? 아무것도 모르는 것 같아도, 죄다 보고 있습니다!

전 직원이 모인 창립기념일 행사 중 사달이 났다.

"고객이 정말로 왕입니까!!"

다행히 속으로만 말했다.

하지만 그렇게라도 속으로 눈물을 삼킨 건, 서러웠기 때문이다.

당시 난 비정규직 중의 비정규직, '인턴직'이었다.

창립기념일 행사는 그렇게 끝났다. 그런데 문득 어떤 질문이 하나 떠올랐다.

'고객이 정말 외부고객일까?'

그 질문은 내 인생을 완전히 바꾸어놓았다.

Part 2

그렇게 나는,
앵그리 보스가 되었다

| 고객이 정말 외부고객일까?

창립기념일 행사는 그렇게 끝났다. 그런데 문득 어떤 질문이 하나 떠올랐다.

'고객이 정말 회원외부고객일까?'

아닌 것 같았다.[주14]

고객이 원한다고 뭐든 다 해주는 건 분명 아니었다. 고객의 요구를 들어주는 것처럼 위장하거나, 고객에게 거짓말을 할 때도 많았다. 그런데도 우리 고객이 외부고객인 걸까? (조직의 고객도 외부고객은 아닌 것 같았다. 조직이 의사를 결정하는 근거는 외부고객이 아니라 지자체, 즉 상위기관이었다.)

그 생각은 여기까지 이어졌다.

'나라는 한 사람의 고객은 과연 누굴까?'

생각을 복기한다.

고객은 내부고객이다!

당시 센터장으로서 내가 움직여야 할 사람은 두 부류, 하나는 회원, 즉 '외부고객'이며, 다른 하나는 강사 등 '내부고객'이었다. 그렇다면 관리자는 둘 중 누구에게 우선순위를 두어야 할까?

처음에는 당연히 외부고객이라 생각했다. 그들이 우리에게 돈을 주기 때문이다. 그들이 없다면 우리도 존재할 수 없지 않은가.

하지만 그렇다고 그들을 움직이게 할 수는 없었다. 그들도 내 말에 따르기는커녕, 수단과 방법을 가리지 않고 저항했다. 외부고객을 움직이게 할 수 있는 사람은 따로 있었다. 내부고객, 그중에서도 바로 강사들이었다.

그 순간 깨달았다. 관리자, 즉 상급자로서 내가 우선해야 할 사람은 외부고객이 아닌 내부고객, 그중에서도 바로 강사들이었다. 그래야 회원 수도 늘릴 수 있었고, 민원도 줄일 수 있었다. 그런데 그때였다.

'왜 강사들은 내 말대로 움직이는 걸까?'

그들의 고객이 바로 나, '센터장'이기 때문이었다.

그들이 움직였던 건 결국 그들의 고객으로서 바로 나, 즉 상급자를 만족하게 하기 위해서였고, 궁극적으로 이는 결국 그들에게 좋기 때문이었다. 내가 아니라면 누구에게 그들의 인사권과 결재권이 있겠으며, 누가 그들의 고충을 들어주겠는가.

그런데 그때였다. '그렇다면 내 고객은 누굴까?'

그리고 그 순간, 불사조 팀장의 말이 떠올랐다.

'뭘 자꾸 보여 줘야 돼.' (누구에게 뭘 보여주라고요?)

끔찍한 결론

그 순간 불사조가 일을 만들어서라도 해야 했던 이유를 깨달았다.

불사조의 고객이 바로 최종결재권자, 즉 상급자이기 때문이었다.

아하! 최종결재권자에게 불사조 팀장님이 일한다는 걸 보여주어야 한다는 말이었네요? 중간관리자로서 불사조 팀장님의 고객은 대표님이니까요?

옆의 옆 사무실까지 들리도록 목청을 높이셨던 이유도 알 것 같습니다, 대표님이 들으셨어야 하니까요. 결국, 최종결재권자가 아닌 이상 누구든 그 고객은 상급자네요? 그런데 잠깐, 내가 지금 무슨 생각을 한 거지?

그 순간 어떤 끔찍한 결론에 도달했다.

'고객은 혹시……, 상급자가 아닐까?'

마음속에서 뭐가 툭, 끊어지더니, 사람이 갑자기 차분해졌다. 순간 여러 생각이 머리를 스쳤다. 솔직히 부정하고 싶었다. 세상 모든 권위를 부정하던 인간, 그 모든 권위에 복종하지 않던 인간이 바로 내가 아닌가.

하지만, 부정할 수가 없었다. 강사들의 고객이 바로 나, 상급자라면, 내 고객도 상급자가 아니겠는가. 근로자의 휴가를 근로기준법이 보장하는 건 사실이지만, 그것도 상급자가 승인해 주어야 가능한 법이다.

하지만, 그래도 인정할 수 없었다.

'지금 상급자한테 아부라도 하라는 겁니까?'

그런데 그때 부모님이 떠올랐다.

부모에게 아부하는 자녀?

부모에게 아부하는 자녀도 물론 있을 수 있다. *유산만 많다면 얼마든지!*

요즘도 부모님 무덤 옆에 초막을 지어 기거하며, 3년 동안 아침저녁으로 밥을 지어 올리는 사람이 있다. 하지만 일반적이진 않다. 돌아가신 부모님도 그런 걸 원하실 리 없다.

부모의 권위를 인정한다는 건 그 은혜가 무언지 알고 감사하는 것만으로도 충분하다. 마찬가지다. 상급자의 권위를 순수하게 인정하는 것과 그 권위에 아첨을 하는 것은 엄연히 다르다.[주15]

개인적인 경험이지만, 최고의 효도는 손자 손녀더라. (길 삼 형제 덕분에 애국자라는 말만 듣는 것이 아니다. 효자라는 말도 듣는다.)

하지만, 그래도 인정할 수 없었다.

'상급자가 부당한 지시를 한다면 어떻게 해야 합니까?!'

선택은 둘 중 하나다, 복종 혹은 불복종.

타협은 없다.

상급자가 부당한 지시를 한다면

그런데, 타협할 수 있었다. 명백히 부당한 지시와 부당해 보이는 지시는 분명 달랐다. 상급자들이 그간 나에게 뭐라고 했겠는가?

아침 햇살의 여유를 즐기며 가끔은 지각도 좀 하라고? 이왕 부린 여유, 오늘 할일을 내일로 미루라고? 민원인이 지칠 때까지 민원 처리도 미루고? 아니면 담당자가 바뀔 때까지 기다리든가? 이해관계자가 밥을 사주면 냉큼 얻어먹으라고? 술도 좀 얻어 마시고? 지자체 담당자가 방문하면 병가를 내서라도 당장 몸을 피하라고? *그렇게 내 자리도 없어지고?*

전혀 아니었다.

그 순간에야 비로소 깨달았다. 상급자가 하는 모든 지시가 부당한 건 아니었다. 다만 내 마음에 들지 않거나 하기 싫었던 지시가 있었을 뿐이었다.

덕분에 나를 돌아보았다. '내가 왜 그랬지?'

상급자의 권위를 인정하지 않았던 것이다. (말하기도 부끄럽다.)

그간 나는 내가 당연히 상급자의 권위를 인정하고 있다고 생각했다. 하지만 아니었다. 아니라면 왜 그 지시에 순순히 따르기는커녕, 옳고 그름이나 따지며 거부하려 했겠는가. 실제로는 그 권위를 인정하지 않았던 것이며, 그 사실이 내 자세와 태도, 행동으로 드러났던 것이다. 결국 문제는, 내 주관과 다르거나 이해할 수 없는 지시를 부당하게 여겼던, 바로 나였다.

이를 상급자의 처지에서 생각해 봐도 좋다. 어떤 지시를 하급자가 부당하게 여긴다는 걸 상급자가 모를 리 없다. 하지만 상급자의 처지는 다르다. 그런데도 그런 지시를 해야만 하는 이유가 얼마든지 있을 수 있다.

직장이 전쟁터라는 비유를 들어봤다면 쉽게 이해할 것이다. 그 모든 이유와 목적, 근거를 하급자에게 일일이 설명하고 이해시키기도 쉽지 않다. 당장 총알이 빗발치고 폭탄이 터지는데, 언제 그 모든 걸 설명하며 앉아 있겠는가.

옳고 그름을 따지는 것도 좋지만, 상대방의 권위를 인정하는 것이 우선할 때도 분명 있다. 아니, 후자가 우선해야 한다. 일이나 돈보다 사람이 우선해야 하는 것과 같다.

이외수 선생은 《뚝,》(2014)에서 어느 직장인에게 이렇게 조언했다.

"회사의 가치관에 맞게 수정해야 합니다. 조직의 일원이기 때문입니다. 중요한 것은 조화입니다. … 자신의 생각이나 가치관을 전적으로 부정하거나 부인하라는 의미는 아닙니다. 전면 수정이 아니라 일부 수정입니다. '내 생각이 옳아'라는 확신이 지나치면 오히려 그 옳은 생각을 관철시키는 데 방해가 될 수 있습니다. … 조화는 나를 양보하지 않고는 결코 이루어지지 않습니다."

사실 상급자가 일부러도, 하급자가 부당하게 느낄 걸 요구할 때도 있다. 그 마음 중심, 즉 자세나 태도를 확인하려는 것이다. 이를 하급자의 '승진할 자격', 또는 '은혜받을 자격'을 검증하려는 것이라고 표현해도 좋다.

하급자의 처지에서 상급자의 권위를 인정하기란 쉽지 않다. 상급자에게 그 권위 인정받을 자격이 없을 때는 더더욱 어렵다. 하지만 그런 권위조차 인정해야 할 때도 있으며, 실제로 그래야 한다고 생각한다. 그런 권위조차 존중하는 말과 행동으로 다른 누군가가 아닌, 자기 자신의 자세와 태도가 증명되는 까닭이다. 다음 장에서 부연하겠다.

주제로 돌아가기 전에 이번 장의 문제를 한 번만 다시 보자.

"상급자가 부당한 지시를 한다면, 어떻게 해야 할까?"

상급자가 부당한 지시를 한다면 (2)

상급자의 지시가 정당한지 부당한지 고민하지 않을 사람은 없다-거야. 부당한 지시에 복종하면 안 된다는 걸 모를 사람도 없다-거야. 진짜 문제는 따로 있다.

상급자의 지시에 불복종하기가 어렵다는 사실이다.

스탠리 밀그램은 《권위에 대한 복종》(1974)에서 이렇게 말했다.

"불복종의 대가는 가볍지 않다. 피험자가 도덕적으로 올바른 행동을 선택한 건 맞다. 하지만 피험자는 신의를 저버렸다는 괴로움에 휩싸인다. 자신이 사회적 질서를 무너뜨렸다는 생각, 어떠한 원칙을 저버렸다는 생각을 떨쳐버릴 수 없다."

실제로 그렇다. 누군가가 불복종을 선택하는 순간, 누군가의 피가 튀고 뼈가 꺾인다. 대부분 자기 양심과 타협하지 않은 사람, 하급자의 것이다.

누가 감히 그 마음을 가벼이 말할 수 있겠는가. 그래서 따로 말하겠다.

〈부록〉 첫 장, '상급자가 부당한 지시를 한다면'에서 명백히 부당한 지시에 대한 건강하고도 합리적인 대안을 제시하겠다. 같은 고민을 하는 독자에게 이는 식충이나 불사조를 퇴치할 혁신적인 신개념일 것이다.

| 권위는 책임지는 순서다

상급자의 지시가 부당하게 느껴질 때, 마음 참 어렵다. 그 마음을 이해하기에, 그래도 나름의 대안을 제시하려 한다.

지시하는 사람, 즉 '상급자'를 분별하는 것이다.

올바른 상급자가 올바르지 않은 걸 지시할 리는 없지 않은가. (사람을 함부로 판단하지 말라고 말할 사람도 있겠지만, 여기서 말하려는 건 '분별'이다. 둘은 분명 다르다.)

그렇다면, 무엇으로 상급자를 분별해야 할까?

딱 하나, **책임**으로 보자.

사람은 모두 다르다?

사람은 모두 다르다.[주16] 하지만 기준이 하나라면 아니다. 그 기준이 양심이라면 양심 혹은 비양심, 둘 중 하나이며, 정직이라면 정직 혹은 거짓, 둘 중 하나다.

그 기준이 책임일 때도 마찬가지다. 그렇다면 하나는 '하급자의 책임까지 대신해 주는 상급자', 다른 하나는 '자기 몫의 책임조차 하급자에게 전가하는 상급자' 다. ('자기 책임만 하는 상급자'나 '자기 책임도 못하고, 그 책임을 하급자에게 전가도 못 하는 상급자'도 있겠지만, 이들에게는 신경 끄자. 전자는 하급자에게 무관심[주9]한 상급자, 후자는 무능력한 상급자다.)

하급자들이 누구를 더 신뢰하겠는가? 하급자들이 누구 권위를 인정하겠는가? 누가 가진 권위가 더 높아지겠는가? 그런데 잠깐, 내가 지금 뭐라고 한 거지?

직감이다. 권위는 책임지는 순서다.

그 순간 타인, 특히 상급자의 권위를 인정해야 할 이유를 깨달았다. 그가 그만큼 내 책임을 대신해 주기 때문이었다.

권위는 책임지는 순서다

위계 구조를 없애려 할 때도 많지만, 암묵적으로라도 위계 구조는 발생한다. 가정이든 학교든, 친구 관계나 연인 관계에서도 대부분 마찬가지다. 왜 그럴까?

누구든 자신의 모든 책임을 홀로 감당할 수 없기 때문이다.[주-17]

실제로 그렇다. 누가 혼자 태어났겠으며, 누가 혼자 모든 지식을 깨우쳤겠는가. 혼자 회사를 세우거나, 혼자 회사 매출을 책임지는 사람은 흔치 않다.

그러니 대부분 어느 순간, 다른 누군가가 자기 책임을 대신해 주고 있었다는 사실을 깨닫는 법이며, 그 이후에야 비로소 그 권위를 인정하게 된다.

권위가 '책임지는 순서'이기에, 그 책임을 대신해 주는 사람의 권위가 더 높아지는 건 당연한 결과이며, 이것이 어디서든 위계 구조가 발생하는 이유다.

똑같은 사람이기에, 그 존엄성의 무게는 모두 같다. 하지만 각자 선택하고 감당하는 책임의 크기에 따라 그 권위의 크기는 달라질 수밖에 없다. 구명보트에 타는 순서는 모두 다르며, 폭탄이 터지는 지옥을 향하여 진군하는 순서도 모두 다르다.

《권력의 법칙》(1998)으로 유명한 로버트 그린Robert Green은 《50번째 법칙》(2009)에서 이렇게 말했다.

"작금은 권위를 부정하는 시대다. 그러나 사람들은 언제나 지금 그들이 어디로 향하고 있는지 알고 있는 이의 든든한 손에 이끌려 인도받고 싶다는 '은밀한 열망'을 품고 있다."

권위를 부정하는 시대다. 하지만 우리는 권위자에게 우리 책임을 전가하려 하는, 치사한 생각을 하고 있다. 물론 우리가 그들에게 더 큰 책임을 요구하는 건 당연하다. 권위가 '책임지는 순서'인 까닭이다.

자기 책임을 하급자에게 전가하는 상급자도 많다. 하지만 그런 권위는 곧 비참하게 추락할 것이다. 권위가 책임지는 순서인 까닭이며, 누구든 뿌린 대로 거두는 까닭이다.

상급자의 권위를 인정하기는커녕, 책임만 요구하는 하급자도 많다. 하지만 그런 사람은 비교적 소수에 불과하며, 그 '은혜받을 자격'을 먼저 확인하지 않은 상급자의 책임이 더 크다. 권위가 '책임지는 순서'라는 건 무서운 말이다.

하지만 그렇다고 필자가 독자에게 권위를 인정해야 하는 이유를 가르치려 하는 건 아니다. 물론 그 권위를 인정하는 것만으로도 얼마든지 더 큰 책임을 요구할 수 있겠지만, 이는 각자 주관에 따라 선택할 문제일 뿐 타인이 강요할 문제가 아니다.

필자가 말하려는 건 그 반대, 즉 그 권위를 인정하지 않아도 무방할 때다.

'내가 책임지면 된다.'

오히려 그 이상으로 우리가 가진 권위가 더 높아지지 않겠는가!

그렇게 나는 비뚤어지기 시작했다.

문화센터 회원 수를 늘려라! (2)

변한 건 전혀 없었다. 현장 담당자들은 여전히 들들 볶이고 있었다.

"목표수입금을 어떻게 달성할 거야!"

하지만 변한 것이 있었다. 주변 사람이나 일을 대하는 내 자세와 태도였다. 어떤 의사를 결정하는 기준은 이미 '나'가 아닌 조직, 즉 상급자였다.

"옆 센터에서는 뭐 하는 거야? 안 도와줄 거야?"

무심결에 혼잣말이 튀어나왔다. '내가 도와주지 뭐.'

문화센터 센터장으로서 내가 해야 할 가장 핵심적인 일, 나를 반짝반짝^{bling bling} 빛나게 할 매력품질요소^(주-18)가 무엇이겠는가? 출퇴근 시간을 정확하게 지키는 것? 민원을 신속하게 처리하는 것? 각종 일지를 누락 없이 작성하는 것? 시설을 안전하고 청결하게 관리하는 것? 각종 장비를 닦고 조이고 기름칠하는 것?

모두 아니다. 그런 건 모두 기본에 불과하다.

담당자의 실력이나 노력에 따라 달라지는 지표는 따로 있다.

회원 수, 즉 실적이며, 그것이 바로 **책임**이다.

회의 때마다 우리를 회의에 빠지게 했던 질문이다.

"왜 문화센터 회원 수를 늘려야 할까?"

우리가 고객외부고객을 만족하게 해야 할 이유, 즉 우리가 움직여야 할 당위를 요구하는 질문이다. 예전에는 그 이유를 명확하게 알지 못했지만, 이제는 다르다.

"고객상급자을 만족하게 하기 위함이다." 왜?

그럴수록 오히려 나 자신이 가장 만족하기 때문이다.

내 실적은 오롯이 내 책임이며 내 몫이다. 고객외부고객이 만족할수록 고객상급자이 만족하게 되는 건 당연하며, 결국 가장 만족하는 건 다른 누군가가 아닌, 바로 나 자신이다.

그렇다면 이제 내 목표는 목표수입금이나 간신히 달성하는 정도가 아니다. 실적이 저조한 문화센터까지 도와줄 정도로, 실적을 초과 달성하는 것이다!

그런 비뚤어진 마음이 혼잣말로 튀어나왔다. '어디, 한번 두고 봅시다.'

'이왕 하는 거, 회원 수는 최고로 늘려 주겠어.'

그렇게 잠재력이 폭발했다. 그 결과를 당시 실적으로 말하고 싶다.

최초 발령 당시 회원 수는 500명 수준이었다. 8개월 후 회원 수는 900명 수준, 회원 수 증가율은 180%였다.

연말 회의 때 팀장님은 이렇게 말씀하셨다.

"어떻게 인턴직이 정규직보다 일을 더 잘 해?"

결과는 간단하다. 최종결재권자의 이름으로 표창을 받았고, 포상으로 해외 연수를 다녀왔다. 문화센터 현장에서 조직 본부, 기획팀으로 발령받았다.

사람을 움직이는 힘은 무엇일까?

미리 밝히지만, 상기 실적은 정확하지 않다. 기억에 의존한 탓이다. 최초 회원 수는 600명 수준일 수 있고, 400명 수준일 수도 있다. (전자라면 회원 수 증가율은 150%, 후자라면 225%다.) 하지만 필자가 말하려는 건 객관적인 수치가 아니다.

사람을 움직이는 힘이 실제로 사람을 움직이게 했다는 사실이다.

당시 필자는 관리자로서 문화센터 강사나 안내데스크 직원, 용역 직원, 공익근무요원_{2014년 병역법 개정으로 사회복무요원으로 명칭 변경.} 등 모든 내부고객하급자을 움직이게 해야 했다. 누군가에게는 이는 불가능한 일이겠지만, 놀랍게도 그들은 기꺼이, 심지어 자발적으로 움직이기 시작했다. 하지만 더 놀라운 일이 또 있었다.

그 힘은 문화센터 회원, 즉 **외부고객**까지도 움직이게 했다.

외부고객이 문화센터를 마케팅해 주기 시작했다. 실적에 관한 고민은 그 즉시 사라졌다. 도대체 그 힘은 무엇이었을까?

그 정체를 밝히기 전에 이 장을 열었던 질문을 닫아보자.

'상급자의 고객은 누구인가?'

| 상급자의 고객은 누구인가?

그래도 인정하고 싶지 않았던 것 같다. 상급자들을 만날 때마다 그들을 보채기 시작했다. "혹시 고객이 상급자인가요?" ('아니라고 해줘요!')

그런데 그들의 반응은 예상과 조금 달랐다.

어느 식충이는 이렇게 말했다.

"이 친구, 내 나이 때 깨달을 걸 벌써 깨달았네?!"

알고 보니 그는 식충이가 아니었다. 멍청하고 게으른 상급자로 위장하고 있는 '똑똑하고 게으른 상급자'였다.

거북이 팀장은 잠시 먼 산을 바라보나 싶더니, 갑자기 무릎을 '탁' 쳤다.

"맞네! 직원들의 고객은 정말 상급자가 맞아!"

하지만, 생각이 전혀 다른 사람이 있었다. 불사조였다.

"고객이 당연히 구민외부고객이지, 무슨 이상한 소리야?"

"담당자가 일 안 해?"

불사조가 아니라고 한다면, 이건 정말 맞는 말이다!

요즘 젊은 사람들이 문제다?

한번은 어느 CS 강사에게 물어봤다. "고객이 설마 상급자겠어요?"

그런데 그 순간, 강사가 의자에서 훌쩍 날아올랐다.

"그거 정말 깨닫기 어려운 건데, 어떻게 깨달았어요?"

갑자기 사람이 억울해졌다. '나만 몰랐네?'

그런데 그들은 오히려 정색했다. "그런 것까지 가르쳐주어야 해?"

하지만 더 사람 속 터지게 하는 사람이 따로 있었다. 식충이었다.

"그런다고 뭐가 달라지겠어?" (굳이 그럴 필요가 있겠어?)

그리고 그 순간 우리 사회에서 권위가 무너진 이유를 깨달았다.

권위자들이 스스로 불러온 일이었다.

그들이 흔히 하는 말이다. "요즘 젊은 사람들이 문제야."

예전엔 몰랐지만, 이제는 그 의미를 알 것 같다. '권위를 인정해야 한다'라는 의미다. (존경honor이 아니라 '존중respect'만이라도 말이다.)

하지만 되묻고 싶다. 그것이 사실이라면, 그리고 그렇게 중요하다면, 이를 누가 누구에게 가르쳐야 하겠는가? 그렇다, 권위자 자신이다.

아니라면 누가 자기 하급자에게 이를 가르치겠는가? 다른 부서 상급자인가? 교육 담당자인가? 다른 반 선생님인가? 옆집 아저씨인가? 아니면, 그런 걸 가르치는 학원이라도 있나? (하나 있다. 군대다. 그러니까 하는 말이다. "군대를 갔다 왔어야지.")

태어날 때부터 타인을 존중하는 사람은 없다. 상대방이 자기 책임을 대신해 주고 있었다는 사실을 깨달은 후에야 비로소 그 권위를 인정하게 된다.[주17]

그런 말을 하는 권위자들도 다를 리 없다. 그런데 왜 애먼 하급자들만 탓하는 건가? 이는 권위자로서 해야 할 책임을 회피하는 것이며, 권위자로서 해야 할 직무를 유기하는 것이다!

결국, 문제는 요즘 젊은 사람들, 즉 하급자들이 아니다.

우리 권위자들이 '권위 인정받을 자격'을 갖추지 못한 것, 그것이 문제다.

그런데 이 무슨 말씀이신가? "사람은 변하지 않아."

아니다. 사람은 변한다. 변화하지 않겠다고 선택할 때가 있을 뿐이다.

사람은 변하지 않아?

이전 장에서처럼 하급자도 두 부류로 나눌 수 있다. 상급자의 기준이 책임이었다면, 하급자는 변화, 즉 **성장**이다. (책임은 상급자들의 몫일 뿐, 하급자들의 몫은 성장이다.) 그렇다면 하나는 '성장하는 사람'이며, 다른 하나는 '성장하지 않는 사람'이다.

성장하는 사람이 바로 '상급자의 권위를 인정하는 사람'이며, '자기가 틀렸다'[주17]는 사실을 인정하는 사람이다. 이들이 바로 다른 사람의 책임조차 기꺼이 대신해 주는 사람이며, 이들이 바로 80의 일을 하는 20의 사람이다.

승진하는 순간 이들은, '하급자의 책임을 대신해 주는 상급자'로 진화한다. 이들이 바로 짐 콜린스가 《좋은 기업을 넘어 위대한 기업으로》에서 제시한 그 위대한 리더, '단계5의 리더'[주19]다.

하지만 이들을 알아보는 관리자는 많지 않다. 거짓이나 가식으로 자신을 포장하지 않기 때문이다. 이들은 자기가 좋아서 일하는 사람들이다. 그러니 얼마든지 그 공을 동료들에게 돌릴 수 있다.

이들은 실적으로 말하는 사람들이다. 알아보기 쉽지 않겠지만, 이들을 만났다면 꼭 붙잡아야 한다. 문제는 후자, '성장하지 않는 사람'이다.

성장하지 않는 사람도 둘로 나눌 수 있다.

'성장할 사람'과 '성장하는 척하는 사람'이다.

성장할 사람이 바로 '상급자의 권위를 인정하지 않는 사람'이다. 이들의 문제는 무지無智와 게으름이다. 아는 것도 변변치 않고, 행동도 느리다. 야심이나 열정도 없다. 게으르기 때문이며, 욕심도 없기 때문이다. 승진하는 순간 이들은 '자기 책임조차 못하는 무능력한 상급자'가 된다.

이들이 바로 식충이다. 하급자들을 잘 통솔하거나, 조직에 큰 도움을 주는 것도 아니다. 밥이나 축내지 않으면 다행이다. (아들러의 표현대로라면 이들은, '돌에 맞아 쓰러진 사람을 볼 일도 없는 사람들'이다. 밖에 나갈 일이 없기 때문이다.)

그가 만나는 상급자에 따라 이들은 상태가 더 안 좋아진다. '성장하는 척하는 상급자'를 만났다면 이들은 '무능력하고도 하급자에게 무관심한 상급자'가 된다. '절대 성장하지 않는 상급자'를 만났다면 이들은 '자기 책임을 하급자에게 전가하지도 못하는 무능력한 상급자'가 되거나, 조직에서 버려진다.

이들도 간혹 '하급자의 책임을 대신해 주는 상급자'로 진화할 때가 있지만, 극히 드물다. 그만큼 그런 상급자가 드물기 때문이다. 그러니 그냥 신경 끄자.

문제는 성장하는 척하는 사람이다.

이들의 문제는 무지와 무관심, 게으름, 거짓과 교만驕慢이다.

사람은 고쳐서 쓰는 거 아니다?

'성장하는 척하는 사람'도 상급자의 권위를 인정하지 않는 사람들이다. 그 이유는 무지無知, 즉 자기 모든 책임을 자기가 감당할 수 없다는 사실을 모르기 때문이다. 하지만 이들에게는 더 큰 문제가 있다. 교만이다.

이들이 바로 자기 잘못이나 실수, 즉 '자기가 틀렸다'[주17]는 사실을 절대로 인정하지 않는 사람들이다. 대부분 그 부모들이 그 권위를 인정받기는커녕, 그들의 책임만 무분별하게 대신해 주었기 때문이다. (하지만 상대방의 권위를 조건 없이 인정해 주는 것과 그 책임을 무분별하게 대신해 주는 건 완전히 다른 개념이다.)

이들은 제법 부지런해 보인다. 하지만 아니다. 자기 일에 부지런한 건 당연하다. 이들이 그런 일을 적극적으로 찾아서 하는 것도 아니다. 게으르기 때문이다.

승진하는 순간 이들은 '자기 책임만 하는 상급자', 즉 하급자에게 무관심^(주9)한 상급자가 된다. 이들이 흔히 하는 말이다.

"자기 일만 잘 하면 돼." ('나만 아니면 돼.')

틀렸다. 실무자는 그래도 괜찮지만, 관리자는 아니지 않은가. 물론 이들도 가끔은 하급자들의 책임을 대신해 주지만, 적극적이진 않다. 그 목적이 보통 열등감 보상이나 우월감 획득, 즉 자기 의^(주)를 드러내는 것이기 때문이다. '성장하는 사람'이 동료들의 책임을 적극적으로 대신해 주는 것과는 다르다.

이들의 관심은 오직 자신뿐이다. 그러니 하급자들도 그들과 똑같은 사람, 즉 '타인에게 무관심한 사람'이 된다. 아들러의 표현대로라면 이들은 '돌에 맞아 쓰러진 사람을 봐도 그냥 제 갈 길 가는 사람들'이다. 성장하는 사람들이 그를 일으켜 세우고 상처를 싸매 주는 것과는 대조적이다.

하지만 이들에게는 훨씬 더 심각한 문제가 있다. 거짓이다.

이들이 바로 기회주의자, 즉 위선자다. 하지만 자신을 알아보는 관리자는 드물다. 가식과 위선, 즉 거짓의 가면으로 그 본 모습을 숨기기 때문이다.

간혹 그 가면이 벗겨질 때가 있다. '성장하는 사람'이 실수로라도, 그 가면을 '툭', 건드릴 때다. 사람이 갑자기 횡설수설하며 자기를 변호하기 시작한다. 논리도 없고 근거도 없다. 그러다 밑천이 떨어지는 순간, 사람 눈빛이 달라진다.

역으로 상대방의 트집을 잡으며 상대방을 공격하기 시작한다. 논점을 흐리거나, 상대방의 감정대응을 유도하려는 것이다. 하지만 그런다고 '성장하는 사람'이 감정적으로 대응할 리는 없다. 그리고 그 순간 그 가면이 벗겨진다.

갑자기 사람이 불같이 화를 내며 난리를 치기 시작한다. 불사조다.

(이는 그들이 약하기 때문이다. 그러니 그 나약한 자아가 죽지 않으려 더 발악하는 것이다.)

하지만 '성장하는 사람'은 곧 더 억울해진다. 이들이 소심한 복수를 시작하기 때문이다. 눈을 마주치지 않는다. 인사를 해도 안 받는다. 말을 걸어도 단답만 돌아온다. 뭘 시켜도 절대 '시키는 그대로'는 하지 않는다.

'성장하는 사람'은 심각하게 고민하게 된다. '지금 얘가 일부러 그러는 건가?'

그렇다. 하지만 그렇다고 그 관계를 회복할 수도 없다. 이들이 타인을 절대로 용서하지 않기 때문이다.[20] 심지어 이들은 기회가 있을 때마다 다른 사람에게 그를 욕하며, 그 권위를 무너뜨린다. '사람이 정말 그 정도로 악할 수 있을까?'

그렇다. 바로 이들 때문에 하는 말이다. "사람은 고쳐서 쓰는 것이 아니다."

이들에게는 이 말이 정확하게 적용된다. (하지만 그렇다고 이들을 집에 보낼 수도 없다. 일은 많은데 일할 사람은 없기 때문이다.)

하지만 이들보다도 훨씬 심각한 사람이 따로 있다.

절대 성장하지 않는 사람이다.

이들의 문제는 무지와 무관심, 게으름, 교만, 거짓, 그리고 탐욕이다.

(필자가 볼 때 이들에겐 음란도 있다. 게슴츠레한 눈빛으로 여직원들을 쳐다본다. 이들을 질색하며 싫어하는 여직원이 늘어나지만, 이들은 개의치 않는다. 또 다른 여직원을 계속 게슴츠레한 눈빛으로 쳐다본다.)

절이 싫으면 중이 떠나야지?

'절대 성장하지 않는 사람'과 비교하면, '성장하는 척하는 사람'은 천사다. 양심에 숨은 붙어 있기 때문이다. 그러니 자기 책임은 한다. 욕심도 없고 게으르기에 조직에 딱히 피해를 주는 것도 아니다. 하지만 여기에 탐욕이 더해지는 순간, 양심이 죽는다. 그들이 바로 '절대 성장하지 않는 사람'이다.

일견 이들은 '성장하는 사람'처럼 보인다. 아는 것도 많고 경력도 화려하다. 행동도 빠르고, 말도 너무 잘 한다. 동료들의 일도 적극적으로 돕는다. 관리자의 처지에서는 속이 다 시원하다. 하지만 이는 모두 위장이다.

매사를 말로 때우려는 것이며, 관리자가 볼 때만 일하는 척하는 것이다. 이들은 곧 동료에게 자기 책임을 전가하기 시작한다. (아들러의 표현대로라면 이들이 바로 '자기 갈 길 잘 가는 사람에게 돌을 던지는 사람이다.')

이들의 먹잇감은 주로 일 잘 하는 사람, 즉 '성장하는 사람'이나 '성장할 사람'이다. 하지만 그들은 이를 거절하지 못한다. 선하기 때문이며, 그 정도로 강하지 않기 때문이다. 이들은 '성장하는 척하는 사람'과는 잘 어울린다. 공통점_{무지, 무관심,} _{게으름, 교만, 거짓}이 많기 때문인 것 같지만, 알고 보면 뒤에서 서로를 욕하고 있다.

이들이 바로 상대방이 자기 책임을 대신해 준다는 사실을 알면서도, 그 권위를 인정하지 않는 사람들이다. 오히려 이들은 속으로 쾌재를 부르며, 상대방에게 더 큰 책임을 전가하려 한다. 양심이 없기 때문이며, 그것이 바로 악이다.

이들의 가장 큰 특징은 불평불만이다. 이들의 사전에 '감사'라는 단어는 없다. 누군가가 문제를 해결해 주어도, 즉시 다른 문제를 지적하며 불평을 이어간다. '성장하는 사람'이 80의 일을 하는 20의 사람이라면, 이들은 80의 일을 망치는 20의 사람이다. 하지만 더 큰 문제는 따로 있다. 이들이 승진할 때다.

재앙을 넘어, 학살_{虐殺}이 일어난다.

승진하는 순간 이들은 더 열정적으로 주변 사람들에게 돌을 던지기 시작한다. 야망이나 열정, 즉 욕심이 있기 때문이다. '성장하는 사람'의 퇴사가 줄줄이 이어지고, 조직에 남는 건 '성장을 포기한 성장할 사람'과 '성장하는 척하는 사람'이 전부다.

창업자가 알면 피가 거꾸로 솟을 일이다. 어떻게 세운 조직이겠으며, 어떻게 모으고 키운 사람들이겠는가. 하지만 일 잘 하던 사람들이 조직을 떠나도, 이들은 전혀 개의치 않는다. 계속 다른 사람에게 책임을 전가하고, 계속 다른 사람을 떠나게 한다. 심지어 조직이 무너져도 이들은 전혀 개의치 않는다. '일은 많은데 일할 사람은 없는 조직'이 많기 때문이다.

이들도 간혹 성공할 때가 있다. 하지만 '단계4의 리더'[주19]가 고작이다. 짐 콜린스는 이들을 이렇게 설명했다.

"이들은 백만 년이 가도 자신의 이기적인 욕구를 '자신보다 더 크고 오래 가는 무엇인가를 세우는, 보다 큰 야망'에 복속시키지 못하는 사람들이다. 이 사람들이 하는 일에는 항상 '자신들이 세우고 창조하고 기여하는 무엇'보다 자신들이 얻는 명성, 부, 아첨, 권력 등등이 우선한다."

이들이 아주 이기적이고 형편없는 인간들이란 말이다. 조직은 그 표현대로, '번쩍하는 짧은 순간에 큰 회사로 도약했다가 순식간에 형편없는 회사로 전락해버린다.' 그는 이렇게 부연했다.

"비교 기업의 리더들은 자기 개인의 위대함에 대한 평판에 더 관심이 큰 나머지, 회사의 차세대 후계자를 세우는 데 실패하는 경우가 많다. 당신이 떠난 뒤 그곳이 풍비박산하는 것보다 당신 자신의 개인적 위대함을 더 잘 입증해 보이는 방법이 달리 있겠는가?"

지금 이들이 일부러 그러는 것이라는 말이다. 하지만 가장 빠르게 승진하는 사람들이 바로 이들이다. 이들이 수단과 방법을 가리지 않고 조직을, '자신이 없으면 돌아가지 않도록' 만들어 놓기 때문이다.

이들 중에는 자기 상처나 결점으로 상대의 연민이나 동정심을 유발하는 사람도 많다. 약자를 편드는 심리, 즉 '언더도그마Underdog's dogma' 효과를 역으로 이용하는 것이다. 이들 탓에 연민이나 동정이 꼭 필요한 사람이 오히려 피해를 본다. 그런데도 이들을 품어주고 용인해 주는 착한#보 관리자들이 많기 때문이다.

이들의 정체는 이들이 조직을 떠난 뒤에야 드러난다. 뒤늦게 땅을 치는 관리자는 많지만, 진작 이들을 알아보는 관리자는 거의 없었다. (여직원들이 그 눈빛을 알아보고 질색했던 것과는 대조적이다.)

사람 때문에 힘들어하거나 조직을 떠나는 사람이 있다면, 바로 이 인간들 때문이다. 조직이 무너지는 이유는 많지만 사람 때문에 무너졌다면, 역시 이 인간들 때문이다! (자기 상급자의 권위를 인정하지 않는 상급자'가 있다면 조심해야 한다. 이들은 자신보다 우월한 사람, 즉 자신보다 권위가 높은 사람을 견디지 못한다.) 바로 이 인간들 때문에 하는 말이다.

"절이 싫으면 중이 떠나야지."

오히려 이 인간들을 당장 떠나보내야 한다! 이들에게 어울리는 말은 '사람은 고쳐서 쓰는 거 아니다'라는 말이 아니다. 이들에게 훨씬 더 잘 어울리는 말은, '당장 후방으로 빼거나 총살이라도 해야 한다'(주12)는 말이다.

그나마 다행인 건 이들이 비교적 많지 않다는 사실이다. '성장하는 사람'이 많지 않은 것과 같다. 조직에 끼치는 피해는 '성장하는 척하는 사람'이 훨씬 더 크다. 그만큼 그들이 광범위하기 때문이며, 쉽게 드러나지 않기 때문이다.

사실 이들 때문에 가장 큰 피해를 보는 사람이 따로 있다.

성장할 사람이다.

하지만, 관리자가 가장 주목해야 할 사람이 바로 이들이다.

이들 안에 그 위대한 리더, '단계5의 리더'의 씨앗[주19]이 숨어 있기 때문이다.

반드시 고쳐서 써야 할 사람

짐 콜린스가 소개한 일화다. 어느 CEO 모임에서 어떤 사람이 질문했다.

"단계5의 리더가 되는 법을 배울 수는 없나요?"

전 세계 모든 독자가 손에 땀을 쥐었을 순간이지만, 하지만 그런 방법은 없었다. *그래서야 뭐가 위대해지겠는가.* 그는 이렇게 부연했다.

"내 가설은 두 부류의 사람들이 있다는 것이다. 단계5의 씨앗을 갖지 못한 사람들과 그것을 가진 사람들이다. … 적합한 환경만 조성되면 그들은 성장하기 시작한다."

그렇다면, 그 씨앗은 과연 누구에게 숨어있을까? 감히 주장하겠다.

성장할 사람이다.

이들이 바로 그 위대한 리더, 단계5의 씨앗을 품은 사람들이다!

'성장하는 척하는 사람'이나 '절대 성장하지 않는 사람' 탓에, '성장할 사람'이 "사람은 고쳐서 쓰는 거 아니다"라는 말을 들을 때가 많다. 하지만 이는 대단히 억울한 일이다.

이들과 비교하면 '성장하는 사람'은 진정한 단계5의 리더가 아니다. 그들이 '토끼보다 빠른 거북이'라면, 이들은 사자나 독수리다. 그들이 '80의 일을 하는 20의 사람'이라면, 이들은 '98의 일을 하는 2의 사람'이다. (오타가 아니다. 98이 맞다. 실무자는 경악할 수치지만, 관리자는 충분히 수긍할 수치다. 그는 실무자가 아니다. 진짜 관리자다.)

성장하는 사람들이 돌에 맞아 쓰러진 사람의 상처를 싸매 주는 사람이라면, 이들은 자기 갈 길을 포기하고서라도 그 치료비와 입원비까지 치러주는 선한 사마리아인이다. (자기도 돌에 맞아본 거다.)

하지만 이들은 한없이 겸손하다. 약자에게 한없이 약한 관리자가 있다면, 조심해야 한다. 그들은 강자에게 강하다.

이들이 바로 '성장하는 척하는 사람'이나 '절대 성장하지 않는 사람'으로부터 조직을 구원할 구원자다. 이들은 그들을 정확하게 알아보고 조직에서 몰아낸다. 솎아내는 정도가 아니다. 기생충을 박멸하듯, 그들을 모조리 압살壓殺한다. *필자를 보라, 책으로까지 남긴다.* 어서 이들을 다시 보자.

그 씨앗을 깨어나게 할 첫 번째 요소는 '그가 만나는 상급자'다.

상태가 좋지 않은 상급자들이 이들의 상태를 더 악화시킨다면, '성장하는 사람', 즉 '하급자의 책임을 대신해 주는 상급자'는 이들을 깨어나게 한다.

이들이 상급자의 권위를 인정하지 않았던 이유는, 무지無智, 즉 지식知이 아니라 지혜慧가 부족했던 탓이다. 경험驗, 즉 생각이나 선택의 기회가 부족했던 것이다.[주21]

물론 이들에게도 무관심이나 게으름의 문제가 있다. 하지만 전자는 사랑의 씨앗이 아직 발아하지 않은 것이며, 후자는 육신이 아닌 생각의 게으름이다. 상급자가 이들에게 그럴 기회를 주고 기다려주는 것만으로도, 상급자가 그 책임을 대신해 줄 것이라는 확신을 주는 것만으로도 이들은 날아다니기 시작한다.

심지어 이들에게 부당한 지시는 오히려 약藥이다. 처음에는 이들도 약하게나마 저항할 것이다. 하지만 이들은 그 말에 따르는 시도나 노력이라도 할 것이며, 곧 상급자의 의도를 깨닫고 그를 더 신뢰하게 된다.

하지만 이들을 깨어나게 할 더 중요한 요소가 따로 있다.

고난[주22]이다. 고난이 사람을 키운다.

상급자가 부당한 지시를 한다면 (3)

짐 콜린스는 이렇게 말했다.

"우리는 연구 대상 중 일부가 자신의 성숙을 촉발하거나 가속시켰을 법한 중요한 인생 경험을 거쳤다는 걸 알아냈다. 다윈 스미스는 암을 앓고 난 뒤 완전히 개화했다. … 강력한 종교적 믿음이나 개종이 5단계 특성의 발달에 자양분을 주기도 한다."

고난이 사람을 키운다는 말을 모를 사람은 없다. 하지만 이를 머리로 아는 것과 실제로 그렇게 살아내는 것은 완전히 다르다. 죽을 뻔했다.

"하느님, 나한테 왜 그러세요?"

비명이 아니다. 죽기 직전에 나오는 탄식이다. 하지만 버틸 수밖에 없다.

죽을 수도 없기 때문이다. (이게 죽는 것보다 더 힘들다.)

가야 할 길을 알려주던 스승조차 사라졌다. 고난의 순간마다 스승을 만났지만, 어느 순간 스승도 만날 수 없었다. 홀로 서야 할 순간을 비로소 만난 것이다. (어쩌면 스승보다도 고난이 더 중요한 것 같다. 제자가 스승 이상으로 성장하기 어려운 까닭이다.)

하지만 고난보다도 더 중요한 것이 있었다. 그 순간의 **선택**[주11]이었다.

둘 중 하나였다. 완전히 낙심해서 포기하든지, 아니면 버티든지.

사람에게 상처받고 조직을 떠나거나, 성장을 포기하는 사람은 너무 많다. '밥벌이', 즉 돈 때문에 세상과 타협할 때도 마찬가지다.

물론 이는 당연한 선택이다. 하지만 문제의 해결은 아니다. 인간적이거나 영적인 선택, 진정한 자신을 발견하게 하거나, 인생의 사명을 향해 도전하게 하는 선택도 아니다. 포기나 회피, 즉 타협에 불과하다. 싸움에서 승리한 것이 아니라, 완벽하게 패배한 것이다. (이것이 단계5의 리더가 드문 이유다.)

그러니, **버티라**. 그 고난의 중심, 싸움의 한복판^{Arena}, 가장 뜨겁게 타오르는 그 지옥 불을 떠나지 말라. 그것으로 충분하다. 버티라. (버티라는 말에 마음이 어려울 수 있다. 사과드린다. 다만, 한번은 버텨볼 만했다.) 용광로보다 뜨거운 그 지옥 불에서 살아 돌아온 자의 고백이다. 버틸 수 있다. 버텨낼 것이다. 지금 버티고 있다면 아주 잘하고 있는 것이다.

데이비드 호킨스$^{David\ R.\ Hawkins}$는 《의식혁명$^{Power\ vs.\ Force}$》(1995)에서 이렇게 말했다.

"천재라는 불사조는 절망의 잿더미에서 솟구친다."

그대도 어느 순간 강해진 자신을 발견할 것이며, 그 순간 그대도 그 절망의 잿더미를 뚫고 솟구칠 것이다. 그대도 단계5의 리더, '앵그리 보스$^{Angry\ Boss}$'다. (이는 〈부록〉의 마지막, '하느님, 나한테 왜 그러세요?'에서 부연하겠다.)

그 순간부터 '성장하는 척하는 사람'이나 '절대 성장하지 않는 사람'이 줄줄이 퇴사하기 시작할 것이며, 그렇게 조직에는 '성장하는 사람'과 '성장할 사람'만 남을 것이다. 이것이 '모든 구성원이 리더로 구성된 조직'이 이루어지는 이유다.

'절대 성장하지 않는 사람'들이 하급자들을 불평불만 하는 사람으로 만들어버리거나, 회사를 풍비박산하는 것과는 대조적이다. 창업자가 알면 덩실덩실 춤이라도 출 일이다. 그러니 아예 이들에게 회사를 물려주거나, 사위로 삼아 버릴 때도 많다. 도망도 못 가게.

그렇다면 이들은 무엇으로 그들을 분별하는 걸까?

'절대 성장하지 않는 사람'은 쉽다. 감사하는 자세와 태도다.[주-23]

그들의 가장 큰 특징이 바로 불평불만이기 때문이다. 하지만 '성장하는 사람'은 다르다. 직장이 있다는 사실에 감사하는 사람, 일할 수 있다는 사실에 감사하는 사람이라면 그는 분명 성장하는 사람일 것이다.

'하급자를 대하는 자세와 태도'를 봐도 좋다. 상급자를 대하는 자세와 태도도 물론 중요하지만, 제삼자, 특히 하급자를 대하는 자세와 태도가 더 중요하다. 상급자와는 이해관계가 분명하기 때문이며, 상급자의 권위를 인정하는 사람이 하급자의 권위를 인정하지 않을 리도 없기 때문이다.

그 말과 행위의 목적과 결과를 봐도 좋다. 분명 둘 중 하나, 이타적이거나 이기적이다. 전자가 긍정적이라면 후자는 부정적이다. 전자가 자기 몫 이상의 책임을 감당한다면 후자는 자기 책임조차 회피한다. 전자가 타인의 권위를 세워준다면 후자는 무너뜨린다. 전자가 손해를 볼 일에도 적극적이라면 후자는 '자신을 돋보이게 할 일'에만 적극적이다. 일은 열심히 하는 것 같은데, 성과가 미묘하게 저조하다면 한번은 뒤를 돌아봐야 한다.

그렇게 그 정체가 드러나는 순간 이들은 짐 싸서 자기 발로 나간다. (나가면서 계속 회사를 욕한다.) 이는 사실 그들이 버티지 못하는 것이다. 인내심도 없기 때문이다.

그 존재의 영향력이 그렇다. 빛이 임하는 순간, 어둠이 빛의 속도로 도망치는 것과 같다. 만천하에 드러난 자기 본 모습을 자신이 감당하지 못하기 때문이다. (이들은 세상에서 가장 명청한 사람들이다. 사람이 어찌 사람을 속일 수 있겠는가.)

'성장하는 척하는 사람'은 조금 어렵다. 거짓 탓이다. 하지만 이들을 분별할 방법이 있다. '부당하게 여길 만한 지시'다. 이 역시 '사람을 키우는 고난'[주-22]이다.

'성장하는 사람'은 그래도 순종하려 한다. 상급자를 신뢰하기 때문이다. (단, 법이나 양심에 어긋난다면, 격렬하게 저항한다.) '성장할 사람'은 그대로 따르려는 시도나 노력이라도 한다. 하지만 '성장하는 척하는 사람'은 다르다.

불같이 화를 내며 격렬하게 저항하기 시작한다.

물론 그런데도 순종하는 척을 하는 사람도 있다. 하지만 사람의 본질을 통찰한 사람에게는 미묘하게 다른 점이 보인다. 사람 시선을 피하거나, 그 자세와 태도가 평소와는 미묘하게 다르다면, 그리고 무엇보다 상급자가 '시키는 그대로'는 절대 하지 않는다면, 더 부당하게 느낄 만한 지시를 한 번만 더 해보자.

그 거짓의 가면이 순식간에 불타 없어지고, 그 본모습이 드러날 것이다.

여기서 필요한 건 약간의 '미움받을 용기'가 전부다. '성장하는 사람'은 가만히 놔두고, '성장할 사람'은 칭찬과 인정으로 응원해주고, '성장하는 척하는 사람'은 웃으면서 집에 보내주자. (절대 성장하지 않는 사람'과는 절대 상종하지 말자. 크게 후회할 수 있다.)

그런데 지금 이 무슨 말씀이신가?

"그런다고 뭐가 달라지겠어?"

그런다고 뭐가 달라지겠어?

그 마음을 이해한다. 상급자도 억울할 때가 많다.

자기 몫 이상의 책임을 감당하는데도 그 권위를 인정받지 못할 때다.

'책임지는 순서'라는 비유가 상급자들에겐 묵직했을 것이다. 그들에게 이는 '사직서를 제출하는 순서', 즉 죽는 순서다. 하지만, 상급자는 억울해도 괜찮다. 그러니까 상급자다.

문제는 하급자다. 상급자의 권위를 인정하는데도, 자기 책임조차 감당하지 않는 상급자가 얼마나 많은가. 하물며 그가 자기 책임을 하급자에게 전가할 땐, 그 하급자의 마음이 어떠하겠는가. 그 억울함을 우리 모두 경험한 바 있지 않은가.

우리도 한때는 하급자였다. 우리도 한때는 권위를 인정하지 않았던 것이 사실이다. 그런데도 하급자들만 탓할 수 있겠는가. (상급자에게 맞았다고, 하급자를 때리는 사람도 많지만, 난 거부하겠다. 그들과 똑같은 인간은 되고 싶지 않다.)

상급자가 자기 책임을 대신해 준다는 사실을 알면서도 그 권위를 인정하지 않는 사람도 많다. 양심이 없는 것이다. 하지만 이는 그 사람의 선택이며, 그 사람의 책임이다. 권위자로서 우리가 해야 할 몫은 해야 하지 않겠는가.

권위자로서 자기 권위를 '권위 있게' 주장하기란 쉽지 않다. 하물며 그 권위를 인정받기란 더더욱 어렵다. 누군가를 사랑하기는 쉽지만, 그만큼 사랑받기는 어려운 것과 같다. (사랑받기보다는 쉽다. 이해관계가 명확하기 때문이다.)

하지만, 그래도 권위자는 그 권위를 인정받으려는 시도나 노력을 해야한다.

"우리 고객이 내부고객, 그중에서도 바로 하급자이기 때문이다."

비로소 이번 장의 문제로 돌아왔다.

"상급자의 고객은 누구인가?"

상급자의 고객은 누구인가?

물론 상급자, 즉 조직의 고객은 외부고객이다. 하지만, 모든 외부고객을 상급자가 직접 대면할 수 없다. 고객 접점, 즉 싸움의 최전방에서 외부고객을 대면하는 사람은 따로 있다.

하급자다. (1인 기업은 물론 아니겠지만, 그런 곳은 조직이 아니다, 개인이다.)

그렇다면 상급자로서 우선해서 만족하게 해야 할 고객은 결국 내부고객이며 그중에서도 바로 하급자다. 그러니까 하는 말이다.

'내부고객이 만족해야 외부고객도 만족한다.'

하지만 상급자의 고객이 하급자인 이유가 또 있다. 상급자 자신이 존재할 수 있는 이유가 바로 하급자이기 때문이다. 병사가 없는 장군이 어찌 장군일 수 있으며, 백성이 없는 왕이 어찌 왕일 수 있겠는가. 그렇다면 결론은 더더욱 자명하다.

'상급자의 고객은 하급자다.'

역설paradox이 하나 성립하는 순간이다.

고객하급자**을 만족하게 해야 고객**외부고객**을 만족하게 할 수 있다.**

상급자의 처지를 이해한다면, 이제 다시 하급자의 처지로 돌아가 보자.

'나는 왜 고객외부고객을 만족하게 해야 할까?'

'나는 왜 일해야 할까?' (나는 왜 움직여야 할까? *가진 돈이 없기 때문이다.*)

하급자가 그 이유를 깨닫기란 쉽지 않다. 그러니까 하는 말이다.

"내가 왜요?" ('내 일이 아닌데요?')

그런데 내 고객이 상급자라는 사실을 깨닫는 순간, 재미있는 일이 일어났다.

외부고객을 만족하게 해야 할 이유, 즉 움직여야 할 이유가 생겨버렸다.

왜? 고객상급자을 만족하게 해야 하기 때문이다.

왜? 궁극적으로 바로 **나**가 가장 만족하게 되는 까닭이다.

역설이 하나 더 성립하는 순간이다.

고객외부고객**을 만족하게 해야 고객**상급자**을 만족하게 할 수 있다.**

상급자들이 강요했던 고객 만족 패러다임을 기억할 것이다.

"고객은 왕이다."

우리 고객이 외부고객이라는 의미와 함께, '그 고객을 반드시 만족하게 해야 한다'는 의미가 담겨 있었다. 예전에는 이를 상급자들의 독선끈대이나 오만오자랑, 자만갑질이라고 생각하고, 강하게 거부했었다. 그런데 이게 무슨 상황인가?

'고객외부고객을 만족하게 해야 한다!'

하급자로서 내 처지가, 상급자의 그것과 일치한 것이다!

이 순간이 바로 한비자韓非子가 꿈꾸었던 '군주의 이익과 신하의 이익이 일치되는' 순간이며, 손무가 바라본 상하동욕上下同欲, 즉 상급자와 하급자의 처지가 하나가 되는 순간이 아니겠는가!

그 기쁨과 평안을 성선화 기자는 《결혼보다 월세》(2015)에서 이렇게 표현했다.

"조직 생활 8년 만에 처음으로 회사와 내가 한마음 한뜻으로 같이 간다는 일체감을 느꼈다. 그것은 바로 내가 가는 방향이 조직이 원하는 방향이라는 동질감이다. 나와 조직이 하나가 되는 느낌이다. 신기하게도 여기서 얻는 정서적 안정감은 상상을 초월했다. … 주도적으로 일을 하면서 자존감도 높아졌다. 무얼 해도 자신이 붙었고, 신바람이 났다." *8년 걸린 걸 책 한 권으로 끝낼 수 있다.*

이제 다음 장에서, 하급자에게 '미움받을 용기'를 발휘했던 사례를 나누겠다.

모든 구성원이 리더로 구성된 조직을 목격할 것이다.

짜릿할 것이다.

그런데, 잠깐!

중간관리자의 처지에서도 한번 생각해 보자. (사실 이들이 가장 많다.)

"상급자중간관리자의 고객은 누구인가?"

'상급자의 상급자'다. 그렇다면 '상급자의 상급자'의 고객은?

'상급자의 상급자의 상급자'다. 그러니까 하는 말이다.

"간부상급자의 주적도 간부상급자의 상급자다."

그렇다면? 그렇다, 고객하급자을 만족하게 해야 한다. (고객은 하급자다!)

그래야 자기 고객, '상급자의 상급자'를 만족하게 할 수 있기 때문이며, 그럴수록 오히려 중간관리자 본인이 가장 만족하게 되기 때문이다.

《학교가 알려주지 않는 세상의 진실》(2009)에서 이계안은, '부하직원을 빨리 승진시켜라!'라고 말하며 이렇게 부연했다.

"내 아랫사람을 승진시키면 내 윗사람이 나를 반드시 평가한다.

… 자연스럽게 나 또한 승진이 가능할 것이다."

상급자들이 가장 두려워하는 사람은 사실, '상급자의 상급자'가 아니다.

하급자, 그중에서도 바로, 사직 날짜를 받아놓은 하급자다.

Part 3

앵그리 보스를 만난
공익근무요원

| 모든 구성원이 식충이로 구성된 조직

이 장의 원래 소제목은 '모든 구성원이 관심사병으로 구성된 중대'였다.

군대에서 고문관을 만나 본 사람에게는 적당히 끔찍하겠지만, 그 느낌이 생소할 독자도 많을 것이다. 독자를 배려해서 바꾼 소제목이다.

모든 구성원이 불사조로 구성된 조직.

(사회복무요원 제도, 즉 보충역 대체 복무 제도의 문제를 말하는 사람은 많다. 하지만 이 책의 주제와는 연관성이 떨어지기에, 여기서는 그들에게 동기를 부여한 사례에 집중하겠다.)

모든 구성원이 불사조로 구성된 조직

문화센터 근무 당시 필자는 관리자로서 접수직원이나 용역 직원, 강사나 공익근무요원 등 모든 사람을 움직이게 해야 했다.

가장 움직이기 어려운 사람은 물론 문화센터 회원, 즉 외부고객이었다. 하지만 그들보다도 움직이기 어려운, 사람이 따로 있었다.

가장 젊은 사람들, 공익근무요원들이었다.

그들은 젊은 불사조였다.

인상부터 무언가 불만이 많아 보였다. 문도 세게 닫았다. 청각에도 문제가 있는 것 같았다. 불러도 못 들었단다. 왜? 가는 귀가 먹었기 때문이다.

왜? 저음이 강조된 음악을 많이 듣기 때문이다.

왜? 대답을 잘 하면 자꾸 뭘 시킨다는 걸 학습했기 때문이다.

왜? 이전 담당자가 불사조였기 때문이다.

왜? 사람은 누구나 권위자를 닮는 법이기 때문이다. (5-why 기법이었다.)

중2병이든, 젊은 꼰대든, '성장하는 척하는 사람'이든, 모두 맞다.

사람이 자기감정이나 의사를 표현해주는 것만으로도 감사할 때가 있다. 반응 자체가 없는 사람도 많기 때문이다. 뭘 물어보면 뭐라고 웅얼거린다. 기억이 나지 않는다는 말 같다. 뭐라도 시키면 또 뭐라고 웅얼거린다. 허리가 아프다는 말 같다. 옆에서 보는 사람까지 삶의 의욕을 잃어버린다. 밥은 왜 먹는지 모르겠다.

다시 생각해 보니 그들은 **젊은 식충**이였다.

열심히 일할 이유가 없는 사람들

어느 유명한 비즈니스 철학자^{ᄈᄈ}는 이렇게 말했다.

"상급자들이 가장 두려워하는 사람은 '사직 날짜를 받아놓은 하급자'다."

그들이 그랬다. 그들에게는 열심히 일할 이유가 없었다. 그런다고 승진을 하는 것도 아니며, 그런다고 급여를 더 받는 것도 아니지 않은가.

소속감을 느끼라고 말하기는 쉽지만, 그런다고 없던 소속감이 우러나오는 건 아니다. 주인 정신을 가지라고 말하기는 쉽지만, 그런다고 없던 주인 정신이 샘솟는 것도 아니다. (움직여야 할 이유가 없는 사람을 움직여야 했던 막막함이 독자에게도 느껴졌으면 좋겠다.)

하지만 조직 본부로 발령받은 이후에야 비로소 진짜 문제가 드러났다. 모든 구성원이 불사조, 아니 식충이, 아니 '사직 날짜를 받아놓은 하급자'로 구성된 조직이 모습을 드러낸 것이다. 17개 문화센터에서 40명이 넘는 식충이들이 나 한 사람만 붙들고 늘어지기 시작했다.

그래도 현장관리자들은 현장에서 처리할 수 있는 문제를 처리해주기는커녕⑩,

자기들 일까지 나에게 떠넘기기 시작했다. (덕분에 나를 돌아보았다.)

하지만 이 역시 문제의 시작에 불과했다. 담당자가 담당해야 할, 담당자의 진짜 고객이 따로 있었다. 그들의 부모들이었다.

병원 관계자를 가장 힘들게 하는 사람은 환자가 아니다, 보호자다. 어린이집 관계자도 그렇다. 어린이들이 아니라 부모들이다. 그런데 그 부모들이 어떤 부모들인가?

잘사는 동네 부모들이다.

근무하는 지역이 그랬다. 담당자가 버스 타고 출근할 때, 그 친구들은 지하 주차장에서 걸어 올라왔고, 주차장엔 수입차가 있었다. 그런 지역이었다.

그런데 지금 그런 부모가 한두 사람이 아니다, 100명이다, 100명!

그냥 문화센터 회원 수나 늘리고 싶었다.

팀장을 찾아가 정중하게 고충을 말했다. 명쾌했다. "알아서 잘 해."

칸막이 뒤에 몸을 숨기는 사람에게 물어본 내 잘못이다.

이전 담당자를 찾아갔다. 더 명쾌했다.

"버텨." *버텨라!* "애들이 제대할 때까지든, 사무실에 막내가 들어올 때까지든, 다른 부서로 발령 날 때까지든, 무조건 버텨."

담당자가 말하지 않아도 들리는 소리가 있었다. '아니면 네가 죽는다.'

아니면 내가 죽는다!

솔직하게 고백해야 할 시점이다. 지금 필자가 소수의 사례를 과장하고 있는 것, 맞다! *죽고 싶지 않다!* 어떻게 모두가 사직 날짜를 받아놓은 사람처럼 일했겠는가. 하루하루를 기쁘고 보람 있게, 심지어 일에 몰입하며 행복해하는 공익근무요원이 실제로 있었다. 심지어, 많았다! 오히려 그게 더 기적 같지 않은가? (이는 사실 당연한 현상이다. 석방 날짜가 하루하루 가까워진다고 생각해 보자.) 그럴 때마다 내 입에서도 어디서 많이 듣던 말이 튀어나왔다.

"어떻게 공익근무요원이 직원보다 일을 더 잘 해?"

그 둘의 차이는 무엇일까? 그렇게 타고 난 건가? 가정교육을 잘 받은 걸까? 어디 가서 인성교육이라도 받고 온 건가? 군대를 두 번 온 걸까?

그런 말을 쉽게 하면 안 된다는 걸 나는 경험으로 배웠다. 당시 부모들의 전화를 참 많이 받았다. 하지만 자녀의 인사를 청탁하거나 편의를 요청하는 등 무리한 요구를 하는 사람은 많지 않았다. 대부분 사과 전화였다.

자녀가 지각을 하든, 결근을 하든, 어디가 아프든, 뭘 때려 부수든, 그들은 항상 자신을 탓했다. 그렇다. 부모의 마음은 항상 미안함이다. 꽃이 지고, 홍수가 나고, 벼락이 떨어져도[주24] 모두 내 탓인 것만 같은 그 마음을 그 어느 권위자가 모르겠는가. *나도 울 엄마 먹고 컸다.*

담당자로서 해야 할 가장 중요한 역할이 무언지 비로소 깨달았다.

'고객은 상급자다.' ('그들의 진짜 고객이 누구인지 깨닫게 한다.')

내가 그랬다. 내 진짜 고객이 누군지 깨닫는 순간, 움직여야 할 이유가 생겨버렸다. 이는 그들에게도 분명 마찬가지일 것이다.

그렇다면 이렇게 한번 생각해 보자. '공익근무요원의 고객은 누굴까?'

모른다. 그들이 원하는 것이 무엇인지, 그리고 그 권한이 누구에게 있는지 먼저 알아보는 것이 순서다. 이렇게 다시 생각해 보자.

'공익근무요원들이 원하는 것은 무엇일까?'

공익근무요원의 고객은 누구인가?

별거 없다. 조금이라도 몸 편한 사업장에서 근무하거나, 연가나 병가를 사용하고 싶을 때 사용하는 것이 전부다. 소집을 해제하는 날까지 잔소리나 좀 덜 들어도 좋을 것이다. 그렇다면 그런 권한을 가진 사람은 누굴까?

총괄 담당자, 즉 필자가 아니다. 문화센터 센터장, 즉 **현장관리자**다.

그 모든 권한을 나에게 집중시킬 수도 있지만, 자칫 현장관리자의 권위가 무너질 수도 있다. 현장관리자의 권위를 세워주는 편이 옳다.

그래 봤자 대단한 건 없다. 의사를 결정하기 전에, 현장 담당자에게 조언을 먼저 구하는 것만으로도 충분하다. 현장 담당자의 동의가 없다면, 나 역시 동의할 수 없다. (현실은 다를 때가 많다. 이 책을 강제로라도 읽혀야 할 이유다.)

현장관리자도 공익근무요원에게 많은 걸 바라지 않는다. 지각이나 무단결근을 하지 않는 것만으로도 충분하다. 만약에라도 그 친구들이 회원들에게 친절히 한다면 현장관리자는, 경악할 것이다.

그렇다면 이제 남은 질문은 오직 하나, 그래야 할 이유, 즉 **'왜'**다.

'나는 왜 회원외부고객에게 친절해야 할까?'

나는 왜 늦지 않게 출근해야 할까? 왜 일해야 할까? 왜 움직여야 할까? 공익근무요원으로서 맡은바 본분이니까? 마땅히 가져야 할 사명감과 의무감 때문에? 나라와 민족의 무궁한 영광을 위하여? 누가 자꾸 보채니까?

모두 아니다. 문화센터 센터장상급자을 만족하게 하기 위해서다.

왜? 자신에게 좋기 때문이다.

그럴수록 오히려 상급자에게 더 큰 책임을 요구할 수 있기 때문이며, 그럴수록 오히려 자신에게 큰 선한 영향력, 즉 은혜가 돌아오기 때문이다.

물론 모두가 원하는 사업장이나 근무 시간을 배정받을 수는 없다. 하지만 상급자의 재량 아래 어느 정도는 배려를 받을 수 있다. 최소한 잔소리라도 덜 듣지 않겠는가.

그렇게 주사위가 던져졌다. 한 사람씩 붙잡고 물어보기 시작했다.

"문화센터 공익근무요원으로서 네 진짜 고객은 누굴까?"

'그대의 진짜 고객은 누구인가?'

그대의 진짜 고객은 누구인가?

실제 사례다. 일단 자리를 권하고, 물부터 한잔 먹인다. 목소리를 낮춘다.

"문화센터 공익근무요원으로서 네 고객은 누굴까?"

순간, 사람이 씩 웃는다. 무언가 아는 눈치다. 목소리에도 벌써 힘이 들어가 있다. 담당자를 한두 사람 상대해 본 것도 아닐 것이다.

"예! 저의 고객은 문화센터 회원입니다!"

가장 많이 돌아오는 답이 바로 '외부고객'이다. 그런데 정말일까?

"정말 그럴까? 내 생각엔 아닌 것 같은데?"

순간 상대방의 눈동자가 흔들리기 시작한다. 머릿속 생각이 보인다.

'나한테 왜 그러세요?'

다시 묻는다. '그대의 진짜 고객은 누구인가?'

두 번째로 많이 돌아오는 답도 대부분 같다. '모든 사람'이다.

"그렇다면 제 고객은……, 모든 사람인가요?"

하지만 아니다.

"또 아닌 것 같은데? 모든 사람을 만족하게 할 수 있을까?"

순간 사람 얼굴이 하얗게 질린다. 머릿속 생각이 또 보인다.

'내가 뭘 그렇게 잘못했나요?'

잘못 한 건 전혀 없다. 담당자로서 내가 가장 원하는 건 오직 하나, 본인 스스로 생각이라는 걸 해보는 것이 전부다. 다시 묻는다.

'그대의 진짜 고객은 누구인가?

세 번째로 돌아오는 답도 대부분 같다. '자기 자신'이다.

"그럼 제 고객은……, 나 자신인가요?"

이젠 얼굴빛이 새카맣다! 머릿속 생각이 계속 보인다.

'그냥 답을 말씀해주시면 안 될까요?' *안 알려준다.*

공익근무요원에게 그 순간은 고난[주22]이다. 그보다 난처한 순간도 따로 없을 것이다. 순간 상대방이 죽이고 싶을 정도로 미워졌을 수도 있다.

하지만 이 질문도 '사람을 키우는 고난'이다. 잠시 기다려주는 것만으로도 사람이 생각이라는 걸 하기 시작한다. 힌트를 제공하는 것도 좋다.

"너 연가 가고 싶을 때, 마음대로 갈 수 없잖아. 누가 승인해 주어야 가능하니? 네가 다른 팀으로 가고 싶다고 마음대로 갈 수 있는 건 아니잖아?"

그리고 곧 상대방의 입가에 미소가 서리기 시작한다.

'내 고객이 설마……, 문화센터 센터장상급자이었어?'

자기 고객, 권위자가 누구인지 깨닫는 순간이며, 그 권위를 인정해야 할 이유를 깨닫는 순간이다. 상급자가 자기 책임을 감당해 주고 있었다는 사실을 비로소 깨달은 것이다.[주17] 하지만 그 권위를 인정하게 되는 더 중요한 이유가 따로 있다.

자신에게 좋기 때문이다.

그 권위를 인정하는 것만으로도, 얼마든지 더 큰 책임을 요구할 수 있다는 사실을 비로소 깨달은 것이다. 자신에게 돌아올 유익, 그 선한 영향력이 많다는 걸 어찌 본인이 모르겠는가.

결과는 간단하다. 사람이 날아다닌다더라.

한번은 문화센터 현장관리자가 회원들의 말을 전해왔다.

"어떻게 공익근무요원이 직원보다 더 친절해요?"

비슷한 말을 이 책이 끝날 때까지 계속 들을 것이다.

하지만 모두가 상급자의 권위를 인정하게 된 건 아니었다.

'성장하는 척하는 사람'은 어쩔 수 없었다.

연예인의 고객은 누구인가?

공익근무요원 중엔 연예인 병도 있었다. 대부분 성실하고 사회성도 좋다. 하지만 사고라도 하나 친다면, 대형 사고다. 조직이 언론에 오르내린다. 조직이 보통 이하라는 소문이 전국에 난다니, 이 무슨 망신인가. (상급자의 고객은 정말로 하늘자나.)

한번은 중2병에 제대로 걸린 친구를 만났다. 증상이 조금 심했다. 어쩌나 말을 안 듣고, 지각을 하고, 결근을 하고, 저음이 강조된 음악이나 듣고, 그러면서 문을 쾅쾅 닫고 다니고, 회원들 앞에서 술 냄새를 펄펄 풍기고, 숨어서 잠이나 자서, 담당 센터장이 아주 애를 먹었다. (그 친구는 아이돌^{##}이었다.)

그래도 센터장의 마음은 부모의 마음이었다. 혹시라도 피해가 갈까 봐 그 친구를 배려해주고 있었다. 근무 시간도 편한 시간으로 맞춰주었고, 결근은 연가나 병가로 대체해주고 있었다.

하지만 언제까지 그럴 수는 없었다. 현장관리자는 원칙대로 일을 처리했고, 일이 터졌다. 일 안 하던 담당자가 일해야 했다. 그 친구를 불러 앉히고 물부터 권했다.

"연예인의 처지에서 생각해 보자. 너의 고객이 정말 **대중**일까?

네 고객을 **소속사 대표**라고 생각해 보면 어떨까?"

연예인의 고객도 상급자, 즉 권위자라고 볼 수 있다. 그에게 기회를 주었던 관계자나, 가르침을 주었던 스승이 왜 없었겠는가. 혹시라도 그 인기가 사라진다면, 누가 그를 기억해 주겠는가. 그래도 그 고객이 오직 대중일까?

그렇단다. 자기 고객은 무조건 대중이란다.

그 선택을 존중하지 않을 이유는 없었다. 하지만 왠지 소속사 대표의 목소리가 들리는 것 같았다.

"너 신인 때 기억 안 나? 너를 위해 내가 얼마나 고생했는데? 너를 위해 내 자존심까지 버렸었는데, 어떻게 말을 그렇게 할 수 있나?"

식충이나 불사조 같은 기획사 대표도 많겠지만, 어버이의 마음을 품은 대표가 더 많다고 믿는다. 단지 보이지 않을 뿐*이며 뉴스거리가 안 될 뿐*이다. 현장관리자의 마음이나, 지금 그를 마주하는 내 마음도 다를 리 없다.

덕분에 나도 애를 먹었다. 기자들에게 전화 참 많이 받았다. 결국, 일을 원칙대로 처리할 수밖에 없었다. 불복종, 즉 권위 불인정의 결과가 관계 단절이기 때문이며, 더 이상의 은혜가 없는 것도 당연하기 때문이다.

연장 근무 일주일. 결재 완료. 끝.

최소한 근무 태도는 잡혔다.

기억나는 친구는 또 있다. 군^軍 정신병원 퇴원 후 공익근무요원으로 전환된 친구였다. 어느 날 난리가 났다. 그 친구가 정신병원에 강제 입원했다고 한다.

무작정 달려갔다. 한참 후에 나온 사람 얼굴에 표정이 없었다.

"아니, 왜 집에 불을 질렀어?"

누군가 감시하는 것 같았기 때문이라고 한다. 뭐라고 할 말이 없었다.

일터로 돌아와 팀장에게 조언을 구했다. "알아서 해."

괜히 물어봤다. 그냥 알아서 했다.

복무 규정집을 뒤지고, 병무청 담당자를 보챘다.

조기 소집 해제. 결재 완료. 끝.

그러던 어느 날, 왠지 촉^觸이 좀 이상했다. 사무실이 너무 조용했다.

'왜 이렇게 조용하지?' 왠지 불길했다.

곧 그 이유를 알 수 있었다. 나를 찾는 전화가 사라진 것이다!

우리 아이도 달라졌어요

현장관리자들의 전화만 사라진 것이 아니었다. 부모들 전화도 사라졌다.

몇몇 친구들이 부모 말을 전했다.

"담당자가 무얼 시키든, 무조건 그대로 순종해라."

"담당자님 말씀이라면 무조건 그대로 믿어라!"

감동이었다. 내가 감히 뭐라고 말이다.

담당자로서 필자가 한 일은 그리 많지 않다. 중간관리자로서 현장관리자들의 권위를 세워주었던 것이 전부다. 하지만 그 이상으로 내가 가진 권위가 더 높아졌다.

내가 왜 그랬을까? 내가 그렇게 이타적이고 희생적이라서? 담당자로서 마땅히 가져야 할 의무감이나 사명감 때문에? 사랑의 물결이 강물같이 흘러넘쳐서?

모두 아니다. 나 편하니까 그랬을 뿐이다. *죽고 싶지 않았을 뿐이다.*

단체로 식충이가 되어있었던 사람들을 통제하는데 그보다 더 쉬운 방법을 나는 아직 발견하지 못했다.

공익근무요원 관리를 하급자들이나 하는 하찮은 일이라고 생각하는 사람도 많지만, 내 생각은 다르다. 식충이라도 된 양, 온종일 의자에서 흘러내리던 사람을 움직이게 했던 것이 사실이라면, 세상 그 누구를 움직이지 못하겠는가.

그 친구들이 소집을 해제할 때면 나는 이렇게 말해주었다.

"앞으로도 어디서든, '고객은 상급자가 아닐까?'라고 한 번만 생각해 보자."

지금도 그 친구들은 그 이상으로 자기 권위를 인정받고 있을 것이다.

이제 문화센터 실적과 가장 밀접한 고객 접점, 강사의 사례를 나눌 차례다.

그전에 하나만 짚고 가자. '조직구조'다. 필자는 이렇게 주장하려 한다.

"조직구조는 피라미드가 아니다. 원^{circle}이다."

한번은 사무실 책상에 이런 쪽지가 있었다.

"그래도 오늘까지는 제 고객이십니다. 덕분에 제 인생이 바뀌었습니다.

앞으로도 담당자님은 평생 제 고객이십니다!"

나는 아직도 그 친구들이 자랑스럽다.

| 밥은 왜 꼭 선배들이 사는 걸까?

흔히 조직구조를 피라미드pyramid라고 말하지만, 이는 조직의 내부만 볼 때다. 조직의 내부와 외부, 즉 내부고객과 외부고객을 함께 볼 때 그 구조는 원이다.

"외부고객과 내부고객, 둘 중 어느 편의 권위가 더 높을까?"

그렇다, 필자는 외부고객의 권위보다 내부고객, 그중에서도 고객을 대면하는 고객 접점의 권위가 더 높다고 주장하려 한다.

사실 이를 외부고객이 먼저 안다. 그러니 이를 자신에게 유리하게 이용하려 할 때도 많다. 그러니까 하는 말이다.

"소개 많이 해드릴게요." ('단골이잖아요!')

그러니 '자기 권위를 인정해 달라', 즉 '더 큰 은혜를 베풀어 달라'는 말이다.

이를 부정적으로 이용하려 할 때도 많다. "인터넷에 올려버린다!"

이런 민원은 불사조에게 맡겨야 한다.

조직구조는 원circle이다

조직구조의 예로, 문화센터를 든다. 현장관리자를 시작으로 권위의 순서를 따라 한 단계씩 올라가 보자. 기준은 나, 현장관리자다.

1. 현장관리자보다 권위가 높은 사람은 팀장, 즉 중간관리자다.
2. 중간관리자보다 권위가 높은 사람은 조직 대표, 즉 최종결재권자다.

그보다 권위가 높은 사람이 있을까?

3. 있다, 지자체다. 지자체 담당자이며, 지자체 담당자의 상급자, 즉 지자체장^長이다. 하지만 그들보다도 권위가 높은 사람이 또 있다. 누굴까?

4. 그렇다. 백성, 즉 지자체 주민이다. 그들이 바로 회원, 즉 외부고객이다.

5. 하지만 그들보다도 권위가 높은 사람은 또 있다. 문화센터에서 그들을 대면하는 내부고객, 즉 **고객 접점**이다.

외부고객이 문화센터에 등록하려 해도, 고객 접점에서 받아주지 않으면 어찌할 수 없다. 그러니 신청서를 쓰라면 써야 하며, 신분증을 달라면 줘야 한다. 돈 달라면 돈도 줘야 한다. *대출 심사 자리라면 그 심정이 오죽하겠는가.*

결국, 외부고객보다 내부고객, 그중에서도 고객 접점의 권위가 더 높다.

6. 하지만 고객 접점보다도 권위가 높은 사람이 또 있다. 누굴까?

그렇다, 현장관리자, 바로 나다.

조직구조의 또 다른 예로, 중국 만리장성^{萬里長城}을 든다. 명^明나라가 멸망할 때 만리장성은 무너지지 않았다. 청^淸나라에 매수된 문지기들이 성문을 활짝 열어놓았기 때문이다. 문지기들, 그들이 바로 고객 접점이다.

명나라는 역사 속으로 사라졌지만, 조직구조는 만리장성처럼 굳건하다. 외부고객들이 무슨 수를 써서라도, '고객 접점의 상급자'를 만나려 하는 이유다.

"센터장^{최종결재권자} **나오라고 해!**"

이는 결국, 그들이 자초한 셈이다. 그들이 CSM의 패러다임, 즉 '고객이 왕'이라는 걸 내부고객에게 강요했기 때문이며, 그들이 내부고객의 권위를 오히려 무너뜨렸기 때문이다. 그들이 권위를 모르기 때문이며, 자신의 처지와 하급자의 처지가 다르다는 사실조차 이해하지 못하기 때문이다. 그러니까 듣는 말이다.

"사장^{최종결재권자} 나오라고 해!"

하지만 그들의 말과 행동은 다르다. 절대 안 나간다. (불사조 같은 인간이 조급한 마음에 튀어나가는 건 제외한다. 식충이 같은 인간은 칸막이 뒤에 몸을 숨긴다. 심지어 어떤 식충이는, 책상 밑으로 기어들어 가더라. 웃자고 하는 이야기 같지만, 모두 사실이다.)

이는 고객이 유선으로 민원을 제기할 때도 마찬가지다.

"당장 센터장 바꿔!"

본인이 아쉬우니까 하는 말이다. 그렇다고 냉큼 상급자에게 전화를 돌려버릴 담당자는 없다. (사실 있다. 심지어 많다. 멍청하고 부지런해 보이는 담당자들이다. 발신자조차 알려주지 않고 전화를 함부로 돌리는 인간이라면 틀림없다.

용건까지는 바라지도 않으니 발신자라도 좀 알려주자.)

이번에는 문화센터 회원, 즉 '외부고객'의 처지에서도 한번 생각해 보자.

'외부고객의 고객은 누구인가?'

그렇다, 고객 접점이며, 그중에서도 바로 강사다. 왜?

고객 자신에게 좋기 때문이다. 그 권위를 인정하는 것만으로도 얼마든지 더 큰 책임을 요구할 수 있다. 그럴수록 오히려 고객 본인에게 돌아올 선한 영향력, 즉 은혜 배려, 관심, 혜택, 호의, 조건 없는 선물, 특권 의식, 공주 대접 등는 너무나도 많다. 최소한 자세라도 한 번 더 잡아주지 않겠는가.

내가 틀렸다는 통찰

개인적으로 운동을 좋아한다. 뭐라도 배울 때면 스승에게 잘한다는 칭찬을 듣지만, 솔직히 혼란스럽다. 필자는 운동을 잘 하는 사람이 아니다. 그런데 왜 그런 칭찬을 받았던 걸까? 등록 기간이 가까워서? 개인 강습이라도 등록하라고?

아니다. 그 순간 필자가 스승을 '고객'으로 여겼기 때문이다.

운동을 시작하기 전에 큰절이라도 올렸다거나, 명절마다 찾아뵌 건 아니다. 온

몸의 힘을 빼고, 스승의 말 그대로 정확히 따라 하려 노력했던 것이 전부다. 그럴 때마다 스승이 더 기뻐했다.

스승의 처지에 있는 독자는 그 마음을 이해할 것이다. 돈은 두 번째 문제다. 제자가 변화하고 성장하는 모습을 보는 것보다 기쁘고 보람 있는 일도 따로 없다.

하지만 현실은 다르다. 온몸의 힘을 빼기는커녕, 더 빡 준다. 세상 모든 스승의 목소리에 힘이 들어가는 이유다.

"힘 빼세요!" 하지만 힘 안 뺀다. 왜?

제자 스스로 '본인이 틀렸다'는 사실을 깨닫고 인정해야 하기 때문이다.

그것이 바로 내가 **틀렸다는 통찰**[주-17]이다.

하지만 문제는 따로 있다.

자기가 틀렸다는 바로 그것을 깨닫게 하는 것이 어렵다.

자기 실수조차 깨닫기 어려운 것이 사실이다. 하물며, 다른 사람이 이를 깨닫게 하기란 얼마나 어렵겠는가. 도대체 무얼 어떻게 해야 할까?

사실 쉽다. 스승, 즉 권위자로서 그 권위를 인정받으면 된다.

M. 스캇 펙Morgan Scott Peck은 《아직도 가야 할 길》(1978)에서 이렇게 말했다.

"환자가 '치료를 위한 협조'를 하지 않으면 중요한 인간적 성장을 경험하기란 불가능하다. 다시 말해 커다란 변화를 시도하기 전에, 환자는 치료사를 늘 변함없이 곁에 있는 동지라고 믿음으로써 힘과 안정감을 느껴야 한다."

'치료를 위한 협조'라는 말이 필자에게는, '환자가 치료사의 권위를 인정할 때'라고 들렸다. 그는 이렇게 부연했다.

"치료사의 책임감이 충분하면 그때는 대체로 환자도 그 영향을 받아 치료사와 치료에 대한 책임감이 자라게 된다. … 그들이 치료되어 건강해지려면 반드시 이 기점에 도달해야 한다. 환자가 마침내 도달할 때 치료사에게는 그때야말로 구원과 기쁨의 놀라운 순간이 된다."

　'치료사의 책임감이 충분할 때'를 '환자의 권위를 인정할 때'라고, '환자가 그 영향을 받은 때'를 '환자가 그 영향력을 깨닫고 감사하게 될 때'라고 바꾸어도 얼마든지 무방하다. 바로 그 기점, 그 구원과 기쁨의 순간을 독자도 곧 경험할 것이다.

　조직구조, 그 원 안을 들여다볼 수 있다면, 무언가가 그 안에서 순환한다는 걸 발견할 것이다. 그 무언가를 필자는 은혜라고 표현하고 있다.

은혜란 무엇인가?

　은혜를 흔히 '조건 없는 선물'이라고 말한다. 우리가 숨 쉬는 공기, 우리가 마시는 물이 은혜다. 또한, 은혜는 힘Power이며 능력이다. 카리스마Charisma, 즉 영향력이며 리더십이다. 부모의 영향력이 부모의 은혜이며, 스승의 영향력이 스승의 은혜다. 그렇다면 은혜는 '권위의 영향력'이다.

　하지만 모든 영향력이 은혜인 건 아니다. 권위의 '선善한 영향력'만이 은혜다.

　데이비드 호킨스는 같은 책에서 이렇게 말했다.

　"힘Power은 생명과 에너지를 주지만, 위력Force은 그것을 앗아 간다. 힘은 끌어당기지만, 위력은 오히려 물리친다. 힘은 일치시키지만, 위력은 오히려 분열시킨다."

　책 제목을 다시 보자. 제목에서부터 권력과 위력, 즉 선한 영향력과 악惡한 영향력을 구분하고 있다. 그는 이렇게 부연했다.

　"위력도 만족감을 줄 수 있다. 하지만 기쁨Joy은 오직 힘만이 줄 수 있다. 만족감은 다른 사람을 이길 때 느끼지만, 기쁨은 자기 자신을 이길 때만 느낄 수 있다."

　마지막으로 필자는 은혜를 이렇게 정의하려 한다. 돈이다.

　칼릴 지브란Kahlil Gibran은 《예언자The Prophet》(1923)에서 이렇게 말했다.

"일이란 '눈에 보이게 드러난 사랑'이다." Work is LOVE, made visible.

그런데 잠깐, 그 돈이 무슨 돈인가?

밥은 왜 꼭 선배들이 사는 걸까?

불효자식이 부모 앞에 무릎을 꿇더니, 굵은 눈물을 뚝뚝 떨어뜨린다.

"은혜를 베풀어주시옵소서."

돈 달라는 이야기다. *왜 어렵게 돌려 말하는 걸까? 지은 죄가 있기 때문이다.*

그러니 부모 속은 어질게 썩는다.

그런 속으로 마련해 주는 돈, 그 돈이 무슨 돈인가?

소 판 돈이다.

부모의 은혜란 그런 것이다. 부모가 가진 모든 것이다. 부모의 피와 땀과 눈물이며, 자녀를 위해 기꺼이 감당하는 더 큰 책임, 즉 희생이다. 부모의 은혜는 결국 부모의 인생이며 생명이다. 하지만 문제는 따로 있다.

그 은혜의 소중함을 깨닫기 어렵다.

우리가 마시는 물이나 숨 쉬는 공기에 감사하기 어려운 것과 같다. 그 은혜가 사라진 이후에야 비로소 그 소중함을 절감하게 된다. (은혜가 사라진 순간, 즉 인생의 고난이나 시련, 실패나 좌절을 만나는 순간이 성경에서 말하는 '광야曠野'[주22]라고 말한다.)

어떻게 불효자식이 부모 앞에서 무릎까지 꿇었겠는가?

돈이 없어도 너무 없기 때문이다.

당장 악다구니처럼 지긋지긋하게 들러붙으니, 당장 처자식 굶게 생겼으니 비로소 그 소중함을 깨달은 것이며 비로소 감사하게 된 것이다. (그러니 아버님 댁 보일러는 진작 놔드렸어야 한다.)

물론 모든 사람이 고난을 만나는 건 아니다. 그 소중함을 깨닫는 순간은 따로 있다. 권위자가 되는 순간이다.

　신입생 시절, 선배들이 두 부류로 보였다.

　'밥 사주는 선배', 그리고 '밥 안 사주는 선배'.

　우리에게 무슨 권리라도 있는 양 선배들에게 밥을 요구했고, 아무 거리낌 없이 그 밥을 얻어먹었다. 하지만 다른 누군가의 선배가 되어서야 깨달았다.

　그 밥, 선배 부모님 소 판 돈이었다. (우린 그런 밥을 먹고 컸다.)

　하지만 그 은혜를 선배들에게 갚을 수도 없었다. 선배들은 이렇게 말했다.

　"후배들에게 갚아."

　밥은 왜 꼭 선배들이 사는 걸까? (그렇다, '자기 말 잘 들으라고'

'그만큼 선배 자신의 권위를 인정해주기 바란다'라는 의미다. 누구든 무의식적으로라도, 권위

가 '책임지는 순서'라는 사실을 인지하고 있기 때문이다. 하지만 더 중요한 이유가 따로 있다.)

　"선배들에게 얻어먹었던 그 밥, 그 은혜를 후배들에게 갚는 것이다."

　마르셀 모스^{Marcel Mauss}는 《증여론^{Essai sur le don}》(1925)에서 이렇게 말했다.

　"증여^{贈與}, 즉 선물을 주고받는 행위는 자유롭고 무상^{無償}인 것으로 보인다.

　하지만 실제로는 강제적이며 타산적^{打算的}인 행위다."

　안 얻어먹고 안 사주겠다는 사람도 많겠지만, 왜 내 친구가 떠오르는 건진 모르겠다.

　은혜의 소중함을 이해했다면, 이번에는 그 은혜를 받는 사람의 처지에서도 생각해 보자. 과연 무엇으로 어떻게, 그 은혜를 갚아야 할까?

　안 갚아도 괜찮다. 감사하는 마음과 자세^(주-23)만으로도 충분하다.

　밥 사주는 선배가 후배에게 무얼 더 바라겠으며, 상급자가 하급자에게 무얼

더 바라겠는가.[주25] *뭘 더 바란다면 어서 도망쳐* (하지만, 그 은혜를 배가倍加, 즉 갑절로 늘리는 사람도 많다. 필자의 후배들도 '후배들에게 밥 사주는 선배가 되었다는 사실이 근거다.)

그래도 그 은혜에 감사하지 않을 수 있을까? 그래도 그 권위를 인정하지 않을 수 있을까?

그럴 수 있다. 우리가 사는 세상이 그렇다. 죽기 직전에야 그 소중함을 깨닫고 후회하는 사람도 많다. 아니, 죽는 순간까지 깨닫지 못하는 사람도 많다.

그런 사람을 마르셀 모스는 인류학자답게 표현했다.

"선물에 답례하지 않는 사람의 인격이나 지위는 열등劣等해진다."

그런 사람을 세네카는 철학자답게 꾸짖었다.

"배은망덕背恩忘德한 인간者이다."

그런 사람을 필자는, 무서운 여자와 사는 요즘 사람답게 표현하고 싶다.

"부끄러운 줄을 알아야지!" (이는 예전의 나에게 하는 말이다.)

이제 다음 장에서 문화센터의 회원 수, 즉 실적과 가장 밀접한 고객 접점, 프로그램 담당 강사의 사례를 나누겠다. 동네 문화센터 수준이 아니다.

100명이 넘는 강사가 200개 이상의 프로그램을 운영하는, 등록 회원 수만 해도 5,000명이 넘는 규모의 조직이다.

공익근무요원들에게 권위를 인정받았던 건 일도 아니었다.

앵그리 보스를 만난
문화센터 강사들

| 불사조가 떠난 자리

이번에는 종합스포츠센터를 총괄하는 부서로 왔다. 곧 업무를 받았다.

강사 관리 및 프로그램 운영 총괄. (그걸 한 사람이 했다고? 그랬다.)

한 달이 참 빨리 지나갔다.

시작부터 문제가 많았다. 전임자가 뒤도 돌아보지 않고 가버렸다. 인수인계를 못 받았고, 동시에 지자체 감사가 터졌다. 집에 못 갔다. 동시에 직장인 밴드^{Je'marée,} ^{리더 이인식} 공연이 겹쳤고, 그리고 하나 더, 결혼 일정이 겹쳤다.

하지만 진짜 문제는 따로 있었다.

그 자리가 바로, 불사조가 떠난 자리였다. 최악이었다.

가장 큰 재앙이 오는 날

천재라는 불사조는 절망의 잿더미에서 솟구친다지만, 그건 그 불사조가 우리 같은 천재^{Genius}라서 그런 거다. 여기서 말하는 불사조는 모든 걸 잿더미로 만들어 놓고 그냥 가버리는, 멍청하고 부지런한 인간이다. (삶의 고난이나 시련, 주변 사람들이 나 세상의 저항을 이겨내고 인생의 사명을 이루는 사람과 주변 사람에게 고난과 시련, 재앙을 주 는 인간은 다르다. 그런데 그런 인간이 부지런하기까지 하다면, 끔찍하지 않은가?)

하지만 불사조는 뒤도 돌아보지 않고 가버렸다. "알아서 잘 해."

가야 할 때가 언제인가를 분명히 알고 가는 아름다운 뒷모습^(주26)이 아니라, 인 수인계서에 이미 도장을 찍었기 때문이다. (찍으란다고 찍었던 사람 잘못도 크다.)

그리고 비로소, 그 존재감이 모습을 드러나기 시작했다. 시설이면 시설, 장비면 장비, 직원이면 직원, 민원이면 민원, 홍보면 홍보, 행사면 행사, 기타 등등 문제가 아닌 것이 없었다. 하지만 진짜 문제는 따로 있었다.

사람이었다.

모든 회원, 즉 모든 외부고객의 기대치가 높아져 있었다. 불사조가 그 기대치를, 아주 부지런하게 높여 놓았기 때문이었다.

"내년에 시행하겠습니다…"

"내년도 예산에 반영되었습니다…" *마침표를 왜 세 개나. 자신감 부족…*

맞춤법이 틀려도 상관없다. 그 의미는 아주 잘 전달되기 때문이다. 하지만 기대 치가 높아진 사람을 누가 만족하게 할 수 있겠는가.

심지어 당시 센터에는 이해할 수 없는 전통이 하나 있었다.

회원들이 몰려와 프로그램 담당자의 머리채를 뜯었다.

"**로빅 회원들이 많이 뜯을 거야."

'그래, 에어****회원들이 좀 드세긴 하지.'

지금 실화라는 거다! 근무하는 지역이 그랬다. 민원이 많고도 강했다. 그런데 강 습 하나하나가 민원, 그것도 단체 민원이다! 그런 프로그램이 200개가 넘는다니, 끔찍하지 않은가?

곧 5,000명 회원이 담당자 한 사람을 향해 달려들기 시작했다.

요가 담당자 나와! 헬스 담당자 나와! 수영 담당자 나와! 골프 담당자 나와! 댄 스스포츠 담당자 나와! 에어로빅스 담당자 나와! 필라테스 담당자 나와! 재즈댄 스 담당자 나와! 단전호흡 담당자 나와! 아쿠아로빅스 담당자 나와! 수채화 담 당자 나와! 한국무용 담당자 나와! 서예 담당자 나와! 유아 미술 담당자 나와! 유 아 발레 담당자 나와! 모두, 나다. *이런 망할. 나 안 해!*

하지만, 외부고객보다도 심각한 사람이 있었다. 내부고객이었다.

모든 담당자가 '멍청하고 부지런해 보이는 담당자'가 되어있었다.

예를 든다. 어느 날 아침부터 전화가 폭주했다. 오전 내내 감정노동에 시달렸다. 누군가 내 직통번호로, 회원 5,000명에게 단체문자를 보냈기 때문이었다.

일을 미뤄야 한다!

문자메시지에 오타를 낼 수도 있다. *엄지 손가락이 좀 굵할 수 있다.* 하지만 괜찮다. 그 의미는 아주 잘 전달되기 때문이다. *발신자 번호를 빼먹는 것보다는 낫다.* 하지만 말도 없이 내 번호로 회원들에게 단체문자를 보낸 건 정말 아닌 것 같았다. *발신 번호가 유선 번호 라면 지역 번호를 빼먹지 말자.* 문자 보낸 인간 누구야? 당장 안 나와?

안 나오더라. 하지만 덕분에 재미있는 사실을 발견했다.

나에게 일이 몰리고 있었다. 다시 예를 든다.

요가 담당자 나와! 매트가 더럽다! 구매 담당자에게 전달하겠습니다!

헬스 담당자 나와! 마사지 벨트가 누더기다! 구매 담당자? 예산 없어?

수영 담당자 나와! 샤워장이 더럽잖아! 시설 담당? 용역 담당이 누구지?

골프 담당자 나와! 골프장 과녁이 누더기다! 구매 담당자 안 나와?

에어로빅스 담당자 나와! 자리싸움 금지 안내문 안 붙여? 홍보 담당?

재즈댄스 담당자 나와! 거울이 더럽다! 시설 담당? 용역 담당?

단전호흡 담당자 나와! 출석부를 내놔라!~ 이건 아무나@ 할 수 있잖아?

아쿠아로빅스 담당자 나와! 스피커가 왜 이래? 구매? 시설? 누구야?

수채화 담당자 나와! 자리 정리는 네가 직접 해라! 시설 담당? 공익 담당?

한국무용 담당자 나와! 부채를 사달라! 이런 예산도 잡아야 해?

서예 담당자 나와! 벼루를 구매해 달라! 구매 담당?

유아 미술 담당자 나와! 똥 싼 기저귀를 왜 놔둬? 예? 제가요?

유아 발레 담당자 나와! 셔틀버스 증설 안 해? 담당에게 전달…?!

네가 해! 왜 자꾸 일을 미뤄?? 담당자가 일 안 한다! 탁상행정이다!

니가 ** 사람이야, **에서 일하는 사람이지! 잘못했어요, 살려주세요! 내가 뭘 그렇게 잘못했나요? 살려주세……?? 잠깐, 무언가 이상하지 않은가?

그렇다, 모두 내 일 아니다! 그런데 왜 나만 들들 볶는 건가?

비로소 뒤를 돌아보았다. 그들은 사무실 칸막이 뒤에 몸을 숨긴 채, 웃음을 참고 있었다. *이런 망할*

업무를 담당자별로 분담하는 이유는 간단하다. 모든 일을 한 사람이 할 수 없기 때문이지만 사실, 서로 일을 안 하려 하기 때문이다. 그것이, '정수기 물통 교체' 같은 일까지 업무분담에 적어놓는 이유다. (불사조 팀이 좋은 예다. 그리고 자화자찬이 시작된다. 업무분담을 아주 혁신적으로 개선했다나?)

하지만 지금은 상황 자체가 다르다. 스포츠센터에서 가장 중요한 일, 즉 매력품질요소[주18]는 프로그램 운영과 강사 관리다. 그런데 지금 이게 무슨 상황인가? 사소하고도 중요하지 않은 잡무權務 *나에게 일을 미루는 멍청하고 부지런해 보이는 인간들* 때문에 가장 중요한 일을 놓치고 있었다!

담당자로서 해야 할 가장 중요한 일이 무언지 비로소 깨달았다.

일을 미루어야 한다.[주27] *그래야 안 죽는다!*

하지만, 일을 미루기조차 쉽지 않았다. 회원들도 아주 부지런하게 사무실에 들이닥쳤기 때문이었다. 그냥 민원이 아니었다, 단체 민원이었다.

집단화한 권위, 권세權勢가 발휘하는 영향력, 즉 세력勢力은 무시무시했다.

담당자 누구야!! (2)

사무실에 또 회원들이 들이닥쳤다. "담당자 누구야!!"

순간 사무실 입구에서 내 자리까지 모세의 기적이 일어났다. 내 눈에 그들은 사바나 초원을 가로지르는 저 거친 야생의 아프리카들소 떼였다.

"담당자 나와!" ('머리채를 내놔라!!')

사람 살려!!

엄살이었다. 당황할 필요는 전혀 없다. 사무실도 멀쩡하다. 권위로 풀어보자.

나는 그냥 그들에게 이렇게 물어보았다.

"강사님은 어디 계세요? 선생님과 직접 이야기하겠습니다.

회원들 의견을 전달하는 것도 선생님 역할이잖아요"

외부고객 앞에서 당황할 필요는 전혀 없다. 오히려 바로 그것이 외부고객이 원하는 것이다. 평정심을 유지하는 것만으로도 이미 이긴 셈이다.

"회원분들은 밖에서 기다려주세요.

사람이 너무 많으면 협의하기가 더 어렵잖아요?"

나가라면 나간다. 그게 권위다.

대놓고 물어봐도 좋다. "혹시 선생님께서 같이 오자고 하셨어요?"

누군가는 꼭 답을 한다. (그렇게 걸린다.)

그렇게 사무실이 평정을 되찾는 순간, 누군가 침 삼키는 소리가 들린다. 그렇다, 홀로 남은 강사다. 그리고 나는 이미, 죽이고 싶은 담당자다.

여러 사람이 몰려와 사무실을 소란하게 하는 이유야 빤하다. 담당자를 혼란하게 하려는 것이 아니라, '담당자의 상급자'를 혼란하게 하려는 것이다. 하지만 당시 회원들이 몰랐던 사실이 하나 있었다.

우리 팀장님이 바로 똑똑하고 게으른 상급자[주12]였다.

재미있는 현상이 하나 있다.

불사조가 떠난 자리에는 꼭 똑똑하고 게으른 상급자가 온다.

알아서 해 (2)

팀장님은 말씀을 짧게 하셨다. "알아서 해."

처음엔 팀장님을 식충이로 오해했다. 하지만 아니었다. 언어적인 표현은 같았지만, 그 의미는 완전히 달랐다.

"'내가 다 책임져 줄 테니까' 알아서 해."

그 순간이 필자에겐, '권위가 주는 안정감'을 처음으로 느낀 순간이었다.

어깨에서 긴장이 풀리더니, 생각이 트였다.

'이번엔 내 차례다.' ('책임은 내가 진다!')

담당자로서 내 권위를 주장하기 시작했다.

직원회의를 소집하고, 내 권위의 한계, 즉 권한[주13]부터 분명히 했다.

"회원이 사무실에 와서 강사 담당이나 프로그램 담당을 찾을 땐, 그 사유를 먼저 확인해 주세요. 다른 담당자가 있다면 다른 담당자에게 안내해 주시고, 직접 처리할 수 있는 건 알아서 처리해주시기 바랍니다."

다른 담당자들도 환영했다. 회원 수가 부족할 때면 그들도 스트레스를 받았기 때문이다. (사실, 아니다. 스트레스를 받는 것처럼 보였을 뿐이다.)

"목표수입금이나 회원 수는 제가 책임지겠습니다."

그들도 나를 인정해주며 응원해주기는커녕[주14], '내 일 아니다'라고, 나 몰라라 했을 인간들이다[주15]. 내가 그랬는데 어찌 그 마음을 모르겠는가.

아무튼 그렇게 권한을 분명히 하자, 최소한 숨통은 트였다.

"회원이 사무실에 와서 강습 출석부를 요청하면,

냉큼 출력해주지 마시고*(아, 쫌!)*,

개인정보를 보호하도록 강사가 직접 와야 한다고 안내해 주시기 바랍니다."

진짜 가지가지 하더라. *그것도 아주 부지런하게*

| 강사들의 고객은 누구인가?

사실 숨통이 전혀 트이지 않았다. 회원이 없었기 때문이다.

스포츠센터에 등록한 회원이 한 사람도 없었다는 말이 아니라, 목표수입금을 달성하기에 조금 부족했다는 말이다. 전년도에 누가 목표수입금을 조금(?) 높게 잡아놨기 때문이다.

왜 뭘 자꾸 보여주려 했던 건진 모르겠지만, 담당자만이 해결할 수 있는, 아니, 담당자로서 반드시 해결해야 하는 핵심적인 문제를 직면하는 순간이었다.

불사조가 목표수입금을 너무 높여 놓았다.

그렇다면 이제 무엇을, 어떻게 해야 할까? 팀장님께 불호령을 들으며 목표수입금 조정(안)을 만들고, 대표님께 결재판으로 머리를 맞으며 결재를 받고, 지자체 담당자가 자리를 비웠을 때를 노려 문서를 버리고 와? 지자체 의원들에게 예산도 삭감당하고? *그렇게 내 자리도 없어지고?* 전혀 아니다!

'목표수입금 달성하지 뭐.' 오랜만에 잠재력이 터졌다.

'이왕 하는 거, 초과 달성하지 뭐.'

강사들이 원하는 건 무엇인가?

이는 문화센터에서 이미 경험한 일이다. 내부고객, 특히 강사들을 움직이게 하는 것만으로도 회원 수는 얼마든지 늘어났다.

물론 강사들을 부정적인 방법으로, 즉 권위적이거나 폭력적으로 움직이려 할 때도 있지만, 그런 방법의 한계는 분명하다. 서로의 관계에도 좋지 않고, 사람이

자칫 '면피'나 하려 하는 수동적인 사람이 될 수 있다. 사람을 자발적이고도 적극적으로 움직이게 하려면, 그들이 원하는 것을 얻게 해야 한다.

그렇다면 먼저 이렇게 생각해 보자.

"문화센터 강사들이 원하는 건 무엇일까?"

그렇다, 돈이다. 필자가 돈밖에 모르는 속물이라서 하는 말이지만, 돈이 아니라면 무엇으로 근로의 대가를 측정하고 지급하겠는가. 정당한 대가를 지불하는 건 기본이다.

그렇다면, 이를 얻기 위해 강사는 무얼, 어떻게 해야 할까? 담당자에게 선물이라도 주며 청탁을 해야 할까? 회원들을 선동해서 단체 민원도 제기하고? 지자체 담당자를 찾아가 모니터를 뒤집어야 하나? 전혀 아니다.

"회원외부고객을 만족하게 해야 한다."

회원 수는 많을수록, 민원은 적을수록 좋다. 그것이 전부다. 담당자든 조직이든, 지자체든 그 이상을 바라지 않는다.[주25] 강사가 바라는 것도 다를 리 없다. 강사료 인상이나 수업 추가 개설은 그에 따르는 결과에 불과하다.

그렇다면 이제 무엇을 어떻게 해야 할까?

'고객은 상급자다.'

담당자로서 내 권위를 '권위 있게' 주장하고 인정받는 것이다. 우리의 처지도 분명 하나가 될 것이며, 그들에게도 분명 움직여야 할 이유가 생길 것이다.

"'고객이 혹시 담당자상급자가 아닐까?'라고 생각해 보게 한다."

가슴이 뛰기 시작했다.

실제로 경험한 사실만 나눈다. 강사들을 만나려고 기다리기 시작했다.

못 만났다. 괜히 혼자 시무룩해졌다.

내가 왜요?

뒤늦게 깨달았다. 강사들은 수업이 끝나자마자 집에 가버렸다.

또 불사조 탓이었다. "바쁜데 괜히 귀찮게 들리지 마."

그 마음을 이해하지 못하는 건 아니지만, 그래도 좀 너무했다. 가끔은 담당자와 면담하는 것이 강사에게도 좋지 않겠는가. *내 사정이 가장 급하다. 당장 실적을 못 올리면 집에 가야 한다!*

불평을 늘어놓을 시간 따위는 없었다. 먼저 일일이 연락을 해서 약속을 잡고 나서야 비로소 한 사람씩 면담할 수 있었다. 실제 사례다.

일단 자리를 권하고, 물부터 한잔 드렸다. 먼저 정중하게 인사를 드렸다.

"고생 많으시죠? 전달 사항도 있고, 부탁드릴 것도 있어서요."

먼저 마음을 열고 다가갔을 때, 비로소 그 마음을 열 수 있었다.

공익근무요원 때와는 조금 달랐다. 솔직했다.

"내가 왜요?" ('그런 건 센터에서 알아서 하셔야죠?')

자꾸 뒷목으로 손이 갔다.

그런데 더 솔직한 사람들이 또 있었다. 인력 파견업체 소속 강사들이었다.

"나는 여기 소속이 아닌데요?" ('그런 건 업체랑 이야기하셔야죠?')

눈도 마주치지 않고 자기 할 말만 폭풍처럼 쏟아내더니, 뒤도 돌아보지 않고 가버렸다. 계속 뒷목으로 손이 갔다.

나는 여기 소속이 아닌데요?

죄송하지만 이는 틀린 말이다. 근로 계약서상 조직최종결재권자과 계약을 체결한 주체는 인력 파견업체가 아니다, 강사 본인이다. 강습을 진행할 때든 준비할 때든,

그 행위의 주체는 강사 본인이며, 그렇다면 결국 강사도 조직이다.

조직에 속하지 않는 강사도 많다. 시설을 대관할 때다. 홍보든, 수강료 수납이든, 사고 수습이든 모든 책임은 강사의 몫이다. 우리 몫은 깨끗하고 안전한 시설을 제공하는 것이 전부다. 하지만 시간 강사는 다르다.

조직은 수업에 필요한 모든 것을 제공할 것이며, 회원들이 만족하도록 필요한 모든 지원을 다 할 것이다. 사고나 민원이 발생한다면 적극적으로 도울 것이다.

그런데도 여기 소속이 아닌 건가? 그런데 이 무슨 말인가?

"그런 일까지 해야 하나요?"

그런 일이란 그런 일이 아니다. 회원들 의견을 수렴하거나, 안내 사항을 전달하는 것, 민원을 방지하거나 대처하는 것도 근로 계약서에 명시된 담당 강사의 과업이다. 그런데도 그렇게 못할, 그런 일인 건가?

"출근 잘하고, 수업 잘하는 데 무슨 상관이세요?"

죄송하지만 이 역시 틀린 생각이다. 근무 태도든 수업 내용이든 모두 기본에 불과하다. 근무 태도가 불량하거나 수업 내용이 부실하다면 조직에 있을 이유가 없다.

그뿐만이 아니다. 강사 담당자는 바로 나다. 강사들을 독려해서 더 나은 성과를 창출하게 하는 것만이 내 일이 아니다. 그들 개개인의 고충을 해결해 주고, 더 나은 수업을 제공하도록 돕는 것도 내 일이다. 내가 아니면 누가 강사들에게 관심을 주겠는가.

그들의 가장 큰 불만이 무언지 안다. 돈이다. 인력 파견업체와 체결한 계약이 불합리할 때가 많았다. 수수료 명목으로 업체가 챙기는 몫이 생각보다 컸다. 물론 이는 강사 개인의 잘못이 아니다. 업체의 잘못이며, 불합리한 관행의 문제다.

하지만 강사도 본인이 해야 할 몫은 해야 한다. 계약 체결 전에 먼저 그 내용을 확인했어야 하며, 불합리한 부분을 수정하려는 시도는 했어야 한다. 그래도 아니라면 계약 관계를 청산해야 한다. 하지만 본인 몫은 외면한 채 그 모든 책임을 조직에 전가하려 하는 건 분명 잘못된 자세였다.

솔직히 포기하고 싶었다. 업계 관행 문제를 어찌 혼자 해결할 수 있겠는가. 다만 조금이라도 그 해악을 줄이려 노력했다는 비루한 변명이나 남길 뿐이다.

그대의 진짜 고객은 누구인가? (2)

하지만 포기하지 않았다. 그 정도에서 포기했다면 나도 죽고 싶지 않은 담당자에 불과했을 것이다. 하지만 난 이미 죽고 싶은 담당자였다.

강사 면담을 다시 시작했다. 실제 사례다.

"선생님의 고객이 누군지 아시죠?" (그대의 진짜 고객은 누구인가?)

순간, 사람이 씩 웃는다. 무언가 아는 눈치다. 목소리에도 힘이 들어가 있다.

"요가 회원입니다!" "헬스 회원입니다!" "골프 회원입니다!" "댄스스포츠 회원입니다!" "에어로빅스 회원입니다!" "필라테스 회원입니다!" "재즈댄스 회원입니다!" "단전호흡 회원입니다!" "아쿠아로빅스 회원…" "수채화 회원…" "한국무용 회원…" "서예 회원…" "유아미술 회원…" "유아발레 회원…" ……!!

옴마야! 단체로 작당이라도 한 것 같았다.

"정말 그런가요? 제 생각엔 아닌 것 같은데요?"

순간 상대방의 눈동자가 흔들리기 시작한다. 머릿속 생각이 보인다.

'나한테 왜 그러세요?'

"조직의 고객이야 당연히 회원이겠죠. 하지만 지금 제가 여쭙는 건, 선생님 개인의 고객입니다. 선생님의 고객이 정말로 회원인가요?"

두 번째로 많이 돌아오는 답도 역시, '모든 사람'이다.

"아닌 것 같은데요? 모든 사람을 만족하게 할 수 있나요?"

순간 사람 얼굴이 하얗게 질린다. 머릿속 생각이 또 보인다.

'내가 뭘 그렇게 잘못했나요?'

다시 묻는다. 세 번째로 많이 돌아오는 답도, 그렇다, '자기 자신'이다.

"그럼 제 고객은……, 나 자신인가요?"

얼굴빛이 새카매진 것도 완전 똑같다! 머릿속 생각이 계속 보인다.

'그냥 답을 말씀해주시면 안 될까요?'

슬슬 힌트를 제공할 시점이다.

"선생님이랑 계약을 진행하는 사람이 누군가요? 강사료를 지급해 드리는 사람은 누군가요? 민원이 발생할 때 도와드리는 사람은 누군가요?"

어느 순간 입가에 미소가 서리기 시작하더니, 곧 사람 얼굴이 활짝 핀다.

"담당자 본인이잖아요!"

빙고. 눈빛이 반짝이는 것조차 완전 똑같다.

여기서 한 번만 더 강사의 처지에서 생각해 보자.

'왜 담당자의 권위를 인정해야 할까?'

그렇다, 자신에게 좋기 때문이다. 그 권위를 인정하는 것만으로도, 얼마든지 더 큰 책임을 요구할 수 있다. 담당자가 기꺼이 대신하는 책임, 그 선한 영향력, 즉 그 은혜_{배려, 관심, 혜택, 호의, 조건 없는 선물, 특권 의식, 공주 대접 등}는 너무나도 많다. 최소한 마음이라도 편하지 않겠는가.

담당자의 영향력

강사들도 실적에 부담을 느끼지 않았을 리 없다. 그들에게 강습 폐강이란 곧 사망 선고다. 하지만 이는 담당자가 얼마든지 도울 수 있는 문제다. 시도해 볼 홍보 방법도 많고 해 볼 행사도 많다. (가장 좋은 건, 홍보 담당자를 좀 많이 보채는 거다. 홍보 담당이 스트레스를 받을수록 회원 수는 더 늘어난다.)

회원 수가 적어도 폐강을 막을 수 있다. 수강료 인상이다. 수익률이 높아지면 강습을 폐강할 이유도 사라진다. 그러니 오히려 회원들이 수강료 인상을 요청한다.

정해진 절차나 원칙, 실적이라는 틀을 벗어날 수는 없다. 하지만 누군가는 강사 평가 때 좋은 점수를 얻을 것이다. 누군가는 강사료가 인상될 것이며, 누군가는 강습을 추가로 담당하게 될 것이다. 누군가는 조직의 이름으로 포상을 받을 것이며, 누군가는 조직의 이름으로 지역 행사에 초대될 것이다. 그 모든 것이 담당자가 기꺼이 감당하는 책임이며, 그것이 바로 은혜다.

그렇다면 여기서 한번 생각해 보자.

"그런 선한 영향력을 받을 수 있는 자격이나 조건이 따로 있을까?"

전혀 없다.

우리 관계 자체가 이미 영향력을 주고받을 수밖에 없는 관계다.

하지만, 그 영향력을 주고받을 수 없을 때도 분명 있다.

담당자_{상급자}의 권위를 인정하지 않을 때다.

| 은혜받을 자격

강사에게 담당자의 선한 영향력, 즉 그 은혜받을 조건이나 자격은 따로 없다. 하지만 그 영향력을 주고받을 수 없을 때도 있다.

담당자상급자의 권위를 인정하지 않을 때다.

"내가 왜요?" (나는 여기 소속이 아닌데요?)

그 어떤 영향력도 더는 주고받을 수 없다. 그 관계 자체가 그 즉시 단절되는 까닭이며, 이는 결국 그 은혜를 본인이 거부한 셈이다. 그렇다면 강사, 즉 하급자의 처지에서 상급자의 선한 영향력, 즉 그 은혜받을 자격은 오직 하나, '그 권위를 인정하는 것'이다.

하지만 이는 상대방의 선택이며, 그 결과도 상대방의 몫이다.

필자가 말하려는 건 하급자가 아닌, 상급자의 처지다.

하급자의 은혜받을 자격이 상급자의 권위를 인정하는 것이라면, 상급자가 해야 할 가장 중요한 역할이 무엇이겠는가?

하급자에게 그 선한 영향력, 즉 은혜를 베푸는 건 두 번째 문제다.

'권위자로서 자기 권위를 인정받는 것', 그것이 먼저다.

그것이 바로 상대방의 은혜받을 자격을 검증^{Test}하는 것이며, 그것이 바로 '지각 있는 사랑'이다.

지각 있는 사랑

M. 스캇 펙은 같은 책에서 이렇게 말했다.

"사랑은 단순히 거저 주는 것이 아니다. 사랑은 지각 있게 주는 것이고, 지각 있게 주지 않는 것이다. 지각 있게 칭찬하고, 지각 있게 비판하는 것이다. 상대방을 평안하게 해주는 것과 더불어 지각 있게 논쟁하고, 투쟁하고, 맞서고, 몰아대고 밀고 당기는 것이다. … 그것은 리더십이다."

부모로서 자녀에게 은혜를 베푸는 건 분명 귀하고 소중한 일이다. 하지만 그전에 먼저 부모 자신의 권위를 인정받아야 한다. 그래야 자녀가 그 소중함을 깨닫고 감사할 수 있기 때문이며, 그래야 그 은혜도 자녀의 생명을 살리는 은혜 본연의 역할을 할 수 있기 때문이다.

마찬가지다. 상급자로서 하급자의 책임을 대신해주는 분명 귀하고 소중한 일이다. 하지만 그전에 먼저 상급자 자신의 권위를 '권위 있게' 주장하고 인정받아야 한다. 그래야 하급자도 그 소중함을 깨닫고 감사할 수 있기 때문이며, 그래야 그 희생도 은혜일 수 있기 때문이다.

하지만, 상급자로서 그 권위를 인정받아야 할 훨씬 중요한 이유가 따로 있다. (지금 필자는, 권위자들이 차마 말하지 못했던 진실을 말하려 한다.)

'그 은혜보다 상대방이 더 소중하다.'

그러니까 하는 말이다. "돼지에게 진주를 주지 마라."

물론 이 말은 그 진주가 소중하다는 의미이며, 그 가치를 모르거나 감사하지 않는 사람에게 그 은혜를 베풀면 안 된다는 말이다. 하지만 권위자가 되고 보니 이 말 안에 담긴, 훨씬 더 중요한 의미가 따로 있었다.

'그 은혜보다 상대방이 더 소중하다.'

그 어떤 부모에게 그깟 소 판 돈이 자녀보다 더 소중하겠는가. 없으니까 못 팔아

줄뿐, 썩어 문드러진 이 몸이라도 내다 팔아 주고 싶은 마음이 부모의 마음이다.

마찬가지다. 하급자의 책임을 대신해 주기는커녕 자기 책임까지 전가하는, '돼지 같은 *눈빛이 게슴츠레한* 상급자'도 많다. 하지만 아직 세상에는 '어버이의 마음을 품은 상급자'가 훨씬 더 많다. 최소한 나는 그렇게 믿는다. 아니라면 상대방이 요구하기도 전에 그 은혜를 베푸는 사람이 왜 그리 많았겠는가. 하지만 바로 그것이 문제였다.

상급자로서 하급자에게 은혜를 베푸는 건 귀한 일이다. 하지만 그전에 먼저 상대방이 그 은혜받을 자격을 갖추었는지 확인해야 한다. 그래야 그 은혜가 은혜일 수 있기 때문이며, 그 과정으로 상대방도 그 자격을 갖출 수 있기 때문이다.

조직에서 발생하는 갈등의 가장 큰 원인을 필자는, 상급자들이 하급자들에게 지각없이 베푼 은혜, 즉 그 자격을 검증하지 않고 베푼 은혜라고 생각한다. 그 은혜의 소중함을 깨닫지 못한 하급자가 있다면, 그 은혜를 지각없이 베푼 상급자의 책임이 더 크다고 필자는 주장하겠다. 하급자의 권위를 순수하게 인정해주는 것과 그 책임을 무분별하게 대신해 주는 건 다르다.

이제 강사와 담당자가 마주했던 그 순간으로 돌아가 보자.

전혀 예상하지 못했을 질문이다.

'그대의 진짜 고객은 누구인가?'

고생 많으시죠?

강사에게도 그 순간은 고난[주-22]이다. 선택은 본인의 몫이며, 그 선택을 존중하지 않을 수도 없다. 실제로 강사들의 반응은 극과 극으로 나누어졌다.

어떤 사람은 내 앞에서 거부감을 숨기지 않았다.

"지금 아부라도 하라는 겁니까!"

'성장하는 척하는 사람'이었다. 하지만 이는 확대 해석이다. 아부나 아첨을 원하는 ~~돼지 같은~~ 상급자도 물론 많겠지만, 당시 필자의 의도는 오직 하나, 그 자세와 태도를 확인하려는 것이 전부였다. (당시 나는 이런 소문이 돌 정도의 인간이었다. "강사 담당자가 강사들에게 청첩장도 안 돌렸어?" 이해관계자에게 청첩장은 고지서가 아닌가. 그 정도로 더럽게 솔직한 원칙주의자가 바로 나다.)

어떤 사람은 내 앞에서 불을 토해냈다.

"권위는 무슨 권위!" (정말 많이 하는 말이다. 부정할 논리가 없는 것이다.)

"내가 이런 대우를 받으려고 일하는 줄 아십니까!"

이런 대우라니? 이 무슨 궤변인가?? 나도 던전^{dungeon}에 사는 용^{dragon}처럼 지옥의 불길이라도 토해주고 싶었다. 나도 불 잘 토하는 인간이다!

하지만 그렇다고 관리자가 실무자와 싸울 수는 없었다. 그래서 택한 수작은 하나, 계속 상대방의 권위를 인정해주는 것이 전부였다.

"고생 많으시죠?"

반복한다. 경청, 공감, 긍정의 맞장구. ("어떻게 시작하셨어요?")

계속, 경청, 공감, 긍정의 맞장구. ("뭐가 가장 힘드셨어요?")

아주 끝까지, 경청, 공감, 긍정의 맞장구. ("대단하신데요?")

자기 권위를 인정해주는 사람을 누가 거스르겠는가.

사람은 모두 다르다? (2)

그런데 거스르는 사람이 있었다. 감정이 너무 격했다.

"나는 사명감을 가지고 일하는 사람이야!"

'절대로 성장하지 않는 사람'이었다. 그래서 맞받아쳤다.

"그럼 강사료를 드리지 않아도 될까요?"

"무료 강습은 폐강할 이유도 없고, 감사에 지적당할 일도 없잖아요?"

강사료를 주지 않을 수 없다. ~~안 주면 누가 와서 잡아간다.~~ 단지 그 사명감이 진짜인지 확인하려는 것뿐이다. 무료라도 좋으니 강습 개설만 해달라는 강사도 많다.

"강습을 무료라도 진행해 드릴까요?" 그 강사는 그냥 조용히 돌아갔다.

'요즘 젊은 사람들이 문제다'라는 말을 많이 하지만, 당시 필자가 경험한 현실은 완전히 달랐다. 당시 권위를 끝까지 인정하지 않던 사람은 '젊은 사람들'이 아니었다. 오히려 연배나 사회적 지위가 높은 분들이 더 많았다.

그 기분을 스탠리 밀그램은 이렇게 표현했다.

"결정적인 순간, 어떠한 개인이 자신의 행동을 스스로 통제하지 못하는 장면을 보는 것보다 더 마음 쓸쓸한 일은 없다."

이전 장에서 '사람은 모두 다르지 않다'라고, '그 기준이 하나라면 둘 중 하나다'라고 말했다. 그 기준이 '권위 인정', 즉 존중일 때도 마찬가지다. 그렇다면 하나는 타인을 존중하는 사람이며, 다른 하나는 타인을 존중하지 않는 사람이다. (미묘하기에 분별하기 어려울 때도 많지만, 51과 49는 분명 다르다. 시간이나 장소, 상황이나 형편은 모두 달라도 그 마음 중심은 결국 둘 중 하나인 것이다.)

그렇다면 타인의 권위를 얼마나 인정하는 것이 가장 이상적일까? 70 정도가 아닐까? 로봇이나 콤푸타를 누가 원하겠는가. 물론 원하는 정도는, 사람마다 다를 것이다.

필자 개인의 경험이지만, 당시 권위를 인정하게 된 사람은 80퍼센트 이상이었다. 다른 곳에서는 어떨지 예상할 수 없지만, 필자가 말하려는 건 그 순간 권위자의 마음 자세다. 항상 두 마음이 든다.

'그런다고 뭐가 되겠어?' 혹은, '한번 해보자!'

그 생각과 믿음, 선택에 따라 그 결과는 완전히 달라질 것이다.

고작 질문 하나에 불과하지 않은가.

그렇게 6개월 정도 시간이 지났고, 강사 면담이 끝났다. 그런데 또, 촉이 이상했다. 사무실이 또 너무 조용했다. '왜 이렇게 조용하지?'

담당자를 찾아대던 회원들이 어느 순간 사라진 것이다.

결과는 간단하다. 목표수입금을 초과 달성했고, 지자체장의 이름으로 감사패를 받았다. 전국에서 우리 시설로 사례조사benchmarking를 왔고, 나는 비로소 사무실에서 인터넷 쇼핑을 할 수 있었다.

인간의 행동을 예측할 수 없다는 사실을 나는 경험으로 배웠다.

그날도 나는 매일 하던 말을 또 하고 있었다.

"선생님의 고객이 누군지 아시죠?"

허를 찔렸다.

"담당자님이잖아요."

우끼끼!

원숭이 같은 소리를 내며 자리에서 벌떡 일어날 뻔했다.

눈동자가 심하게 흔들렸을 것이며, 얼굴빛도 새카맸을 것이다.

그분은 전직, 사설스포츠센터 관리자였다.

| 삽질하시는 팀장님

인터넷 쇼핑을 할 수 있으리라 생각했던 건 착각에 불과했다. 뒤에서 누가 보고 있었기 때문이 아니라, 강사들이 제안하는 개편 사항이 너무 많았기 때문이다.

도대체 왜 그랬던 걸까? 그동안 필자가 일을 너무 안 해서? 회원들의 기대치가 더 높아져서? 이전 담당자가 멍청하고 부지런해 보이는 담당자였기 때문에?

불사조 이전에 **식충이**가 있었기 때문이었다.

담당자들이 단체로 우울증에 빠졌던 이유를 이제는 이해할 수 있을 것 같지만, 지금 문제는 그게 아니다, 당장 결재를 받아야 한다! 당장 결재를 못 받으면, 회원들이 또 들소 떼처럼 들이닥친다! 또 다른 문제가 드러났다.

팀장님이 결재를 잘 안 해주셨다.

도대체 뭐가 문제였던 걸까?

점심시간 직후에 올려라!

필자가 문서를 아주 못 만들기 때문이다. 괜히 일 안 하는 담당자였겠는가.

죄송하다, '거짓 겸손'이었다. (이게 교만보다 더 나쁘다.) 그래도 문서는 제법 만들었다. (지자체 담당자가 간부회의 자료를 만들 때면, 필자의 문서를 종종 '복붙'했다고 하더라.) 노지윤 선배나 김홍섭 선배, 윤경석 선배 같은 상급자들 덕분이다. (문서에 그래프^{graph}를 넣어라! 그래프가 복잡할수록 좋다! 해석할 수 없다면 더 좋다!)

선배들은 결재받기 좋은 시점까지 알려주었다. 점심시간 직후였다.

하지만 상급자가 기분 좋을 시점을 노리는 수작도 팀장님에게는 전혀 통하지 않았다. 계속 말씀을 짧게 하셨다.

"거기 놔두고 가." 결재를 받을 때마다 감사받는 기분을 느꼈다.

"지출 서류는 나중에 다시 보기 힘드니까, 처음부터 제대로 봐야 해."

이전 장에서 수영장 고질 민원, 수질 문제를 예로 들었다.

수영장에서는 소금을 전기 분해해서 물을 정화하고 있었다. 하지만 정화장치가 자주 고장 났고, 기계실 담당자들은 매번 수리비를 지출하기 바빴다.

누군가는 이렇게 말했다. "업체 바꿔!"

하지만 업체를 바꾸어도 오는 사람은 똑같았고, 기계도 계속 말썽이었다.

나는 그러려니 했다. 내 담당 아니니, 난 모르는 일이다.

하지만 팀장님은 달랐다.

기계실 담당자가 지출 서류를 또 가져왔다. 정화장치가 또 말썽이란다. 수리비를 시급하게 지급하지 않으면 난리가 날 거라고 한다. (그게 더 난리다.)

하지만 팀장님은 말씀을 짧게 하셨다. "거기 놔두고 가."

곧 팀장님은 담당자를 부르셨고, 서랍 깊은 곳에서 뭘 꺼내 드셨다.

망치였다. (말하지 않아도 들리는 소리가 있었다. '아예 부숴버려!')

"정화장치에 소금을 넣을 때, 꼭 깨서 넣어."

그것으로 끝이었다. 정화장치도 멀쩡했다. 이유가 있었다.

"소금을 지하에 보관하잖아, 습기가 차서 소금이 굳겠지. 그러면 그걸 깨서 넣었어야지, 귀찮다고 그냥 들이부으니 기계가 자꾸 망가지잖아.

문제는 사람이지, 기계가 아니야."

와우. 밤에 혼자 나와서 분해해 보신 것 같았다.

하지만 그것으로 수질이 완전히 개선된 건 아니었다. 회원들은 여전히 팀장님을 보챘고, 팀장님은 기계실 담당자를 다시 부르셨다.

"수영장 청소를 저녁에 하지 말고, 새벽에 해."

그것으로 끝이었다.

"수영장에 불순물 응집제를 넣고 청소 로봇을 돌리는 건 좋아. 다만, 불순물이 가라앉을 시간은 주었어야지. 그것도 안 기다리고 냅다 기계만 돌려놓으니, 청소가 되겠어?"

와우. 그걸 어떻게 발견하셨지?

"쟤네들이 일찍 들어가서 쉬고 싶으니까 그런 거야.

기계실 시건장치는 방범용이 아니야, 관리자 방어용@이지."

그래도 결재를 안 해 주신다면

팀장님에게도 별명을 붙여드려야 하는 걸 잊고 있었다.

하나 붙여드리자면, '삽질하시는 팀장님'이다. 삽질을 정말 잘 하셨다.

건물 앞에 거대한 화단이 있었다. 하지만 화초를 심는 족족 말라 죽었고, 기계실 담당자는 철마다 화초를 새로 심기 바빴다. (불사조 팀 화분을 보는 것 같았다.)

그러던 어느 날이다. 팀장님이 서랍 깊은 곳에서 뭘 꺼냈다.

빨간 장갑이었다.

하지만 기계실 담당자는 삽질에 서툴렀고, 그 순간……‼

"이리 내!" 분노의 삽질이 시작됐다.

거대한 화단이 순식간에 바닥을 드러냈고, 곧 진실이 드러났다.

폐건축자재가 그득했다. 건축업자는 이제 죽었다.

불사조가 부지런했던 만큼 문제가 없는 곳이 없었다.

이번에는 대강당 천장에서 비가 샜다. *건물을 지은 지 얼마나 됐다고 쯧쯧.*

그런데, 팀장님이 사라졌다! 보고를 드려야 하는데, 어디 가셨어?

정년이 얼마 남지 않은 분께서, 대강당 천장을 타고 계셨다.

그 천장, 떨어지면 죽을 높이였다.

곧 문제가 드러났다. 건축업자가 방수제를 너무 아꼈다.

"관급官給 자재를 받아갔으면, 최소한 받아간 건 다 뿌렸어야지."

건축업자는 또 죽었다.

문제가 없는 곳이 정말 없었다. 이번에는 심지어, 화장실이었다.

"장애인the physically challenged 화장실이 너무 좁다! 건축법에 걸린다!"

그런데 건축업자가 당당했다. "설계 탓이다! 우린 모르는 일이다!"

하지만 팀장님은 말씀을 짧게 하셨다. "당신들 종합건설회사 맞나?"

"종합건설회사가 그런 것도 몰랐어?"

그런데 그때였다. 건축업자가 반론을 제기했다.

"공간이 좁다! 콘크리트 벽을 부술 수도 없다!" *아주 큰 망치를 가져와야 하나?*

하지만 팀장님은 말씀을 또 짧게 하셨다.

"일반인 칸을 한 뼘만 좁혀. 일반인 칸은 조금 좁아도 괜찮잖아."

건축을 30년 했으면 뭐하나. 어떻게 당해낼 수가 없다.

남들 다 한다고 우긴다

하지만 그래도 문제가 끊이지 않았다. 이번에는 **엘리베이터**였다.

짝수 층 엘리베이터2호기가 항상 말썽이었다.

기계실 담당자가 지출 서류를 또 가져왔다. 2호기 수리비를 당장 지출해야 한다고 한다. 아예 내년에 예산 반영해서 교체해버리자고 한다.

하지만 팀장님은 말씀을 짧게 하셨다.

"홀수 층 짝수 층으로 구분해서 운영하던 거, 없애버려." *담당자도 없애버려*

그것으로 끝이었다. 2호기도 다시는 멈추지 않았다. 아니, 무슨 일이야?

"대강당이 4층이잖아. 대관할 때마다 장비가 2호기로 몰렸겠지. 대관하는 업체도 불편했겠고, 홀수 짝수 층으로 구분해야 할 때가 있고, 구분하지 않아야 할 때가 있어. 남들이 다 한다고 무조건 따라 해야 하는 건 아니잖아?"

와우.

기계실 담당자는 심지어, 청소용 소모품조차 마음대로 구매할 수 없었다.

한번은 팀장님께서 이렇게 물어보셨다.

"화장실에서 약품 냄새가 진동할 때가 있지? 왜 그럴까?"

생각도 못 했던 문제였다. 도대체 왜 그런 걸까? 그 정도로 회원 수가 많이 늘어나서? 회원들이 화장실을 더럽게 사용해서? 아니면, 화장실 휴지를 훔쳐 가지 못하게 냄새로 도둑을 쫓는 건가? 무서운 벌레도 쫓을 겸?

"청소한 사람이 청소한 티를 내고 싶을 때 그렇게 해."

"이용하는 사람이 많으면 시설은 더러워질 수밖에 없겠지. 그런데 그걸 담당자가 미화 직원만 탓하니까 그러지."

와우. 이번에도 문제는 사람, 특히 관리자였다.

"청소에는 100점이 없어. 문제가 생겼을 때 빨리 처리해주면 되는 거지."

결과는 재미있다. 시설 미화용 소모품만 준 것이 아니다. 용역 직원들의 불평불만까지 줄어들었다.

그래서 따라 했다. 곳곳에 안내문을 붙여놓았다.

"조금 더 행복한 센터를 만들고 싶습니다! 서로 인사를 나누어볼까요?

'안녕하세요!', '고생 많으시죠?'

용역 직원분들께도 먼저 인사 한마디만 해주시는 건 어떨까요?

시설이 조금 더 안전하고 쾌적해질 겁니다."

강사들에게도 벌써 전달해 놨다. 강사들도 환영한다. 그들도 용역 직원들의 도움을 종종 필요로 하는 까닭이다. 결과는 간단하다.

시설은 더 깨끗해졌고, 고객들이 먼저 용역 직원에게 인사하기 시작했다.

어떤 고객은, 용역 직원과 친구가 되셨다.

언제부턴가 팀장님 의자 뒤에 물이 한 바가지 놓여 있었다. 민원 때문에 사람 죽겠다고, 제발 살려달라고, 비나이다, 비나이다 정화수라도 떠놓으신 줄 알았다.

알고 보니 그건 그냥, 수영장 물이었다.

"수영장 시설에 자꾸 녹이 스니까, 어떤 소재가 좋을까 한번 보는 거야."

그러고 보니 바가지 안에 쇳조각이 몇 개 들어있었다.

나는 행정을 그렇게 배웠다. 하지만 지금 문제는 그게 아니다, 당장 결재를 받아야 한다! 당장이라도 회원들이 또 쫓아올까 봐 마음이 급하다.

도대체 뭘 어떻게 해야 할까?

강사들 시키면 된다.

그렇다고 강사들에게 문서 작성이라도 시켰다는 건 아니다. 강사들이 사무실에 들를 때마다 팀장님께 인사를 시켜드렸다.

"출퇴근 보고까지 하실 필요는 없지만, 한 달에 한두 번만이라도 팀장님께 인사를 드리는 건 어떨까요?"

결재를 잘 받으려고 그랬을 뿐이다.

"강습을 추가 개설하거나 변경하고 싶어도, 팀장님이 결재를 안 해 주시면 어쩔 수 없잖아요, 선생님께도 좋지 않을까요?"

'인사를 핑계로 민원을 만듭시다, 당장 프로그램을 개설해주시 않으면 회원들이 팀장님을 잡아먹을 거라고!'

팀장님이 갑자기 인기남이 되셨다. (강사들이 열심히 보채주었다.)

허세 부리는 상급자

본사에 '허세 부리는 상급자'가 있었다. 다들 싫어했다.

어느 날 그 인간이 감사 담당자로 발령받았고, 그 순간 그 눈빛이 달라졌다.

곧 '내부 감사'가 시작되었고, 수많은 직원이 '경고'를 받았다.

하지만 오래 않아 진실이 드러났다. 얼마 지나지 않아 '외부 감사가 시작된 것이다. 강도가 전례 없이 강했지만, 직원들은 무탈했다. 내부 감사에서 지적한 사안을 감사관들이 다시 지적하지 않았기 때문이다. ('이중처벌금지의 원칙 또는 '일사부재리一事不再理' 원칙이다.) 그는 이렇게 말했다.

"내부 감사는 관용이 있을 수 있지만, 외부 감사는 빼도 박도 못해."

허세나 부린다며 다들 싫어하던 인간이 오히려 직원들을 보호한 것이다.

당시 필자도 확인서를 여러 장 제출해야 했지만, 경징계 하나 받지 않았다.

비정규직이었던 필자를 대신해, 정규직 선배들이 확인서를 대신 써주었기 때문이었다. 내 선배들이 그런 선배들이다.

(권위가 '책임지는 순서'라는 말로, 허세나 자기 자랑의 이유를 설명할 수 있다. '책임을 감당하는 만큼 그 권위를 인정받지 못할 때'다. 극복하지 못한 열등감을 보상하려 할 때도 있겠지만, 전자가 더 많다고 생각한다.) 스포츠센터로 돌아간다.

책도 품어라

어느 날, 또 촉이 이상했다. 똑똑하고 게으른 사람들끼리 속닥거리고 있었다.

"저 녀석이 결재를 받으러 오면, 볼 필요도 없어.

세 번만 반려返戾하면 기가 막히게 만들어오더라."

'당했다.' 그냥 놔둘 걸 그랬다. (《부록》참조)

그 목소리가 귀에 쟁쟁하다.

"일은 장닭처럼 시끄럽게 하는 게 아니야, 암탉처럼 일을 품어야지."

'특히 너, 좀 조용히 해. 마음이 조급하니까 그러지.

책도 빨리 쓰고 싶겠지만, 그럴수록 더 품어라.'

전화 한번 드려야겠다.

진심으로 존경하기에 쓴 글이다.

이현구 팀장님이나 노지윤 선배, 김홍섭 선배 같은 상급자를 만났다면,

옆에 꼭 붙어 있어야 한다.

Part 5

안내데스크 직원들은
왜 항상 불친절할까?

| 센터장 나오라고 해!

그래도 사무실에서 인터넷 쇼핑을 즐기긴 했다. 왠지 뒤통수가 뜨끈하긴 했지만, 신경 안 쓴다. 난 남의 눈치 따위는 안 보는 인간이다.

그러던 어느 날 사무실이 시끄러웠다. 업무분담이 새로 났단다. 나는 그냥 그러려니 했다. 어차피 나야 계속 강사 관리하겠지, 프로그램 운영하겠지.

담당자들이 내 업무를 서로 꺼리는 건 당연하다. 귀찮으니까, 머리만 더 아프니까. 그런다고 성과급이라도 나오는 건 아니니까.

권위가 정말 책임지는 순서라면 승진이라도 먼저 했겠지만, 어디 세상이 그런가. 직종도 벌써 두어 번 바뀌었지만, 그래 봤자 이름만 바꾼 비정규직이다.

벌써 몇 년째 이 생활인데, 관심 없다.

버려지는 마음

결과를 보니 기존 업무 그대로였다. 그런데 마지막에 뭐가 있었다.

강사 관리 및 프로그램 운영 총괄, 그리고… 홍보. *심지어 민원당어리, 셔틀버스까지.*

담당자 *김홍섭 선배*가 장난이라도 하는 줄 알았다. 그런데 장난이 아니었다. 뒤통수가 뜨끈할 때 뒤를 돌아봤어야 한다. *존경안해.*

하아……. 실적이 부진할 때 가장 스트레스를 받는 건 사실 홍보 담당자다. 홍보 효과성을 검증하기 어렵기 때문이며, 이를 상급자들이 아주 잘 알기 때문이며, 그래도 누군가는 그 책임을 감당해야 하기 때문이다. 그러니 홍보 담당자는 강습이 아니라, 자기가 일을 한다는 사실을 홍보하게 된다.

그들은 홍보지를 갖다버려서라도 소진했고, 그만큼 행정력도 갖다 버려졌다.

이건 불사조 때 있었던 일이다. 새벽에 지하철 입구라도 나가서 홍보지를 돌려야 했다. *나가라면 나가야 한다. 수당 따위는 없다.* 그런다고 회원 수가 급격하게 증가하는 것도 아니다. 불사조의 에고^{ego}, 즉 '누군가'에게 뭘 보여주려는 마음이나 만족하게 한다. 그것이 불사조가 어깨띠를 '특별히' 강조하는 이유다.

그래, 좋다. 추운 겨울 새벽 어깨띠를 단단히 매고, 상쾌한 바람을 맞으며 홍보지를 돌렸다고 하자. *눈동자가 얼어붙는다.* 내가 봤어, 우리 정말 잘 했어! *좀 많이 버리더라.* 회원 수가 늘어나긴 할 거야. 보람 있네, 파이팅! *밥은 누가 사나? 뭐 좀 맛있는 거 없을까?*

파이팅은 개뿔. 보람 1도 없다. 홍보지가 장판처럼 바닥에 깔려 발에 밟히는데 뭘 잘했다는 건가. (그거 다 백성의 고혈^{膏血}, 요한계시록 17:4, 6이다.)

누군가의 손에 들리기도 전에 땅에 떨어져 발에 밟히는 홍보지의 마음은 또 오죽하겠는가? 안타깝지 않은가? 도대체 무엇을 어떻게 해야 할까?

홍보를 안 하면 된다. 〈부록〉에서 불복종하는 방법을 배웠기 때문이다.

"'예'라는 긍정 표시만 잘해주고, 그냥 놔두자."

홍보는 회원들이 하는 거다

홍보를 안 해도 괜찮은 이유는 또 있다. 회원이 이미 많기 때문이다.

수입금 목표도 하향 조정해 놓았다. 최종결재권자나 지자체 담당자의 기대치도 충분히 낮아졌다. 그렇다면 된 거 아닌가. 그래도 아니라면, 어쩔 수 없다.

회원들 시킬 때다. (마케팅은 원래 고객이 하는 거다.)

물론 내가 시키면 안 한다. 하지만 강사들이 시키면 다르다.

1주일 만에 1년 치 전단이 갖다 버려진다.

강습마다 오피니언 리더가 있다. 거주지 통장이나 반장도 있고 자영업자도 있다. 이유는 모르겠지만, 어떤 회원은 강사를 졸졸 따라다닌다. (강사를 숭배하는 것 같다.)

나는 누가 누구인지 모른다. 알 수도 없고, 알고 싶지도 않다. 하지만 강사들은 다르다. 누가 누구인지 훤히 꿰고 있고, 얼마든지 그들을 움직일 수 있다. 잠재 고객에게 훨씬 더 효과적으로 접근할 수 있으며, 이건 정말 비밀인데, 다른 수업 회원 수도 덩달아 늘어난다.

하지만, 그래도 홍보 담당자는 보챔을 당하더라. 이번에는 관리 부서에서 근무하는 내부고객, 멍청하고 부지런해 보이는 담당자들이 문제였다.

예를 든다. 고객만족도 조사다.

고객만족도를 왜 조사하는 걸까? 그런다고 고객이 더 만족하는 것도 아니다. 외부고객은 신경도 쓰지 않는 사소하고 쫀쫀한 일로, 왜 같은 내부고객을 못살게 구는 건가?

그래야 자기 자리가 보전되기 때문이라면 식충이다. 자기가 일한다는 걸 보여줘야 한다면 불사조다. 여하튼, 둘 다 맞다. 권위자들 때문이다.

그렇게 조사를 마치고 조사 결과가 나왔다.

17개 부서 중 16위다. *수익성이 아무리 좋으면 뭐하나, 공익성이 없다고 또 깨진다!*

다른 직원들이야 또 신경 쓰는 척이나 하겠지. '나만 아니면 돼!'

하지만 우린 팀장님께 배운 대로 했다.

"고객만족도 조사? 1등 하지 뭐."

불사조 팀은, 회원들 대신 몇 장 써드린다. 몇 장이 좀 많다.

고객만족도 점수와 가장 밀접한 고객 접점, 안내데스크 직원들을 뒷목 붙잡게 했던 사례를 나눈다. 그들은 당시를 이렇게 회상했다.

"죽이고 싶었지." (다이어트가 필요 없었어.)

센터장 누구야!

당시 팀장님이 가장 큰 관심과 사랑을 보여주었던 곳이 바로 안내데스크였다.
그들이 착하고 성실했기 때문이 아니라, 귀찮았기 때문이다.

"센터장 나오라고 해!" 감정노동을 누가 좋아하겠는가.

"내가 누군지 알아!" (네가 나를 모르는데 난들 너를 알겠느냐.)

하지만 팀장님이 아무리 일을 똑똑하고 게으르게 해도, 안내데스크 불친절 민
원은 끊이지 않았다.

도대체 왜 그랬던 걸까? 안내데스크 직원들이 정말로 불친절해서? 그들이 정말
로 일을 안 해서? 아니면 회원들에게 허위사실이라도 유포했나?

등록 기간을 지키든 말든 알아서 하시라고? *내가 듣는 수업이 아니니까?* 정원은 항상
초과하니까, 자주 결석도 좀 하시고? 사물함은 항상 부족하니까, 운동복은 그냥
버리고 가시라고? *신발이 없어도 내 신발 아니니까?* 강습 도구는 원래 조금씩 줄어드니까,
먼저 냉큼 집어가시라고? 전기세는 내 돈 아니니까, 강습실 온도를 영하로 낮추시
라고? *감기 걸려서 아예 못 나오게?* 샤워장 하수구는 원래 막히니까 그냥 구정물에 발 좀
담그시라고? *발에 무좀도 생길 겸?* 셔틀버스 정원은 원래 초과하니까, 먼 길 걸어오시라
고? *운동도 더 하실 겸 또 먼 길 걸어가시고?* 다른 사람이 차를 빼든 말든 대충 주차하시라
고? 어차피 또 지각하셨을 테니까? 수업 중엔 전화도 못 받고? 남의 차를 긁어도
마음 편히 도망가시라고? *마침 CCTV 화질도 개떡이니까?* 똥 싼 기저귀는 휴게실 탁자 위
에 그냥 놔두고 가시고? 우리 아가 똥 냄새는 남들한테도 향기로우니까?

아이들이 계단에서 뛰다가 넘어져도, 내 새끼 아니니까 괜찮다고? 조금 큰 녀석
들이 친구 용돈을 빼앗아도 미성년자니까 괜찮다고? 녀석들이 한 소리 들었다고,

커터 칼로 벤치를 좍좍 찢어놔도, 애들 기죽이지 마시고?

전혀 아니다! 그렇게 말할 사람이 어디 있겠는가.

오히려 문제는 외부고객이었다. 어떤 고객은, 집구석 빨래를 바리바리 싸들고 오셨다. 그 이유를 알 수도 없고, 그 마음을 이해할 수도 없다. 하지만 고객님이시니 그러실 수도 있다. 그런다고 누가 와서 잡아가는 것도 아니다.

다만 그 모습_꼴을 보는 다른 고객의 마음이 조금 구겨졌고, 그 마음을 안내데스크에서 펴고 가셨다. 안내데스크 직원들은 이미 뒷북을 붙잡고 있었다.

어떤 고객은 뜨거운 물을 콸콸 틀어놓으시고, 그 아래에 온종일 드러누워 계셨다. 그 이유야 역시 알 수 없고, 그 마음을 이해할 수도 없다. 고객님이시니 그러실 수도 있다. 하지만 그 모습을 보는 사람은 피가 거꾸로 솟았고, 그 피를, 안내데스크에서 뽑아가셨다. 안내데스크 직원들은 벌써 드러누워 있었다.

도대체 뭐가 문제였을까?

그렇다, 뜨거운 물이 아주 콸콸 나오기 때문이다. *공공재다! 내 돈 아니다!*

잠깐, 문서 공람_{供覽}에 뭐가 하나 떴다. '공공기관 에너지 절감.'

좋은 핑계다, 아예 보일러를 꺼버려라, 찬물만 콸콸 나오게!

안내문도 붙여 놔라!

찬물로 샤워하면 피부가 좋아집니다.

싫으면 집에 가서 씻으시겠지.

문제로 돌아간다.

"안내데스크 직원들은 왜 항상 불친절할까?"

글을 쓰다 보니 내가 또 틀렸던 것 같다. 문제를 다시 제기한다.

"안내데스크 직원들은 왜 항상 불친절해 **보이는** 걸까?"

결국, 문제의 본질은 따로 있다.

외부고객이 내부고객에게 자기 책임을 전가하려는 것이다.[주17]

하지만, 그렇다고 외부고객만 탓할 수는 없다. 고객님이시기 때문이다.

고객 접점의 권위가 외부고객보다 높은 건 맞지만, 외부고객의 권위가 조직보다 높은 것도 사실이다. 외부고객 없다면 조직도 있을 수 없다.

그렇다면 누구에게 그 책임을 물어야 할까?

그렇다, 같은 내부고객, 그중에서도 바로 **관리자**상급자다.

예를 들어, 불사조는 안내데스크 직원들도 채찍으로 다스리려 했다.

사랑합니다, 고객님!

채찍질도 아주 부지런했다. "여기서 근무하기 싫어?"

"너를 위해 하는 말이니까, 그냥 해!" (화장실에 가서 한번 울고 와!)

하지만 결과는 참혹했다. 사람 얼굴에서 표정이, 목소리에서 감정이 사라졌다. 사람이 아니라, '자동 응답기'였다.

"사랑합니다, 고객님♩."

"기쁨과 행복을 드리고 싶습니다, 고객님♩."

기쁨과 행복이 느껴지겠는가? 억지로 웃는 걸 고객이 왜 모르겠는가.

'자동 응답기'라는 표현은 노벨상을 받을 만한 표현이다. 노벨상을 받았던 프랑스 철학자 앙리 베르그송Henri Bergson은 《웃음 : 희극의 의미에 관한 시론》(1900)에서 웃음을 '생명적인 것에 심어진 기계적인 것Du mécanique plaqué sur la vivant'이라고 정의했다. 무슨 말일까?

차라리 솔직하게 말하라는 의미다. 어금니를 꼭 깨물고 따라 읽는다. 콧김부터 한 번 불어준다흑.

"사랑하지 않습니다, 고객님↘."

"내가 왜 너를 사랑합니까, 고객님↘."

정색을 하며 말하는 거다흑. "불행과 증오를 드립니다, 고객님↘."

노골적일수록 좋다흑. "죽여 버리고 싶습니다, 고객님↘."

속은 시원하겠다흑.

하지만 불사조보다도 심각한 인간이 따로 있었다.

'내부고객의 권위를 무너뜨리는 관리자'였다. 진짜 최악이었다.

그냥 한번 해드려라

외부고객의 부당한 요구를 거절하는 건 당연하다. 하지만 문제는 관리자다.

"그냥 한번 해드리세요."

네!? 외부고객 앞에서, 내부고객의 권위가, 실시간으로 무너져 내린다. 내부고객 얼굴이 실시간으로 굳어지고흑, 외부고객 얼굴에 실시간으로 승리자의 미소가 지어진다흑!

아니, 지금 뭐 하자는 건가? 내부고객의 권위를 세워주어도 부족한 상황이다. 그런데 왜 그 권위를 오히려 무너뜨리는 건가? 어떻게 저런 인간이 저 자리까지 간 거지?? 그 인간이 누구였는지, 나는 너무 늦게 깨달았다.

바로 나였다, 나.

안내데스크 직원들 얼굴에서 표정이 사라졌던 이유를 이제는 이해할 수 있을 것 같다. 문제는 결국, 같은 내부고객, 그중에서도 고객 접점의 권위를 무너뜨리는 상급자였다.

하지만, 그렇다면 이제는 그 해답이 보이리라 믿는다.

'내부고객의 권위를 세워주는 것'이다.

일상 안내 사례를 다시 예로 든다.

'등록 기간 안내'다.

다이어트는 내일부터

등록 기간을 지켜야 한다는 걸 모르는 사람은 없다. 문제는 외부고객이 이를 알면서도 안 지킨다는 것이며, 더 큰 문제는 그들이 그 책임을 내부고객에게 전가하려 한다는 것이다. 그것이 등록 기간마다 로비가 시끄러웠던 가장 큰 이유였다.

도대체 무엇을 어떻게 해야 할까? 강사들 시키면 된다.

그렇다고 필자가 강사들에게 어깨띠라도 단단히 매주고, 회원 안내라도 시켰다는 건 아니다. 강사들에게 단체 문자를 하나 보냈다.

"등록 기간입니다. 회원들에게 알려주세요!"

갑자기 회원들이 등록 기간을 칼같이 지키기 시작했다.

사실 그것으로 충분하진 않았다. 그래서 문자를 하나 더 보냈다.

"인터넷으로 접수하도록 회원들에게 안내 부탁드려요!"

그런다고 뭐가 달라지겠어? 홈페이지를 열어봐도 안 하던데? 시킨다고 다 하나? 그다음 말도 빤하다. 죄다 컴맹일 것이다. 마침 집에 콤푸타가 망가졌겠고, 인터넷도 불량할 것이다. 안 믿는다. (그냥 귀찮을 뿐이다.)

그렇다고 필자가 대단한 일을 했던 것도 아니다.

강사들에게 정보를 하나 슬쩍 흘렸다.

"강사 평가 지표 중 하나로 인터넷 접수율을 검토하고 있습니다."

내 탓 아니다, 조직 탓이다. 그게 권위다. (그런 지표로 그들을 평가했던 것도 아니다.)

하지만 결과는 나쁘지 않았다. 인터넷 접수율, 전 분기 대비 네 배 증가.

강사 면담 때마다 했던 말이 하나 있다.

"의사결정 전에, '담당자라면 어떻게 했을까?'라고 한 번만 생각해 주세요."

권한 위임이다. 안내데스크 직원들에게도 똑같이 말했다.

"회원들이 무리한 걸 요구하면, '무조건 안 된다'고 바로 거절하지 마시고, 이렇게만 말씀해주세요, '원래 안 되는 거 아시죠?'"

안 되는 건 안 되는 게 맞다. 하지만 일단 원칙이 섰다면, 예외도 있을 수 있다. 옳고 그름을 따지는 것도 좋지만, 상대방을 존중하는 것이 우선하는 것과 같다. (단, 예외에 두 번은 없다.)

중요한 건 마지막 말이다. **"결과는 제가 책임지겠습니다."**

또 회원들에게 머리채를 뜯겨야 했다! 하지만 최소한 책임은 끝까지 감당하려고 노력했다. 정말로 머리채를 잡힌 적도 사실 몇 번 없다. 고객들도 양심이 있는 사람이다. 덕분에 강사들도 고생 많이 했다.

"안내데스크 직원들이 고생 많은 거, 여러분도 아시죠?

안내데스크 직원들을 친절히 대해 달라고 회원들에게 전달해 주세요!"

왜? 강사 자신에게 좋기 때문이다.

"회원들이 안내데스크 직원들에게 프로그램 추천을 요청할 때가 많잖아요, 직원들도 사람인지라 자기랑 친한 선생님을 많이 추천하더라고요."

결과는 간단하다. 민원은 더 줄어들었고, 회원 수는 더 늘어났다.

안내데스크 직원들과 눈도 마주치지 않고 가버리던 강사들이 갑자기 달달한 걸 그렇게나 많이 사다 주더란다. (다이어트가 항상 내일로 미뤄졌던 이유를 이제는 이해한다.)

　다음번 고객만족도 조사에서 우리 팀은, 15위였다. *어쩐 망할*

'근데 16위는 어디야?'

'주차단속팀.

거긴 고객 만족 못 시켜.'

그럼 17위는? 견인보관소

| 나 화 안 났어

"여성의 문제는 언제나 인간의 문제였다."

시몬 드 보부아르Simone de Beauvoir

당시 안내데스크 직원들이 가장 힘들어하던 순간은 가장 결정적인 순간, 즉 고객과의 관계가 단절되는 순간이었다.

강습 취소 및 환불. 그 이유를 여성 회원의 처지에서 생각해 보자.

(이는 여성의 처지에서 볼 수밖에 없는 문제다. 남성 회원이 환불을 신청할 때는 드물었기 때문이다. 왜? **귀찮아서**귀찮아서. 누가 뭐라 하진 않겠지만, 우리에게는 좋았다.)

당시 여성 회원들이 말하는 취소 사유는 대부분 '개인 사정'이었다.

그 말 뒤에 숨은 의미는 무엇이었을까? 갑자기 이직이나 이사라도 한 건가? 아니면 집에 불이라도 나서? 아니면 갑자기 결혼이라도 하게 돼서? 자기도 모르게 무슨 사고라도 쳐서? 삶을 살며 그런 급격한 변화는 흔히 겪지 않는다.

"상대방에게 존중받는다고 느끼지 못하기 때문이다."

제복 입은 남자

문제는 '요즘 젊은 사람들'이 아니었다. 요즘 권위자들이 그 '권위 인정받을 자격을 갖추지 못한 것이 문제였다. 같은 맥락의 주장이다.

"문제는 여성 회원이 다른 회원을 존중하지 않는 것이 아니다.

그만큼 자신이 존중받는다고 느끼지 못하는 것, 그것이 진짜 문제다."

그런데 잠깐, 여성들이 이미 타인을 존중하고 있다니, 정말 그럴까?

그렇다. 타인을 존중하는 사람, 특히 권위 관계를 이해하는 사람은 보통 남성이 아니다, 여성이다. (이는 소속 욕구와도 관련된다. 여성들이 차이를 인정하며 상대를 포용할 수 있는 이유다. 여성들이 이미 옳고 그름을 따지는 것보다 상대방을 존중하는 것을 우선하고 있다는 의미다.)

믿어지지 않는다면, 옆에 여자 사람에게 이상형을 한번 물어보자.

"존경할 만한 남자."

"제복 입은 남자." ('나를 웃게 하는 남자'[주3])

그 의미는 모두 하나, '자신보다 권위가 높은 남자'[주28]다.

안토니 보린체스Antoni Bolinches는 《사랑에 빠지게 만드는 기술》(2014)에서 이렇게 말했다. "여성들은 우월~~교만~~하거나 열등~~낮은 자존감~~한 존재를 사랑하려 하지 않는다. 인격적으로 성숙해서 존경할만한 대상을 사랑하기 원한다."

왜? 여성 자신이 감당하지 못하는 책임을 대신해 주기 때문이다.[주17] 그 권위를 인정하는 것만으로도 얼마든지 그 이상의 책임을 요구할 수 있다는 걸 여성들이 이미, 무의식적으로라도 인지하고 있기 때문인 것이다.

하지만 문제는 따로 있다. 그런 남자를 만나기가 더 어려워졌다!

왜 그렇게 된 걸까? 이 시대가 그런 시대라서? 엄마가 그렇게 키워서? 필자처럼 집에 무서운 여자가 있어서? 여성 해방 운동이 너무 과격했나?

남성들이 약~~캥~~[주29]해졌기 때문이다.

찰스 스펄전Charles H. Spurgeon은 이렇게 말했다.

"크리스천이 된다는 것은 남성성을 억누르고 나약한 겁쟁이가 된다는 걸 의미한다는 이상한 생각이 무슨 이유에서인지 널리 퍼지고 있다."

그렇다, 문제는 남성들이다. 그만큼 상대 여성을 존중해주기는커녕, 권위 개념 자체를 강하게 부정하는 사람도 많다. 그러니까 듣는 말이다.

"너무 착해서 매력 없어." (우리 친구로 지내자.)

'착하다'는 말을 똑바로 듣자. '약하다'는 의미다. (좋은 의미가 아니다.)

하지만 남성들이 약하기에 발생하는 진짜 문제는 따로 있다.

'비언어적nonverbal 커뮤니케이션'(주30)을 이해하지 못하는 것, 그것이 진짜 문제다.

(옷을 거지같이 입고 다니는 것도 문제라고 한다.) 말이 나온 김에 한 번 생각해 보자.

여자 때문에 바보가 된 기분

닐 스트라우스Neil Strauss는 《더 게임The Game》(2005)에서 이렇게 말했다.

"남자는 여자를 선택하지 않는다. 남자가 그녀에게 줄 수 있는 건, 자신을 선택할 수 있는 기회가 전부다."

여성 독자들이 고개를 끄덕이는 만큼, 남성 독자들의 눈동자가 흔들릴 것이다. 자신이 여성을 선택했다끄셨다고 착각하는 남성이 여전히 많지만, 현실은 그 반대가 훨씬 더 많다. 이는 수많은 연구와 통계가 증명하는 사실이다.(주31)

그래도 믿어지지 않는다면 옆에 여자 사람에게 한 번 더 물어보자.

"내가 유혹끄심을 당한 거였어?"

어?! 상대방이 대답을 조금 천천히slowly 한다면, 틀림없다.(주30)

남성이 여성에게 무언가를 제안propose한 건 대단한 용기를 발휘한 것이다. 최소한 거절에 대한 두려움은 극복해야 한다. 하지만 이를 알면서도 그 제안을 거절하는 여성이 많다. 왜 그런 걸까?

시험Test이다. (체면치례는 두 번째 문제다.)

상대방에게 그 저항을 이겨낼 힘Power과 용기, 에너지, 즉 그 권위 인정받을 자격이 있는지 검증Test하려는 것이다. 히메노 토모미는 《여자는 왜 갑자기 화를 낼까》(2006)에서 이렇게 말했다.

"여자의 변덕 뒤에는 애정을 확인하고 싶은 마음이 숨겨져 있다. … 여자는 사귀는 남자가 진심으로 자신만을 사랑하는지, 이 사람을 선택해도 정말 괜찮은지 늘 의심하고 불안해한다. 그래서 일부러 곤란에 빠뜨리고는 이 방법 저 방법을 써 가며 애정을 확인하려 한다."

그러니까 하는 말이다.

"너무 쉽게 포기하지 말라. 여자들은 당신이 얼마나 쉽게 패배를 자인하는지 시험한다. 작고 변변찮은 저항 따위는 무시하라. … 사실 여자는 내심 남자가 조금 더 강하게 밀어붙이기를 '은근히' 바라고 있다."

《미스터리 메써드Mystery Method》(2007)에서 남성들의 구원자 에릭 본 마르코빅Erik Von Markovik이 했던 말이다. (작고 변변찮은 체면치레와 강한 부정을 분명히 구분해야 한다. 후자를 강하게 밀어붙이는 건 범죄다.)

필자의 멘토 최정도 《미친 연애The Crazy Love》(2011)에서 같은 말을 남겼다.

"여자에게 무조건 잘해줘서 성공하는 경우는 드물다. 지고 들어가되 주도권을 잡을 줄 알아야 한다. … 헤어진다는 각오를 하고서라도 내가 원하는 방향으로 연애를 이끌겠다는 마음가짐, 자신감이 필요하다."

하지만 약한 남자는 답도 없다. 작고 변변찮은 저항 따위에 패배를 자인한다.

아니, 패배를 솔직하게 인정이라도 한다면 그나마 낫다. 상황 자체를 회피하거나 ~~도망가거나~~, 부정하거나 ~~거짓말하거나~~, 합리화하거나 ~~정신승리하거나~~, 그 책임을 여성에게 전가 ~~이상한 사람 만들거나~~ 하는 남자도 많다. 그러니까 하는 말이다.

"남자들은 멍청한 것 같아요." ("남자들은 답답해요.")

그녀들이 말하지 않아도 들리는 소리가 있었다.

"'데이트 신청을 하지 않아서' 남자들은……."

"'비언어적 커뮤니케이션을 알아듣지 못해서' 남자들은……."

하지만, 나중에서야 깨달았다. 나는 주어가 대명사였다는 사실까지도 고려했어야 했다. 왜? 주어가 나였던 거다.

"'내 마음을 몰라줘서 너는'……!!"

그 기분을 뭐라고 표현해야 할지 모르겠다.

스탕달Stendhal은 《연애론De l'amour》(1822)에서 이렇게 말했다.

"여자 때문에 바보가 된 기분인가? 멀쩡한 남자라면 누구나 겪는 일이다."

위로가 되었다. 스탕달도 비슷한 기분을 많이 느꼈음이 틀림없다.

밥 얻어먹을 자격

여성들이 이기적이고도 계산적이라고, 남성의 경제력이나 사회적 지휘만 따진다고 불평하는 남성도 많다. 뭘 몰라서 하는 말이다. (어디서 이상한 여자만 만나본 게다.)

여성들은 상대방의 발전 가능성, 즉 미래 가치를 훨씬 더 중요하게 여긴다. 헌신짝이 되도록 헌신하는 여성이 왜 그리 많겠는가.

정서적으로 건강한 여성은 마음에 없는 사람에게는 밥조차 얻어먹으려 하지 않는다. 심지어 여성이 먼저 밥값을 계산해 버릴 때도 많다. 권위가 책임지는 순서라는 사실을 여성들이 이미, 무의식적으로라도 인지하고 있다는 또 다른 증거다.

마음에도 없는 상대에게 밥을 얻어먹는 여성도 있다. 하지만 그런 여성들에게 작가 나비는 《내가 선택한 남자와 사랑하라》(2014)에서 이렇게 경고했다.

"너무 머리를 쓰고 몸을 빼는 여자들은 오히려 자기 덫에 자기가 걸리게 된다. 관계를 진지하게 발전시킬 생각도 없으면서 의도적으로 **감열삭제를 무기로 남자를 끌고 다니는 것은 일종의 사기다. 반드시 대가를 치르게 된다."

그래도 결혼 후에는 변하지 않을까? 안 변한다.

변호사 김향훈은 《당신의 이혼을 응원합니다》(2019)에서 이렇게 말했다.

"양육권을 가지면 전 남편이 양육비를 보내줄 테니까 버틸 수 있다고 생각하면 큰 오산이다. … 양육비는 전 배우자를 부양하는 비용이 아니다. 자녀 양육에 드는 비용의 절반을 부담하는 것이 양육비의 개념이다. … 양육비의 주인은 내가 아닌 아이다. 아이를 무기 삼아 욕심을 부리진 말자."(주-32)

이는 남녀 모두에게 적용할 말이다. 상대방이 '성장하는 사람'이라면 결혼 전에 변하지 않았을 리 없다. '성장할 사람'도 마찬가지다. 그 권위를 조건 없이 인정해주는 사람을 만났다면, 벌써 훨훨 날아다니고 있을 것이다.

문제는 '성장하는 척하는 사람'과 '절대 성장하지 않는 사람'이다. 결혼 후에 사람이 변했다면, 대부분 이들이 그 거짓의 가면을 벗었을 때다.

첫날밤을 보내고 보니 백마 탄 왕자가 아니라 흉측한 두꺼비였다면, 끔찍하지 않겠는가? 결혼하고 보니 신데렐라가 아니라, 신데렐라의 계모(?)(주-33)였다면, 더 끔찍하지 않겠는가? 그런데 그 눈빛이 게슴츠레하다면, 훨씬 더 끔찍하지 않겠는가!! 그러니 반드시 먼저 그 자격을 확인해야 한다!!

상대방이 '성장하는 사람'이라면, 나쁘지 않다. 알콩달콩 예쁘게 살면 된다. '성장할 사람'이라면, 대박이다! 당첨될 복권을 손에 쥔 셈이다. 남은 건 오직 하나, 그 권위를 조건 없이 인정해주는 것이 전부다. 곧 스스로 깨어나 날아다닐 것이다. (길어야 3개월이다.)

'성장하는 척하는 사람'을 만났다면, 지뢰를 밟은 셈이다. 괜찮다, 다음에는 실수하지 말자. 그간 투자한 시간이나 돈, 그 외모나 조건이 아까울 수 있지만, 앞으로 낭비할 인생이 더 아깝다. 이들은 절대 변하지 않는다.

'절대 성장하지 않는 사람'을 만났다면, 시한폭탄을 떠안은 셈이다! 의존이나 집착은 절대 사랑이 아니다. 쉽지 않겠지만, 그런 관계는 반드시 정리해야 한다. *어서 도망쳐야 해!* 안토니 보린체스는 같은 책에서 이렇게 말했다.

"함께 있기에 커플이다. 커플이기에 함께 있는 것이 아니다."[주34]

(주의. (주34)는 충격적일 수 있다.)

하지만 그렇다고 여성에게 밥을 사주면 절대 안 된다거나, 매번 더치페이^{dutch} pay[주35]라도 하라는 말은 아니다. 상대 여성에게 호의를 베풀기 전에 상대방이 그에 감사하는지 정도만 먼저 확인하자는 말이 전부다. 그녀를 사랑하는 남성 자신이 아니라면, 누가 그녀에게 관심을 주겠는가.

그렇다면 무엇으로 어떻게 상대방이 그 호의에 감사하는지 알 수 있을까? 굳이 표현하자면, 과연 누가 '밥 얻어먹을 자격'을 갖춘 여성일까?

'상대 남성의 권위를 인정하는 여성'이라고 필자가 말하리라 예상했다면, 그러니까 연애를 못 하는 거다. 애교나 웃음을 기준으로 여성을 두 부류로 구분하리라 생각했다면, 그냥 혼자 살자. (사실 '감사'를 기준으로 나누려 하긴 했다. 이전 장에서 성장 대신 감사를 넣어 다시 봐도 좋다. 정확할 것이다.)

'자기 책임을 스스로 감당하려(勵하)는 여성'이다.

책임을 회피하려는 심리가 없을 수는 없지만, 정서적으로 건강하다면 어느 순간 자기 책임이 자기 몫이라는 걸 깨닫고 인정하는 법이다. 그러니까 건강한 사람이다. (물론 상대 남성의 권위를 '인정'만이라도 하는 것이 가장 좋겠지만, 그럴 때 오히려 상대방에게 더 큰 책임을 요구할 수 있겠지만, 이는 각자 주관에 따라 선택할 문제일 뿐 다른 사람이 강요할 문제가 아니다.)

셰리 아곱^{Sherry Argov}은 같은 책에서 이렇게 말했다.

"자존심자존감은 자기가 번 돈에서 나온다."[주36]

그렇다면 이제 남성 독자들이 가장 궁금해할 질문을 해보자.

"그런 건강한 여성은 과연 어떤 남성을 원할까?"

책임져!

심리학의 절대 거장 프로이트는 이렇게 말했다.

"지금까지 아무도 해답을 내놓지 못했던 심대한 질문, 여성의 정신 연구에 30년을 헌신한 나조차도 아직 대답할 수 없는 심대한 질문이 하나 있네.

'여자는 무엇을 원하는가?'"

절대 거장답지 않다. '사랑하고 또 사랑받는 것'이다.

여성들이 왜 그렇게 다이어트에 목을 매겠는가. 예뻐 보여야 한다는, 그래야 사랑받는다는 그릇된 믿음 탓이다. (안타깝지만 대부분, 엄마들 탓이다[주37])

하지만 아니다. 중요한 건 자세와 태도, 특히 자존감이며 자신감이다.

작가 나비는 같은 책에서 이렇게 말했다. "'예술품'보다는 '사람'이 되라."

"자신을 극한으로 가꾸면 더 좋은 남자가 나타날 거라고 생각하는가? 아직도 네일 아트, 헤어, 백화점 등에서 많은 돈을 쓰며 자신을 가꾸는 데만 열중하고 있는가? 자신을 가꾸기만 하고, 남자에게 따뜻한 말 한마디를 건넬 줄 모르는 여자는 언젠가는 먼지가 하얗게 쌓여 미술관에 박제될 뿐이다."

하지만 그렇다면, 누구에게 사랑받고 싶겠는가? 동네 거지? 노숙자? 독거노인?

안정감을 주는 강(強)한 남성[주28], 즉 '자신보다 권위가 높은 남자'다.

영화 《바람과 함께 사라지다》(1937)에서 스칼렛 오하라를 길들인 건 그녀보다 강했던 유일한 남자, 레트 버틀러였다. (그가 바로 '제복 입은 남자'이며, '아무에게나 밥을 사주지 않는 남자'다. '대화가 통하는 남자'라고도 표현한다.

그런데 왜 사사건건 사람 말에 꼬투리를 잡으며 사람 말을 부정하는 건가? 왜 자꾸 말허리를 자르는 건가? 연애할 생각이 없는 건가?

옳고 그름을 따지는 것보다 상대방의 권위를 인정하는 것이 우선해야 하는 걸 아직 모르기 때문이며, 이는 결국, 상대방의 권위를 아직 인정하지 않는 것이다. 그러니 제발, 경청과 공감, 긍정의 맞장구만이라도 기억하자. 여성들과의 대화는 남자들끼리의 대화와는 전혀 다르다.)

그렇다면, 여성들은 그런 남성을 과연 어떻게 알아볼까?

자신감일까? 피상적으로 보면 그렇겠지만, 불사조나 멍청하고 부지런해 보이는 담당자, 혹은 누군가의 게슴츠레한 눈빛을 떠올리면 어떨까? 그런 인간이 부지런하게 보채서 교제하게 됐을 때가 대표적이다. 여성은 피해자다. 후회와 한숨, 권태와 우울로 소중한 삶을 낭비한다. (그러니 여성이 먼저 고백해야 한다.[주38] 권위가 괜히 '책임지는 순서'인 것이 아니다.)

그렇다면 직업은 어떨까?

직업이 아무리 좋아도, 식충이와는 살 수 없다. (거북이는 같이 살아도 같이 사는 게 아니다. 회사에서 퇴근하지 않는다.) 그리고, 현재 조건보다 남성의 발전 가능성, 즉 미래 가치가 훨씬 더 중요하다. 평강 공주처럼 상대 남성의 가능성을 알아보고, 그 가능성을 깨워준 사례가 대표적이다. 이럴 땐 여성이 남성을 구원한 셈이다.

그렇다면, 남성의 집안? 학력? 운동 실력? 자격증? 패션 감각? 노래 실력? 자동차? 지갑? 모두 아니다.

제삼자를 존중하는 자세와 태도다.

여성 자신을 대하는 자세와 태도도 물론 중요하다. 하지만 자신과 이해관계가 전혀 없는 제삼자를 대하는 자세와 태도가 훨씬 중요하다. 상대 남성에게 어떤 목적이 있다는 걸 여성이 왜 모르겠는가. (자기 발등을 찍을 수는 없다.)

결국, 제삼자를 존중하는 자세와 태도가 상대 여성을 대하는 자세와 태도인 셈이며, 이는 모두 작고 사소한 말과 행동으로 드러난다. 이는 흔한 로맨틱 코미디 영화 한두 편만 봐도 쉽게 알 수 있다.

남녀 주인공이 만나는 상황이나 장소는 모두 다르며, 남자 주인공이 여자 주인공에게 적극적으로 구애할 때도 많다. 하지만 개연성이 가장 높은 상황, 즉 여성 관객이 가장 공감할 때는, 남자 주인공이 제삼자를 배려하는 순간을 여자 주인공이 목격할 때다.

영화 〈노팅힐Notting Hill〉(1999)에서 주인공은 서점에서 책을 훔치려는 사람에게까지 최고의 관용, 용서[주20]를 베풀었고, 그 모습을 여자 주인공은 놓치지 않았다.

필자는 어디서든 *학교든 교회든 학원이든 백화점이든* 뒷사람에게 문을 잡아준다. 뒤따라 들어오는 여자 사람의 목소리가, 갑자기 커진다.[주30] (운전할 때 양보 운전을 하는 것도 나쁘지 않다. 눈빛이 반짝이기 시작한다. 그러니 방향지시등이라도 잘 켜주자. 여자 사람 옆에서 욕설이라도 한다면, 역시 사람 보는 눈빛이 달라질 거다.)

하지만, 그래도 반론을 제기하고 싶을 수 있다.

"왜 굳이 비언어적 커뮤니케이션을 사용하는 건가?"

도대체 왜 여자 사람들은 비언어적 커뮤니케이션을 사용하는 걸까? 여자 자존심을 지키려고? 그 책임을 남성에게 전가하려고? 그 결과를 책임지기 싫어서? 그 정도로 힘이나 용기가 부족해서? 아니면 갑자기 입술에 마비라도 온 건가? 그 이유를 알게 된 후에도 계속 불평을 할 수 있을까?

상대 남성의 권위를 인정하고 있기 때문이다. 그러니까 하는 말이다.

"책임져."

권위가 책임지는 순서라면, 그 의미가 무엇이겠는가?

그렇다, '그 권위를 인정하겠다'라는 의미다.

예쁘면 다야?

하지만 약한 남성들은 여전히 답도 없다. 그만큼 용기를 내기는커녕, 상대 여성이 자기를 존중해주고 있다는 사실조차 눈치 못 챈다. 바로 그것이 문제다.

"상대방 남성에게 존중받는다고 느끼지 못하기 때문이다."

하지만 권위가 책임지는 순서라면 누가 더 큰 책임을 감당해야겠는가? 누가 그 결과를 책임져야겠는가? 누가 거절의 두려움을 극복해야겠는가? 바보가 된 기분을 누가 느껴야겠는가?

모른다. 개인의 선택을 존중한다. 하지만 에릭은 이렇게 말했다.

"그녀가 버린 쓰레기를 당신이 치우지 않는다면, 대체 어떻게 다른 이들이 던지는 쓰레기로부터 그녀를 보호하겠는가? … 사실 여자는 내심 남자가 조금 더 강하게 밀어붙이기를 은근히 바라고 있다."

그런데 그런 인간이, 그녀가 버린 쓰레기를 치워주기는커녕, 이상한 여자에게 밥을 사주며 은근히 강하게 밀어붙인다면 무슨 일이 일어날까?

아무 일도 일어나지 않는다.

물론 그걸 보는 사람 속은 많이 뒤집힌다. (이상한 여자라는 걸 모를 리 없다.) 하지만 그래도 여성은 그 속을 일단은 많이 누른다. 그런 인간의 권위조차 인정하기 때문이다. 하지만 그렇다고 언제까지 참을 순 없다. (그건 예의가 아니다.)

지금 그런 속으로 하는 말이다. "나 화 안 났어."

언어적인 표현이 아니라 말투와 표정, 분위기를 읽어야 한다.

곧 본인 입으로 실토할 것이다. "내가 왜 화났는지 모르지?"

이미 늦었다. "우리 헤어져."

아니다, 안 늦었다! 지금 진짜로 헤어지자는 말을 하는 게 아니다! 그렇게까지 말할 정도로 감정이 상했으니 어서 해소해 달라는 말이다! *그런다고 바로 관계를 정리하는*

남자가, 나 말고 또 있을까? 어서 달달한 걸 사주어야 해! (반짝거리는 건 더 좋다!)

그렇다고 천 냥 빚을 꼭 반짝이는 것으로 갚을 필요는 없다.

"예쁘면 다야?"

뭐가, 쿵.

그러니 여성이 '아니오'라고 말하면, 최소한 한 번은 더 물어봐야 한다. 그게 예의다. 언어적인 표현 이면에 담긴 본질적인 메시지를 왜 이해하지 못하는 건가? 정색하며 거절하는 것과 체면상 한번 사양하는 건 다르다고! 잠든 아가를 바라보는 눈빛과 맨발에 밟혀 터진 송충이를 보는 눈빛이 어떻게 같겠냐고! 그러니 제발 포기하지 말라고!!

"달달한 거나 반짝이는 것만 바라는 게 아니에요, 관심과 배려, 이해가 전부라고요! 대화가 통하는 남자를 데려오라고, 얼마든지 그 권위를 인정해주겠다고! 마음만이라도 알아주는 남자를 데려오라고, 차라리 내가 먹여 살리겠다고! 누가 나 좀 데려가 줘!!"

그러니 그 자격만 확인된다면, 남성은 달달한 걸 사줘야 한다. 그 사실만 확인된다면, 반짝이는 것도 사줘야 한다! 권위가 책임지는 순서라면, 누가 권위자겠는가? 그러니, 가방도 사줘라!

가방의 크기가 중요한 게 아니라고, 가치를 보라고, 가치^{Brand}를! 중요한 건 택배가 아니라 '택배를 기다리는 마음'이라고! 모르는 택배는 더 좋다고!! (남자친구나 남편에게 이 책을, 강제로라도 읽혀야겠다면 성공이다.)

솔직하게 고백하건대, 이번 장에서는 말을 많이 흘렸다. ~~두려웠다.~~ 하지만 주변 여자 사람들 덕분에 용기를 낼 수 있었다.

그녀들은 갑자기 활짝 웃더니, 자세를 고쳐 앉았다. 옷매무시도 바르게 하고, 머리도 한번 쓸어 올리더니 이렇게 말했다. "덕분에 저 자신을 돌아보게 되네요."

"이제는 남편에게도 신경을 더 써주어야겠어요."

심지어 어떤 여자 사람은 이렇게까지 말했다.

"오빠야말로 진정한 페미니스트야!"

난 더럽게 솔직한 마초macho 같은 인간이지만, 내심 속은 시원했다.

하지만 주변 남성들의 반응은 달랐다. 그들은 이빨을 드러내며 덤벼들었다.

"지금 어느 시절 이야기를 하는 거야?" (그런다고 뭐가 달라지겠어?)

논리도 없었고, 대안도 없었다. 마음이 열린 것도 아니었다. 대화가 통하지 않는 남성과 마주한 순간 여성들이 느낀다는 그 기분을 이제는 이해할 수 있을 것 같다. 하버드 심리학자 윌리엄 몰턴 마스턴William Moulton Marston은 이렇게 말했다.

"독자들에게 다정한 권위자Loving Authority에게 복종하라고 가르치고 싶습니다. 소년들은 이걸 배워야만 해요, 복종권위 인정은 좋다는 것을요. 그래야 어른이 되어서도 강한 여성을 존중할 수 있습니다."

마스턴 박사의 필명은 찰스 몰턴Charles Moulton, 세상에서 가장 영향력 있는 여성 히어로, 원더우먼Wonder Woman의 창조자다. 주제로 돌아간다.

당시 절대다수를 차지하던 환불 사유, '개인 사정', 그 뒤에 숨은 의미가 드러났*다고 믿고 싶*다. "다른 회원에게 존중받는다고 느끼지 못하기 때문이다."

여성 회원들이 권위를 알기 때문이며, 똑똑해도 너무 똑똑하기 때문이다.

그러니까 하는 말이*라고 한*다.

"여자의 적Enemy은 여자야."

없던 시험에 든 결과

남성의 처지에서 '여자의 적은 여자다'라는 말을 믿기란 쉽지 않았다.

그런데 책도 있었다. 페미니스트 지도자 필리스 체슬러Phyllis Chesler는《여자의 적은 여자다Woman's Inhumanity to Woman》(2009)에서 이렇게 말했다.

"남자들에 비해 상대적으로 무력한 소녀나 여자들의 모임에 나타나는 특징이 바로 '간접 공격'이다. … 인터뷰에 응한 성인 중 일부는 초중등학교나 고등학교 때 소문에 시달리거나 다른 소녀들에게 따돌림을 당한 경험을 떠올릴 때 감정을 이기지 못해 엉엉 울기도 했다."

위 제목은 많이 순화한 것이다. '인휴머니티inhumanity'는 문자 그대로 인간 이하의 잔인한 행위를 뜻하는 단어다. 그녀는 이렇게 부연했다.

"여자들의 공격과 적의敵意, 폭력과 잔인성의 주요 표적은 다른 여자들이다. … 한 여자가 다른 여자를 부러워하고 시기하거나, 필요한 자원을 얻기 위해 경쟁을 벌이다 그 여자의 삶을 지옥으로 만들어버릴 수도 있다."

물론 필자는 모르는 일이다. 말할 자격도 없~~지만, 〈부록〉에서 부연하겠~~다. 그러니 주변 여자 사람들의 말을 전할 뿐이다.

촉觸이 좋은 게 항상 좋은 건 아니다. 촉이 간혹 이상한 곳에 닿는 까닭이다. 시험이 없다면, 없던 시험을 만들어서라도 시험에 든다.

없던 시험에 든 결과는?? 그렇다, 등짝 스매쉬smash!!

등짝을 맞으며 이런 말을 듣는다. "지 팔자를 지가 꼬고 있어!"

지 팔자를 지가 꼰 걸 지가 왜 모르겠는가. 그러니 이런 말이 절로 나온다.

"내 발등을 내가 찍었지!" ('내 눈을 내가 찔렀지!')

정확히 같은 맥락이다. 다시 예를 든다.

강습을 수강하며 편한 자리~~우리 자리~~가 있을 수 있다. 하지만 그렇다고 신입 회원이 될 모른다며 왕따를 시킬 필요는 없다. ~~사실이 아닐 수 있다.~~ 누군가의 발 냄새가 코를 찌를 수 있다. 하지만 그렇다고 운동하다 코가 썩겠다고, 무좀균을 옮기는 존재라고 큰 소리로 말할 필요는 없다. *쟤는 좀 괴롭겠다.* 노력하는 회원에게 강사가 더 관심을 보이는 건 당연하다. 하지만 그렇다고 회식 때 그 회원만 쏙 빼놓을 필요는 없다. *사소한 '실수'였을 것이다.* 누군가 간식을 얻어먹기만 했을 수 있다. 하지만 그렇다고 사람들 앞에서, '넌 진짜 다이어트를 열심히 해야겠다'고 큰 소리로 말할 필요는 없다. *상처를 줄 의도는 없었을 것이다.*

강사가 싫은 소리를 할 때도 있다. 그게 다 회원을 위해 하는 말이다. *그게 바로 미움받을 용기다.* 하지만 그렇다고 강사 사생활이 형편없다며, 익명으로 민원을 제기할 필요는 없다. *그러나 은혜받을 자격을 먼저 확인해야 한다.*

어느 여성 회원이 '우연히' 젊은 신입 남자 회원 앞을 지나며 '무심코' 머리를 쓸어 올렸을 수 있다. *마침 머리가 흘러내렸던 것뿐이다.* 하지만 그렇다고 그녀가 남자만 보면 환장을 하는 *끼부리는* 여자라고 소문낼 필요는 없다. *일이 그렇게까지 커질 줄은 몰랐을 것이다.*

유행에 뒤진 운동복에 신경 쓰일 수 있다. 괜찮다. 그런 건 본질이 아니다. 하지만 그 앞에서 남편이 사준 어떤 가치[Brand]를 자랑하는 건 좀 아닌 것 같다.

하지만 그래도 괜찮다. 하지만 촉이 너무 좋은 나쁜 남자에게 마음을 홀랑 빼앗겨 정신 못 차리는 사람[주37] 앞에서 그러는 건 정말 아닌 것 같다. *왜 더 비싼 가치를 갖다 바치는 건가?*

지금 장난하는 건가? 비교할 걸 비교해라! 촉이 없어도 너무 없는 바보가 더 나쁘다! 나쁜 남자는 비교적 소수가 아닌가? 미묘하기에 쉽게 드러나지 않을 뿐, 착한 바보가 훨씬 더 많다! 누가 통계라도 좀 내줘요‼

"기분이 상했으니 조금 돌려서 말했을 뿐이에요. 사랑한다면 그 정도는 참아줘야죠. 물론 표현 자체는 '헤어지자'라는 말로 했죠. 하지만 그렇다고 진짜로 헤어져 버리는 인간은 뭔가요? 바본가요? 지능이 낮은 건가요? 예? 본인이 한 말은 본인이 책임져야 한다고요? 내 팔자를 내가 꼰 거라고요? 집에 가서 등짝을 맞아야 한다고요? 지금 말씀이 좀 지나치신 것 같네요!!"

지금 필자가 쓰고도 무슨 말인지 모르겠지만, 아무튼 그런 미묘하고 복잡한, 본인들도 이해하지 못할 생각과 감정*짜릿한 등짝*을 단어 하나가 포용한다.

개인 사정.

하지만 그래도 여성 회원은 뒤집힌 속을 일단은 많이 누른다. 어차피 다시 안 볼 사이다. 절이 싫으니 중이 떠나면 되는 거 아닌가. 지금 그런 속으로 하는 강습 취소 신청이며, 수강료 환불 신청이다.

하지만 문제는 아직 시작에 불과하다. 이번에는 안내데스크 직원들이 사람을 귀찮게 하기 시작한다. 왜 자꾸 '잠시만 기다리시'라는 건가? 왜 뭘 자꾸 쓰라는 건가? 왜 없는 걸 자꾸 내라는 건가? 왜 자꾸 귀에 들리지도 않는 말을 하는 건가? 안 그래도 뒤집힌 속이 더 뒤집힌다! 위험해!!!

이미 늦었다. 폭발한다. 안내데스크 직원들은 벌써 뒷목을 붙들고 드러누워 있다. (안내데스크 모니터도 드러누워 있다.)

같은 상황을 이번에는 안내데스크 직원의 처지에서 보자.

기대치가 높아진 고객

안내데스크 직원들도 고객 속이 뒤집혔다는 걸 모를 리 없다. (촉이 안 좋을 리 없다.) 나 보기가 역겨워 가신다는데 왜 말없이 고이 보내 드리고 싶지 않겠는가. 영변에 약산 진달래꽃이라도 아름 따다 가실 길에 뿌려드리고 싶다.

하지만 정해진 규정과 절차가 있다. 신청서와 증빙 서류도 받아야 하고, 계좌도 확인해야 한다. 들리지도 않을 말을 해야 하는 사람 속은 오죽하겠는가.

하지만, 없는 걸 내야 하는 사람 속이 더 오죽하다! 물론 그렇다고 안내데스크 직원들의 말에 트집을 잡을 수는 없다. 규정과 절차가 있다는 걸 왜 모르겠는가.

결국, 그 순간 고객에게 남은 선택은 오직 하나, 그렇다, 감정대응이다.

"안내데스크 직원이 불친절하다!" ("센터장 나오라고 해!")

그렇게 안내데스크 직원들을 사뿐히 즈려밟고 가셨던 게다.[주39]

문제의 본질을 직면하는 순간이다.

"고객을 만족하게 해야 한다. 하지만, 고객은 절대 만족하지 않는다."

하지만 그렇다고 고객 만족을 포기할 수조차 없다. 그것이 내부고객 자신이 존재하는 이유이며, 그런 고객조차 만족하게 하는 것이 진정한 고객 만족이다.

도대체 과연 무엇을 어떻게 해야 할까?

고객의 기대치를 낮추어야 한다.

그 기대치를 낮출 수만 있다면, 그리고 그보다만 높은 가치를 제공한다면, 세상 그 누구를 만족하게 하지 못하겠는가. 그렇다면 먼저 그들을 다시 정의해 보자.

외국에서는 그들을 나쁜 손님bad customer이나 끔찍한 손님horrible customer이라고 부르며, 우리는 흔히 그들을 진상進上이나 벌레 충蟲 자를 붙여 부른다. (블랙 컨슈머black consumer는 흑인 손님Afro-American customer이다.) 하지만 필자는 그들을 이렇게 부르려 한다.

은혜받을 자격을 갖추지 못한 고객이다.

그렇다면? 그렇다, 고객 접점 자신의 권위를 인정받아야 한다!

마찬가지다, 고객에게 그 선한 영향력, 즉 은혜를 베푸는 건 두 번째 문제다. 그보다 먼저 고객 접점 자신의 권위를 주장하고 인정받아야 한다. 그 과정으로 외부고객도 그 자격을 갖출 수 있기 때문이며, 그래야 그 은혜도 은혜일 수 있기 때문이다. 고객 접점의 권위가 외부고객보다 높다면, 그리고 그 선한 영향력이 은혜라면, 어찌 다른 결론이 있을 수 있겠는가.

고객의 기대치를 낮추어야 한다는 말에서 이미 많은 독자가 감을 잡았을 것이다. (촉이 안 좋을 리 없다.) 이를 낮출 방법도 이미 많고, 그 권위를 인정받는 사람도 이미 많다. 싸고 좋은 차가 없다는 말을 왜 그리 많이 하겠는가.

필자의 사례는 아무것도 아니겠지만, 그래도 예를 들겠다. (지금 필자는 독자의 기대치를 낮추었다.) 안내데스크 직원들에게 권한을 위임할 때 했던 말이 하나 있다.

원래 안 되는 거 아시죠?

이는 고객의 요구를 부정하는 말이 아니다, 긍정하는 말이다. 말이 채 끝나기도 전에 그 마음 문이 활짝 열릴 것이다. 의문문 형식에도 의미가 있다. 상대방에게 존중받는다는 느낌을 전달한다.

하지만 그보다도 중요한 건 그 자세와 태도, 즉 비언어적 메시지다.

지금 활짝 웃으며 하는 말이다. "원래 안 되는 거 아시죠? ^_^"

주눅이라도 잔뜩 든 비굴한 자세는 겸손이 아니다. M. 스캇 펙은 이렇게 말했다.

"심리치료를 효과적이고도 효율적으로 만드는 본질적인 요소는 무조건 '긍정적인 말을 해주는 것'이 아니다. … 인간적인 관심과 노력이다."

그런 자세나 태도가 오히려 그들을 불러들인다. (그들은 먹잇감을 귀신같이 알아본다.)

하지만 그보다도 중요한 건 책임, 즉 희생의 순서다.

"원래 안 되는 거 아시죠?"

이 말은 아무나 할 수 있는 말이 아니다. 상대방을 진정으로 존중하는 사람만이 할 수 있다. 안 되는 것이 사실이라면, 누군가는 분명 그 책임을 감당해야 하기 때문이다.[주17] (감당하지 못하는 순간, 죽는다.)

그렇다면 과연 누가 그 책임을 감당해야 할까?

모른다. 개인의 선택을 존중한다.

하지만 나는 그 책임을 내가 감당하기로 했다. 내 권위가 그들보다 높다는 걸 깨달았기 때문이며, 그 이상의 은혜가 오히려 다시 돌아오는 걸 매번 경험하기 때문이다. 그렇게 나는 '매일 하는 말을 매일 하는 사람'이 되었다.

"고생 많으시죠?" ('신경 쓰이셨겠어요.')

필자 앞에서 마음 문을 연 사람은 한두 사람이 아니다. *집에 있는 무서운 여자는 제외한다.* 대화가 통하는 사람이나 마음을 알아주는 사람이 그만큼 드물다는 방증이며, 우리에겐 또 다른 기회가 아닐 수 없다.

고객과 대면하는 현장에서 발생하는 문제의 근본적인 원인을 필자는, 외부고객에게 지각없이 베푼 은혜, 즉 은혜받을 자격을 검증하지 않고 베푼 은혜라고 생각한다. 이 시대에 은혜받을 자격을 갖추지 못한 고객이 많아진 이유를 설명할 수 있을 것이다.

자영업 당시 필자는 모든 고객을 만족하게 하려 했다. 지금 돌아보면 이는, 미친 생각이었다. 절대자도 하지 않을 기대를 감히 내가 했다.

우리가 집중해야 할 고객이 따로 있을까?

감사할 고객이다.

고객이 마케팅하게 하는 패턴

상급자와 하급자를 분별했던 기준이 책임과 성장이었다면, 외부고객을 분별할 기준은 '감사'다. 그렇다면 고객은 각각, '감사하는 고객'과 '감사할 고객', '감사하는 척하는 고객'과 '절대 감사하지 않는 고객'이다. (이전 장에서 성장 대신 '감사'를 넣어 다시 봐도 좋다. 정확할 것이다. *다시 쓰기 정말 귀찮았다.*)

그렇다면 우리가 가장 주목해야 할 고객은 다른 사람일 수 없다.

감사할 고객이다.

이들 안에 그 씨앗, 즉 우리에게 또 다른 고객을 제비처럼 물어다 주는, 우리를 마케팅해 주는 고객의 씨앗이 숨어 있기 때문이다. 이들이 바로 98의 매출을 책임지는 2의 고객이다.

이들을 분별하기도 쉽다. 질문 하나가 전부다.

"원래 안 되는 거 아시죠?"

고객에게도 이 말은 고난[주-22]이다. 자기가 감당할 수 없었던 책임이 있었다는 사실을 깨닫게 하며, 그 책임을 상대방이 대신해 주고 있었다는 사실을 깨닫게 한다.

선택은 사람에 따라 다르다. 사람이 미소를 지으며 긍정한다면 '감사하는 고객'이다. 알아서 원하는 것을 얻어갈 것이며, 알아서 다른 고객을 '감사하는 고객'으로 만들어줄 것이다. '감사하는 고객'이 부당한 걸 요구할 리도 없다.

갑자기 사람 눈동자가 흔들리더니 입이 떡 벌어진다면 '감사할 고객'이다. 뭘 해주던 경악할 것이며, 우리가 뭘 요구하든 적극적으로 협조할 것이다.

답을 회피하거나 보챈다면 '감사하는 척하는 고객'이다. 원하는 것을 원하는 만큼만 해주고, 웃으면서 보내면 된다. (이들과는 절대 싸우지 말자. 후폭풍이 돌아온다.)

격렬한 거부 반응이 돌아온다면, '절대 감사하지 않는 고객'이다.

"그런 거 몰라!" ("그냥 해줘!!")

아니다. 다 알면서 하는 말이다. 반드시 거절해야 한다.

이건 진심으로 하는 말이다. 이는 고객 스스로 자신에게 은혜받을 자격이 없다는 걸 증명한 셈이다. 우리의 소중한 희생이 오히려 땅에 떨어져 밟힐 수 있으며, 자칫 그보다 훨씬 더 큰 피해가 우리에게 돌아올 수 있다. 그러니 웃으면서 거절하자. (우리가 그들에게 웃어주는 한, 즉 우리가 그들에게 존중받는 느낌을 주는 한, 후폭풍을 두려워할 필요는 전혀 없다. *아니라면, 후폭풍이 핵폭탄급으로 돌아온다!*)

'감사하는 고객'이나 '감사할 고객'을 분별할, 더 정확한 기준이 따로 있다.

우리에게 귀찮거나 무리한 일, 즉 '돈 안 되는 일'을 요구하는 고객이다.

이 역시 시험이며 고난이다. 우리에게 '돈 벌 자격', 즉 '은혜받을 자격'이 있는지 검증하려는 것이다. (귀찮고 돈이 안 될 일일 뿐, 딱히 손해 볼 일은 아니다.)

그리고 그 순간 우리의 우선 가치가 드러날 것이다.

돈 또는 **사람**이다. (그대가 고객이라면 누구를 선택하겠는가?)

마지막으로 고객을 만족하게 하는 역할을 '농부'에 비유해 보자. 우리가 제공하는 제품이나 서비스가 '씨앗'이며, 고객이 '밭'이라면, 그 밭도 둘 중 하나다. 하나는 좋은 밭, 즉 '은혜받을 자격을 갖춘 밭'이며, 다른 하나는 좋지 않은 밭, 즉 '그 자격을 갖추지 못한 밭'이다. (그 밭을 넷으로 구분한 양반도 있는데, 여기서까지 그럴 필요는 없을 것 같다.)

여기서 '고객이 마케팅하게 할 패턴'을 예상할 수 있다.

"좋은 밭에 좋은 씨앗을 뿌리는 것, 그것이 전부다."

그 씨앗이 정말로 좋은 씨앗이라면, 스스로 발아하고 곧 배가할 것이다. 하지만 이는 기본에 불과하다. 그 씨앗을 뿌리기 전에 먼저 그 밭이 정말로 좋은 밭인지 분별해야 한다.

하지만, 그보다도 중요한 것이 또 있다. 농부다.

"진짜 농부는 좋지 않은 밭을 좋은 밭으로 개간한다."[주40]

다음 장에서 그런 농부를 만날 것이다.

'사람을 움직이는 힘'부터 공개하겠다.

더 솔직하게 고백하건대 필자는 **연못남**연애를 못 하는 남자^(주38)이었다.

'착해서 매력 없다'는 말, '친구로 지내자'는 말, '생긴 건 멀쩡한데 입만 열면 바보'라는 말을 평생 들었다. ~~무서운 여자가 필자를 구원한 셈이다.~~ 그래서 연애를 글로 배울 수밖에 없었고, 덕분에 내가 틀렸다는 사실을 깨닫고 인정할 수 있었다.

그리고 그 순간부터 주변 여자 사람들의 반응이 완전히 달라졌다.

"내가 왜 널 알아보지 못했을까?"("내가 왜 오빠를 못 알아봤을까?")

"오빠 목소리 정말 좋다!" ("오빠 뒷모습 멋있다!")

"오빠가 원래 이렇게 깔끔했었나?" *언젠 더러웠나?*

"그렇게 활짝 웃는 거, 전략이에요?"

이제는 그 의미를 알아들을 수 있을 것 같다. 그렇다면 된 거 아닌가.

Part 6

경영,
또 다른 나를 만드는 일

| 권위란 무엇인가?

바로 이 질문에서 모든 것이 시작되었다.

'그대의 진짜 고객은 누구인가?'

그리고 그 순간, 이상한 일이 일어났다. 예의^{禮儀} 없는 하급자였던 필자가, '죽이고 싶은 상급자'가 된 것이다. 그 순간을 필자는, '사람을 움직이는 힘이 무언지 깨닫는 순간이었다고 표현했다.

그 힘의 정체를 말하기 위해 먼저 나누어야 할 개념이 하나 있다.

이 책을 관통하는 키워드, **권위**^{Authority}다.

윌리엄 더건은 《제7의 감각, 전략적 직관》(2007)에서 이렇게 말했다.

"이론을 제시한 후 실험으로 검증하는 것이 일반적인 과학적 방법론이다. 하지만 과학혁명은 그 반대다. 성과가 먼저다. 이론은 그다음이다."

이제는 이론이다. 퍼즐을 맞추어보자.

권위란 무엇인가?

특정 인물이나 사상, 종교의 권위를 말하거나, 권위주의를 말하는 책은 많지만, 권위나 권력의 본질을 말하는 책은 거의 없다. 왜 그럴까?

'권위-또는 권력-에 대한 거부감' 탓이다.

우리가 돈이나 섹스라는 주제를 터부시하는 것과 같다. 권위나 권력에 대한 거부감이 없는 사람은 거의 없다. 심지어 권위자들조차 그렇다.

롤로 메이^{Rollo May}는 《권력과 거짓순수》(1972)에서 이렇게 말했다.

"권력 문제에 대해 심리학의 도움을 바라는 사람들은 실망할 수밖에 없다. 심리학자들은 권력이란 주제를 일반적으로 피해왔다. … 대학교수인 심리학자들조차 권력이라는 걸 회피해왔다."

미주^{주40}에서 인용했다. 그도 그 거부감을 느꼈던 것 같다.

첫 번째 문제는 권위나 권력의 개념이 명확하지 않다는 사실이다.^(주41)

그렇다면 먼저 양자를 다시 정의해 보자. 먼저 권위다.

필자는 권위를, 정체성^{正體性, Identity}이라고 정의하겠다.

'정체성', 이것이 첫 번째 퍼즐이다. (권위가 정체성이라는 건 직관^{Intuition}, 즉 '선험적^{先驗的} 지식'이다. 과학이나 논리로 증명하긴 어렵겠지만, 그래도 차근히 논증해 보겠다.)

권력이란 무엇인가?

롤로 메이는 같은 책에서 이렇게 말했다.

"권력이란 모든 사람에게 주어진 생득권^{生得權}이다. 권력은 자존감의 근원이자, 대인관계에서 중요한 사람이라는 확신의 근원이다."

여기서 권력 대신 '정체성'이라는 표현을 대입해 보자. '정체성은 모든 사람에게 주어진 생득권이다. 정체성은 자존감의 근원이자, 대인관계에서 중요한 사람이라는 확신의 근원이다.'

판사가 입는 법복, 군인이 입는 군복, 축구 선수가 신는 축구화 등 그 모든 것이 바로 권위, 즉 정체성의 상징이다. 그렇다면 권력이란 무엇일까?

존재, 즉 '권위의 영향력'이다. (유신론적 실존 철학자 폴 틸리히^{Paul J. Tillich}는 권력을 '존재의 영향력'이라고 말했다.)

사람은 누구나 자기 정체성대로 말하고, 행동한다. 의사나 간호사라는 정체성이 내 환자를 지옥에서 끄집어 올리게 한다. 소방관이라는 정체성이 화마^{火魔}의 중심에 몸을 던지게 한다. 군인이라는 정체성도 그렇다. 내 나라, 내 민족, 내 부모 형제를 지키기 위해 폭탄이 터지는 지옥으로 진군하게 한다.

그것이 바로 정체성, 즉 존재의 영향력이며, 그것이 바로 권력이다.

하지만 존재의 모든 영향력이 권력인 건 아니다. 존재의 선^善한 영향력만이 권력이며, 그것이 바로 은혜다.

본문에서 은혜를 '권위자의 선한 영향력'이라고 말했지만, 권위자를 특정할 필요는 사실 없었다. 누구에게든 그 권위만큼 발휘할 수 있는 선한 영향력이 있기 때문이다.

그 선한 영향력을 이번에는 사랑Agape이라고 표현하겠다.

안토니 보린체스는 《사랑에 빠지게 만드는 기술》에서 이렇게 말했다.

"사랑에 빠지게 하는 능력의 결정적인 요소는 자존감self-esteem이다. … 단어 구성을 보면 '자기가 자신self을 사랑하는 것esteem'이라고 유추할 수 있다."

그리고 자존^{自尊}감은 '자신^{自身}을 존중^{尊重}하는 것'이며, 이는 결국, '자신을 사랑하는 것'이다. '권위 인정', 즉 존중이 사랑이다.

권력은 사랑이다

존 그레이는 《화성에서 온 남자, 금성에서 온 여자》(1992)에서 이렇게 말했다.

"우리는 왜 논쟁을 벌이는가? 그 이유는 오직 하나, 상대방으로부터 사랑받지 못하고 있다는 느낌 때문이다. 감정적인 고통은 사랑받지 못하는 데서 온다. 마음이 괴로우면 누군가를 사랑할 수 없다."

이 말에도 사랑 대신 '권위 인정', 즉 '존중'이라는 표현을 대입해 보자.

"우리는 왜 상대방을 사납게 구석으로 몰아붙이는가? 그 이유는 오직 하나, 상대방에게 존중받지 못한다고 느끼기 때문이다. 정서적인 불안은 존중받지 못하는 데서 온다. 자신을 존중하지 않는 사람은 다른 사람도 존중할 수 없다."

여기서 말하는 사랑이 육체적인 사랑을 말하는 에로스^{Eros}나, 친구 간의 우정을 말하는 필리아^{Philia}가 아니라는 걸 알 것이다. 이는 상대방을 위해 자신의 모든 것을 조건 없이 희생하는 사랑, 즉 부모의 사랑이며 절대자의 사랑, **아가페**^{Agape}다.^(주42)

권력이라는 개념과 뗄 수 없는 철학자가 있다. 니체다.

"삶은 **권력에의 의지**^{The Will to Power}다."

(니체는 삶, 즉 생명을 움직이게 하는 원인을 '권력' 즉 '존재를 초월하려는 갈망'이라고 말했다. 이를 여기서는 '생명의 목적'이라고 표현하겠다.) '권위 인정'이라는 표현을 대입해 보자.

"생명의 목적은 '권위를 인정받으려 하는 의지'다."

권력이 사랑이라면, 이 말을 이렇게 다시 바꿀 수 있다.

"사랑받으려는 의지^{The Will to Love}, **그것이 바로 생명의 목적이다."**

타인을 존중하지 않는 작고 사소한 말이나 행동에서 격렬한 분노나 증오, 폭력이나 살인이 유발되는 이유를 설명할 수 있다. 그런 말이나 행동을 우리 무의식은 존재의 부정, 즉 일종의 살인 행위로 받아들이기 때문이다. 하지만 중요한 건 그 반대다.

다른 사람의 작고 사소한 배려에서 이루 말할 수 없는 기쁨과 행복을 느낀다. 자기가 존중받는다고 느끼기 때문이며, 그것이 바로 사랑이기 때문이다.

권력이 사랑이라는 걸 깨닫는 순간, 예전의 내가 권위를 인정하기는커녕 오히려 격렬하게 부정하려 했던 이유를 깨달았다.

나 자신을 사랑하지 않았기 때문이었다.

자신을 먼저 사랑해야 한다

폴 콜린Paul Coughlin은 《착하게 살라고 성경은 말하지 않았다No More Christian Nice Guy》 (2009)에서 이렇게 고백했다.

"내 생각이나 감정, 욕구, 필요는 중요하지 않다고 생각했다. … 그래서 하나님의 사랑도 깨닫지도, 다른 사람들을 사랑하지도 못했다. … '나는 무가치하다'는 메시지 탓에 내 인생을 낭비했고, 열정, 에너지, 자질을 빼앗겼으며 내면의 모든 것들을 갈취당했다. 내 안에는 분노와 염려만 가득했다."

나에게 이는 또 다른 내 이야기였다. 내가 왜 강사들에게 청첩장조차 돌리지 않았겠는가? 그렇다, 나 자신을 사랑하지 않았기 때문이다. 내가 왜 다른 사람의 칭찬이나 인정을 부정했겠는가? 나 자신을 사랑하지 않았기 때문이다. 내가 왜 다른 사람의 호의를 거절했겠는가? 나 자신을 사랑하지 않았기 때문이다.

나는 하찮은 존재라고, 나에게는 사랑받을 자격이 없다고, 나 자신을 끊임없이 비하하며 정죄했던 까닭이다. (이는 부모님 탓이다![주43] 하지만 난 성인이다. 그렇다면 결국, 내 탓이다!) 하지만 예수 그리스도는 이렇게 말했다.

네 이웃을 네 자신 같이 사랑하라 마태복음 22:39

나는 내 주변 모두에게 인정받을 정도로 '내 이웃을 사랑하는 사람'이었다. 하지만 나 자신을 사랑해야 한다는 건 완전히 간과하고 있었다. 내 인생에서 가장 후회하는 것이 바로 그것이다. 자신을 존중하지 않는 사람을 누가 존중해주겠으며, 자신을 사랑하지 않는 사람을 누가 사랑해 주겠는가.[주42]

누구든 타인을 존중해야 한다. 당연하다. 하지만 그보다 먼저 자신을, 진정으로 사랑해야 한다. 에리히 프롬Erich Fromm의 말처럼 '자신을 이해하는 만큼 타인을 이해할 수 있기 때문이며, 자신을 사랑하는 만큼 타인을 사랑할 수 있기 때문이다.'

이기적이기만 한 사랑은 진정한 사랑이 아니다. 하지만 이타적이기만 한 사랑도 진정한 사랑이 아니다. 자신을 사랑하기에 그만큼 타인을 사랑할 수 있는 역설적인 사랑, 그 '건강한 이기주의'(주42)가 진정한 사랑이며, 그것이 바로 권력이다.

공익근무요원의 사례에서 권위의 역설, 즉 상대방의 권위를 세워줄 때 오히려 필자의 권위가 더 높아졌다는 사실을 나누었다.

하지만 더 흥미로운 일이 따로 있었다. 치유다.

심리 치료적인 관계

자존감을 기준으로 공익근무요원들도 두 부류로 나눌 수 있다.

한 부류는 자존감이 낮은 부류, 즉 자신을 사랑하지 않는 부류이며, 다른 부류는 자존감이 너무 높은 부류, 즉 자신만 사랑하는 부류다. (전자가 이타적이기만 하다면, 후자는 이기적이기만 하다.)

그런데 필자가 그들을 조건 없이 존중해주고, 다시 그만큼 존중받았을 때 재미있는 일이 일어났다. 전자는 그 자존감이 적절하게 높아졌고, 후자는 적절하게 낮아졌다. 무슨 일이 일어난 걸까?

상대방을 존중하는 것이 사랑이라는 말로 이를 설명하겠다. 존 볼비John Bowlby의 〈애착 이론attachment theory〉과 함께 보자.

〈애착 이론〉은 자신에 대한 사랑과 타인에 대한 사랑을 기준으로 그 유형을 넷으로 분류한다. 각각, 자신과 타인을 모두 사랑하는 '안정형Secure'과 타인만 사랑하는 '불안형Anxious', 자신만 사랑하는 '회피형avoidant'과 자신과 타인 모두를 사랑하지 않는 '두려움형fearful'이다.

자존감이 너무 낮은 부류가 불안형이라면, 자존감이 너무 높은 부류는 회피형이다. (안정형이 '성장하는 사람'이라면 불안형은 '성장할 사람', 회피형은 '성장하는 척하는 사람'이며, 두려움형은 '절대 성장하지 않는 사람'이다.)

불안형의 문제는 자신을 사랑하지 않는 것이다. 권위자가 그들을 아무리 존중해주어도 소용없다. 정작 본인이 이를 인정하지 않기 때문이다. 하지만 그 권위를 인정하게 되는 순간, 그들도 자기가 존중받을 만하다는 사실을 비로소 인정하게 된다.

회피형의 문제는 자신만 사랑하는 것이다. 하지만 그들이 자신과 이해관계가 분명한 권위자를 존중하게 되는 순간 놀라운 일이 일어난다. 제삼자, 즉 자신과 이해관계가 분명하지 않은 사람조차 존중하게 된다. 그들이 자신을 사랑했던 만큼 타인을 사랑하게 되었기 때문이라고 해석한다.

두려움형, 즉 자신이나 타인 모두를 사랑하지 않는 사람은 쉽지 않았다. 하지만 그런 그들도 자신을 사랑하게 되고, 다시 그만큼 타인을 사랑하게 될 때를 필자는 여러 차례 목격했다. 핵심은 오직 하나, 권위자로서 필자가 먼저 그들을 존중해주고, 다시 그만큼 존중받았던 것이다.

M. 스캇 팩은 《아직도 가야 할 길》에서 이렇게 말했다.

"어떤 관계든 서로 사랑하는 관계는 심리치료적이다. … 정신적인 병은 대부분 부모에게서 받아야 했을 사랑의 결핍이나 결함 때문에 생긴다. … 상대방을 진정으로 사랑한다면 누구나 상대방의 심리를 치료할 수 있다. … 그러므로 가족과

친구의 심리를 치료해야 한다는 말은 모든 사람에게 적용된다."[주40]

물론 이는 전문가에게도 쉽지 않은 일이다. 혹자는 이렇게까지 말했다.

"성격장애를 1년 안에 완벽하게 치료할 수 있다면, 그건 신[God]이다."

하지만 그 원인이 성격이 아니라 자세나 태도라면 어떨까? 권위주의가 성격이 아니라 자세와 태도인 것과 마찬가지다.[주4]

중독의 문제도 마찬가지다. 그들이 중독에서 헤어 나오지 못하는 이유도 자신을 사랑하지 않기 때문이라면, 누구나 쉽게 성격장애를 치유할 수 있다는 말도 분명 성립할 것이다. (감히 주장했다. 현직 정신과 의사나 상담치료사, 간호사, 보호자 여러분께 진심으로 사과드린다. 감히 자격 없는 말을 남겼다.)

권위와 권력의 본질을 이해했으리라 믿는다. 권위는 존재, 즉 정체성이며, 권력은 그 권위, 즉 그 존재의 선한 영향력, 은혜이며 사랑이다.

하지만 필자가 말하려는 건 한 사람의 사회적인 역할이나 기능, 즉 '직업으로서의 정체성[identity as a job]'이 아니다.

관계로서의 정체성[identity as a relationship]이다.

'관계', 이것이 두 번째 퍼즐이다.

| 나는 누구인가?

글을 시작하며 나폴레온 힐의 말을 인용했다.

"이 시대의 가장 심각하고도 시급한 문제는 바로 경영자와 노동자 사이의 갈등, 즉 노사문제다."

틀렸다고 ~~생각한다~~. 세상에서 가장 심각하고도 시급한 문제, 세상에서 가장 보편적인 문제는 따로 있다. 정체성 문제[주44]다.

'나는 누구인가?'

이전 장에서 필자는 권위를 정체성이라 주장하며 소방관이나 의사, 간호사, 군인 등 직업[job]을 예로 들었다. 하지만 직업으로서의 정체성은 그 한계가 분명하다. 단순한 생계 수단, 즉 밥벌이로서의 일과 소명[vocation], 즉 인생의 사명으로서의 일은 다르다.

우리에게 기쁨과 보람, 의미와 행복을 주는 건 소명, 즉 인생의 사명으로서의 일이며, 이는 진정한 자신, 즉 자기 정체성을 정립한 이후에야 가능한 일이다. 우리가 삶의 의미를 찾아 방황하는 이유이며, 정체성에 관한 고민을 멈출 수 없는 이유다.

그렇다면 과연 어디에서 이를 찾아야 할까?

관계[Relationship][주44]다.

관계로서의 정체성

오쇼^{Osho Rajneesh}는 《이해의 서》(2006)에서는 이렇게 말했다.

"정체성은 타자와의 관계 속에만 존재한다. … 정체성은 사회적인 것이다. 그것은 사회가 부여한 것이다. 히말라야 동굴에 홀로 앉아 있는 사람은 정체성이 필요하지 않다."[주-45]

여기에 정체성 대신 '권위'라는 단어를 대입해 보자. '권위는 타자와의 관계 속에서만 존재한다. 권위는 사회적인 것이다. 권위는 사회가 부여한 것이다.'

권위의 정의가 좀 더 예리해진다. 그렇다면 권위는, '관계, 즉 조직이나 공동체 안에서 상호작용하는 타인과의 관계 속에서 발견하는 자기 정체성'이다.

그렇다, 우리 정체성을 정립해주는 주체는 우리 자신(나)이 아니다. 타인(너), 그중에서도 같은 조직, 즉 관계 안에서 상호작용하는 다른 구성원이다.

가장 대표적인 예가 바로 가정이다. 자녀가 있기에 부모가 부모일 수 있으며, 부모가 있기에 자녀도 자녀일 수 있다. 마찬가지다. 제자가 있기에 스승도 스승일 수 있으며, 스승이 있기에 제자도 제자일 수 있다. 선배와 후배도 그와 같으며, 상급자와 하급자도 그와 같다.

시인 김춘수^{金春洙}는 〈꽃〉으로 이렇게 노래했다.

내가 그의 이름을 불러 주기 전에는

그는 다만

하나의 몸짓에 지나지 않았다.

내가 그의 이름을 불러 주었을 때

그는 나에게로 와서

꽃이 되었다.

하지만 그렇다고 우리가 항상 서로로 자기 정체성을 정립하는 건 아니다. 우리가 정체성을 인식할 때는 따로 있다. '상대방의 권위를 인정할 때'다.

역설이 하나 성립하는 순간이다.

상대방의 권위를 인정할 때 자기 정체성을 정립하게 된다.

그 구조가 같다면 이는 어디든 마찬가지다. 가정보다 조금 더 큰 조직을 예로 든다. 국가國家다.

공화제 국가의 구성원은 국민國民과 대통령이다.

권위를 없앤 대통령?

어느 대통령의 별명이다. 하지만, '권위를 없앴다'는 표현이 맞는 말일까?

아니다. '권위주의'의 폐해는 줄일 수 있지만, 권위는 인위적으로 없앨 수 없다. 권위는 존재being나 실존presence 그 자체다. 그뿐만이 아니다.

대한민국에서 권위가 가장 높은 사람은 대통령이 아니다. 국민이다.

근거는 〈헌법〉 제1조 2항이다.

대한민국大韓民國의 주권主權은 국민國民에게 있고 모든 권력勸力은 국민으로부터 나온다

그렇다면 그 평가는 이렇게 바꾸어야 한다.

"대한민국 16대 대통령, 고故 노무현盧武鉉 전前 대통령은 권위주의를 없애려 한 대통령이다. 그는 대한민국의 모든 권위의 위계位階, 즉 그 순서를 바르게 인식하고 존중했다."

국민을 존중했던 지도자와 그렇지 않았던 지도자를 우리는 경험한 바 있다. 전

자를 그리워하는 사람이 많은 건 당연한 결과다.

　유신론적 실존철학의 관점에서도 이는 마찬가지였다. 상대방의 권위를 인정할 때 자기 정체성을 정립하게 된다는 건, **절대자**^{God}와의 관계에서도 마찬가지였다.⁽⁴⁶⁾

　서문에 '권위가 높아질수록 외로워진다'는 말을 남겼다. 그렇다면 이 세상에서 누가 가장 외로울까? 그렇다, 절대자다.

　물론 이는 유신론적 실존철학 관점이다. 하지만 권위 안에 '창조^{創造}'라는 개념이 담긴 건 절대로 간과할 수 없다. 이전 장에서 인용했던 로버트 그린은 같은 책에서 이렇게 말했다.

　"권위자는 창조자다. … '권위^{authority}'는 라틴어, 〈AUTORE〉에서 유래했다.

　이는 창조자, 즉 무언가 새로운 것을 만들어내는 사람을 의미한다. … 사회의 건강은 창조적인 혁신을 불어넣는 사람들에게 달려있다."

　'창조', 이것이 세 번째 퍼즐이다. 이제 퍼즐을 맞추어보자.

나는 누구인가?

　퍼즐은 각각 '정체성'과 '관계' 그리고 '창조'다.

　로버트 그린의 표현, '창조적인 혁신을 불어넣는 사람'을 필자는 소명, 즉 '인생의 사명'을 이루는 사람이라고 본다. 그런데 권위가 '정체성'이라면 어떨까? 그리고 그 단어가 상징하는 바가 절대자, 즉 '창조자'라면, 그리고 핵심은 그 둘의 '관계'라면? 이 장을 열었던 문제의 해답이 보이지 않을까? 그렇다면 나는 과연 누굴까?

　또 다른 창조자^(주47)다.

파커 J. 파머는 《가르칠 수 있는 용기》에서 이렇게 말했다.

"권위authority는 저자author, 즉 자기 말과 행동, 삶의 저자, 즉 주인이 되는 사람이며, 이를 나는 일종의 창조자creator라고 믿는다. 절대자가 인간을 '또 다른 창조자'로 만들었다고 믿기 때문이다."

필자도 그렇게 믿는다. 우리 각자가 회복해야 할 창조의 원형이 분명 있으며, 우리 각자에게 맡겨진 소명, 즉 인생의 사명이 분명 있는 것이다.

물론 누구나 창조의 원형을 회복하는 건 아니다. 누구나 인생의 사명을 이루는 것도 아니다. 창조의 원형을 회복하는 사람, 인생의 사명을 향해 도전하는 사람은 따로 있다.

절대자의 권위를 인정하는 사람이다.

창조의 영감이 절대자의 은혜라면, 그 은혜, 하늘의 뜻, 그 아름다운 소원을 받을 수 있는 조건도 오직 하나, 그 권위를 인정하는 것이다.

지혜의 왕 솔로몬은 이렇게 말했다.

여호와를 경외하는 것이 지혜의 근본이요 거룩하신 자를 아는 것이 명철이니라

잠언 9:10

하지만, '눈에 보이지도 않는' 절대자의 권위를 인정하라니, 무슨 말일까?

타인의 권위를 인정해야 한다.

눈에 보이는 타인의 권위를 인정하는 것이 곧 눈에 보이지 않는 절대자의 권위를 인정하는 것이기 때문이다.[주48] 하지만, 핵심이 따로 있었다.

그 자격 없는 권위조차 존중해야 한다.

그것이 진정한 권위 인정이었다. 사랑하지 못할 것을 사랑하는 것이 진정한 사랑인 것과 같으며, 용서하지 못할 것을 용서하는 것이 진정한 용서인 것과 같았다.

사환들아 범사에 두려워함으로 주인들에게 순복하되 선하고 관용하는 자들에게만 아니라 또한 까다로운 자들^{the unjust}에게도 그리하라 베드로전서 2:18

그래도 이해하기 어렵다면 이를 '상급자의 상급자', 즉 최종결재권자의 처지에서 생각해 봐도 좋다. 그들이 하급자를 평가할 때, 무엇으로 하겠는가?

지식이나 기술, 업무 능력, 실적 등 기능적인 요소는 기본에 불과하다.

제삼자, 특히 **중간관리자의 권위를 인정하는 자세와 태도**다.

하급자들이 중간관리자를 대하는 자세와 태도가 곧 최종결재권자, 자신을 대하는 자세와 태도이기 때문이다. 최종결재권자가 말단 하급자들의 마음만 알겠는가? 중간관리자들의 마음은 더 잘 안다. 그들이 왜 중간관리자들에게 훨씬 더 엄격하겠는가.

마찬가지다. 절대자의 권위를 인정하는 사람은 자기보다 높은 권위를 존중하는 사람이며, 특히, 그 자격 없는 권위조차 존중하는 사람이다. 그가 바로 창조의 원형, 즉 창조자로서의 삶을 회복하는 사람이며, 그가 바로 하늘의 뜻, 그 아름다운 소원을 이 땅 가운에 실현하는 사람, 또 다른 창조자다.

그렇다면 창조자는 **경천애인**敬天愛人하는 사람이다.

네 마음을 다하고 목숨을 다하고 뜻을 다하여 주 너의 하나님을 사랑하라 하셨으니 이것이 크고 첫째 되는 계명이요, 둘째도 그와 같으니 네 이웃을 네 자신 같이 사랑하라 ⋯ 이 두 계명이 온 율법과 선지자의 강령이니라 마태복음 22:37~40

권위가 정말로 '정체성'이라면, 그리고 '상대방의 권위를 인정할 때 자기 정체성을 정립하게 된다'는 말이 사실이라면, '나는 누구인가'라는 질문은 이제 그 유효성을 상실할 것이다.

하지만, 권위자의 처지에서 이는 시작에 불과하다.
수신修身했다면, 제가齊家해야 하는 까닭이다.

인생이 허무하다면

조선 유학자 율곡栗谷 이이李珥 선생은 이렇게 말했다.

"성현의 학문은 수기치인修己治人이다."

수기자기 몸과 마음을 닦는 것가 수신마음과 행실을 닦아 바르게 수양함이며, 치인다른 사람을 다스리는 것이 제가집안을 바르게 다스려 바로잡음다. 전자가 자기계발의 차원이라면, 후자는 타인계발, 즉 리더십이나 동기부여의 차원이다.

전자를 말하는 사람은 많지만, 후자를 말하는 사람은 많지 않다. 전자를 말하기도 쉽지 않지만, 후자는 훨씬 어렵기 때문이며, 후자를 이룬 사람도 비교적 많지 않기 때문이다.

하지만 이는 사소한 문제가 아니다. 삶의 권태나 허무의 시작이며, 우울증이나 중독, 극단적인 선택의 가장 큰 원인이다. 삶의 목표를 이룬 사람이 극단적인 선택을 할 때가 왜 그리 많겠는가.

지금까지 자신을 위해 살았다면, 괜찮다. 잘 한 것이다. 다만 이제는 타인을 위해서도 살아야 할 때다. 지금까지 자신을 움직이고 성장하게 했다면, 아주 잘 한 것이다. 다만 이제는 타인도 움직이고 성장하게 해야 할 때다. 타인의 권위를 인정해야 한다는 것을 깨달았다면, 정말 잘 한 것이다. 다만 이제는 다른 사람도 그리할 수 있도록 도와야 할 때다. 그런 삶이 가장 의미 있는 삶이며, 가장 기쁘고 보람 있고도 행복한 삶이 아니겠는가.

그대가 선배나 상급자, 즉 권위자라면 이미 수신한 셈이다. 이미 성공한 셈이다. 하지만 이는 시작에 불과하다. 이제는 제가해야 할 때다. 성장을 멈춘 채 권태나 우울을 느낀다면 더 그렇다. 막연하게라도 불안하거나 두렵다면 더 그렇다.

누구나 권위자가 되는 법이다. 언제까지 후배의 자리에 머물 수는 없다. 하기 싫어도 하급자의 책임을 대신해 줘야 하며, 하급자를 움직이게 해야 한다. 부정하고 싶어도 후배나 하급자가 단 한 사람이라도 있다면 이미 상급자이며, 이미 관리자다.

먼저는 수신해야 한다. 하지만 수신했다면 이제는 제가해야 한다. 그래야 치국治國과 평천하平天下를 향하여 비상할 수 있기 때문이며, 그래야 인생의 사명을 향하여 도전할 수 있기 때문이다.

그렇다면 무엇을 어떻게 해야 제가를 온전히 이룰 수 있을까?

수신이 '타인의 권위를 인정하게 되는 것'이라면, 제가는 다른 것일 수 없다.

권위자로서 책임을 감당하는 만큼 그 권위를 인정받는 것이다.

이제 우리가 출발했던 곳으로 돌아가 보자.

'상급자의 처지와 하급자의 처지는 다르다.'

문제는 정체성이다

상급자와 하급자의 처지가 다른 이유를 이번에는 이렇게 설명하겠다.

서로가 인식하는 각자의 정체성이 다르기 때문이다.

상급자들에게 조직의 생존이나 발전은 곧 자신의 그것과도 같다. 상급자들의 정체성이 곧 관계, 즉 조직이기 때문이다. 그들이 무의식적으로라도 '주인 정신'이나 '소속감' 등의 표현을 사용하는 이유다. (프랑스 대통령 샤를 드골은 이렇게 말했다. "내가 곧 프랑스다."[주49])

하지만 하급자의 처지는 다르다. 자신도 조직이라는 사실을 깨닫기 어려울뿐더러, 이를 깨닫게 해주는 상급자도 드물다. 하지만 권위가 정체성이라면 어떨까?

실제로 그렇다면 상급자의 권위를 인정하게 된 하급자들이, 상급자처럼 말하고 행동하게 되는 이유를 쉽게 설명할 수 있다. 누구나 자기 정체성대로 말하고 행동하는 까닭이다.

이전 장에서 권위의 역설, 즉 '상대방의 권위를 인정할 때 자기 정체성을 정립하게 된다'는 명제를 나누었다. 이를 권위를 인정해야 한다는 의미로 받아들인 독자도 많았겠지만, 필자가 말하고 싶은 건 정확히 그 반대였다.

권위자로서 그 권위를 인정받지 못할 때다.

그 즉시 상대방과의 관계가 단절되며 조직의 구조 차제가 붕괴한다.

하지만, 그 순간 권위자에게 훨씬 심각할 문제는 따로 있다.

상대방, 즉 피_被 권위자의 존재가 그 즉시 소멸한다.

자녀에게 그 권위를 인정받지 못할 때 부모는 부모일 수 없다. 하지만 동시에 그 자녀도 자녀일 수 없다. 제자에게 그 권위를 인정받지 못하는 스승도 스승일 수 없지만, 동시에 그 제자도 제자일 수 없다. 선배의 권위를 인정하지 않는 후배도, 상급자의 권위를 인정하지 않는 하급자도 모두 마찬가지다. (남편의 권위를 인정하지 않는 아내는 …… 말하지 않겠다.[주63] 물론 남편의 권위를 '인정만'이라도 하는 것이 가장 좋겠지만, 그럴수록 오히려 남편에게 더 큰 책임을 요구할 수 있겠지만, 이는 각자 주관에 따라 선택할 문제다.)

그렇다면 권위자로서 피_被 권위자, 즉 미래의 권위자를 위해 해야 할 가장 중요한 역할이 무엇이겠는가? 권위가 정말 정체성이라면, 권위자로서 그 권위를 인정받지 못할 때 피 권위자와의 관계가 단절되는 것이 사실이라면, 심지어 서로의 존재가 소멸하는 것이 사실이라면 무엇이 결론이겠는가?

'고객은 상급자다.'

죽이고 싶은 상급자가 되어야 한다.

죽이고 싶은 상급자는 누구인가?

죽이고 싶은 상급자는 고난과 시련, 그 광야를 통과하며 자기가 틀렸다는 사실을 깨달은 사람이며, 그 은혜가 소중하다는 사실을 비로소 깨달은 사람이다. 죽이고 싶은 상급자는 자신을 진정으로 사랑하게 된 사람이며, 이를 타인을 존중하는 말과 행동으로 증명하는 사람이다.

죽이고 싶은 상급자는 상대방의 책임을 대신해 주는 만큼 자기 권위를 '권위 있게 주장하는 사람이며, 그만큼 자기 권위를 인정받는 사람이다. 하급자를 위하는 것이 바로 자신을 위하는 것이라는 역설을 깨달았기에, 그래야 서로가 서로일 수 있기에, 애써 '미움받을 용기'를 실천하는 상급자, 그가 바로 죽이고 싶은 상급자, 앵그리 보스^{Angry Boss}다.

상대방의 책임을 대신해 주는 것이 사실이라면, 이제는 그만큼 그 권위를 '권위 있게 주장하고 인정 받을 때다.

'고객은 상급자다.'

이는 그 권위를 이기적으로 사용하는 사람에게 하는 말이 아니다. 자기 책임을 회피하거나, 하급자에게 전가하는 사람에게 하는 말도 아니다. 자기 몫 이상의 책임을 감당함에도 그 권위를 인정받지 못하는 사람에게 하는 말이다.

그 권위를 '권위 있게' 주장하고 인정받아야 한다. [주50]

그것이 바로 필자가 말하려는 바의 전부, 즉 치인治人이자 제가齊家이며, 필자가 정의하는 경영, '또 다른 나를 만드는 일'이다.

이 질문에서 모든 것이 시작되었다.

'그대의 진짜 고객은 누구인가?'

누군가에게 이는 죽기만큼 어려운 질문일 것이다. 하지만 권위의 역설, 즉 권위자로서 그 권위를 인정받는 것이 진정으로 상대방의 유익을 구하는 것이라는 사실을 깨닫고 경험하는 사람에게 이는 너무나 쉽고도 자연스러운 질문일 것이다.

죽이고 싶은 상급자의 역할은 여기까지다. 하지만 제가, 즉 '또 다른 나를 만드는 일'은 아직 절반에 불과하다. 또 다른 누군가의 마음 깊은 곳^{Arena}에서 또 다른 싸움이 시작되는 까닭이다.

같은 상황을 이번에는 하급자의 처지에서 보자.

'그대의 진짜 고객은 누구인가?'

이번에도 그 선택은 둘 중 하나, '권위 인정' 또는 '권위 불인정'이며, 대부분 전자를 선택한다. 하지만, 그 내면의 싸움이 그렇게 싱거울 리 없다.

그 선택을 이렇게 다시 표현하겠다.

용서^{Forgiveness} 혹은 거절^{Rejection}

비로소 다음 장에서 이 책의 진짜 주인공, 하급자가 등장한다.

단언하건대, 자신이 유죄^{有罪}라는 사실을 부인할 수 있는 권위자는 단 한 사람도 없을 것이다.

| 경영, 또 다른 나를 만드는 일

《아직도 가야 할 길》에서 M. 스캇 펙은 내담자들이 각성覺醒하는 순간, 즉 그들이 무언가를 깨닫는 순간 보였던 반응을 이렇게 묘사했다.

"개종의 순간, 돌연히 찾아오는 은총은혜의 순간을 흔히, '아, 기쁘다!'라는 장면으로 그리곤 한다. 사실은 그 반대가 더 많다. '젠장!'

'이런 망할!'"

어디서 많이 들었던 말이 아닌가? 그렇다, 행정 인턴 A의 정색이다.

"죽이고 싶었어요." (필자도 그랬다, '이런 망할!!')

비슷한 사례를 심지어, 우리 고전에서도 발견할 수 있었다.

《춘향전春香傳》이다.

완전한 절망

과거 시험을 보기 위해 한양으로 떠난 낭군 이몽룡을 기다리는 성춘향, 변태變態, 검열삭제 같은 변사또의 수청守廳, 검열삭제을 끝까지 거부하며 온갖 고초를 당한다.

장원급제한 사실을 숨긴 채 거지 행색으로 돌아온 이몽룡, 한밤중에 춘향 모母 월매를 찾아와서는, 밥을 찾는다. 그 모습꼴을 보는 월매, 속이 뒤집힌다.

"걸인乞人, 빌어먹을 인간 중에 대방걸인이 돼서 돌아왔구나!"

당장 내일이 무슨 날인가, 변태 같은 변사또의 생일이며, 성춘향이 곤장을 맞다 죽을 날이다. 그런데 이 인간아, 지금 밥이 넘어 가는가? 뭣이 중헌디?

춘향모 간담이 서늘하여 어사또를 물끄러미 바라보더니, 광기증이 나서 후문으로 우루루루루 들어가더니 칠성단 부어논 물동이를 눈 위에 번쩍 들어서 쾅쾅 부두치며 뗏다 절컥 주저앉으며 가슴을 쾅쾅 두다리고 머리도 찍꺽 부딪치며 절규한다. (호남 방언을 그대로 인용함.)

"죽었구나, 죽었구나! 내 딸 춘향이가 죽었구나!"

당연한 반응이다. 모든 희망이 무너져버린 게다.

하지만 그 결말을 모를 사람은 없다. 사또 잔치 자리에서 한바탕 놀고 일어선 어사또, 뜰 아래로 내려서며 눈 한번 꿈쩍 발 한번 툭 구르고 부채짓 까닥하니, 사면의 역졸들이 마패를 들어 메고 사면에서 우루루루 삼문을 후닥딱!

"암행어사 출두야!"

난리가 났다.

어사또 동헌에 좌정하시고 대안 형리 불러 각각 죄인 경중 헤아려 처결 방송하시니, 순식간에 모든 일이 평정을 되찾는다.

이제 남은 건 오직 하나, 성춘향과 이몽룡이 재회하는 기쁨이다.

"고개를 들라."

제 낭군을 알아본 성춘향이 벌떡 일어나 낭군 품 안으로 냉큼 뛰어들어가니, 둘이 끌어안고 덩실덩실 춤을 추는 것도 잠시, 월매가 등장하니 이제는 셋이 함께 얼싸안고 흙바닥을 나뒹굴며 이야기가 끝나는 게, 정상인가?

글쎄, 무언가 빠진 것 같다. 같은 장면을 〈만정판〉으로 다시 보자.

마지막 시험

어사또, 뜰 아래로 내려서며 눈 한번 꿈쩍 발 한번 툭 구르고 부채짓 까닥하니, 역졸들이 마패를 들어 메고 사면에서 우루루루 삼문을 후닥딱!

"암행어사 출두야!"

어사또 동헌에 좌정하시고 죄인 경중 헤아려 처결 방송하시니, 모든 일이 평정을 되찾는다. 이제 남은 건 하나, 성춘향과 이몽룡이 재회하는 기쁨이다.

그런데 어사또, 이 사람이 지금 뭐 하는 겐가?

"네가 내 수청도 거절하겠느냐?"

마지막 시험 The Last Test이다.

하지만 성춘향에게 타협은 없다. 앙칼진 목소리가 대청을 울린다.

"소녀 절행 아뢰리다. 진국명산 만장봉이 바람이 분다 쓰러지며 층암절벽層岩絶壁 석상 돌이 눈비 온다고 썩어질까. 내 아무리 죽게 된들 두 낭군이 웬 말이요!"

그러면서 이 여자, 제 낭군도 못 알아보는 주제에 연실 대문간만 살핀다.

"송장 임자가 문밖에 왔으니, 어서 급히 죽여주오!"

그런 성춘향을 바라보며 어사또는 말도 못 한다. 가만히 금낭金囊을 어루만져 옥지환을 내어 전할 뿐.

성춘향이 받아 보니 서방님과 이별시에 드렸던, 지가 찌든 옥지환이라. 넋을 잃고 들고 보던 성춘향은……‼

"아이고, 서방님!" 그대로 기절한다.

또 난리가 났다. 기생들이 성춘향을 부축하여 상방上房에 뉘여 놓고, 찬물도 떠다 먹이며 팔다리를 주무르니 그제야 간신히 정신을 차린다.

그런데 성춘향, 이 여자는 지금 또 뭐 하는 겐가? 동헌에 좌정하신 어사또를 물끄러미 바라보더니만, 뭐라 뭐라 중얼거리기 시작한다.

"독합디다, 독합디다." "서울 양반 독합디다."

그렇다, 여러 가지 생각으로 마음이 복잡한 게다. 어사님께서도 출두를 숨겨야 하셨겠지만, 지난밤 귀띔이라도 해 주었으면 얼마나 좋았겠어? 발 뻗고 잠이라도 편히 잤겠지.

그런데 잠깐, 지금 감히 나를 못 믿고 사람을 시험한 거야? 자칫 수청을 수락하기라도 했으면 어쩔 뻔했어? 사람을 가지고 놀아도 정도가 있지, 이건 좀 심한 거 아니야?

그렇다, 어사또가 성춘향과의 약속을 지킨 건 사실이다. 어사또가 성춘향을 구원한 셈이다. 하지만 사건의 전후를 알고 보니 억울한 마음이 드는 것도 사실이다. 어사또가 성춘향에게까지 자기 정체를 숨겼던 것이 사실인 까닭이며, 어사또가 성춘향을 시험한 것도 사실은 사실인 까닭이다. 어찌 목적이 수단을 정당화할 수 있겠는가.

그렇다면 이번에는, 어사또가 유죄 확정이렷다!

재미있는 건 그 심판권이 성춘향에게 있다는 사실이다. 성춘향이 그 시험을 멋지게 통과한 까닭이다. 순간 별의별 생각이 다 들었을 게다. 저놈을 당장 옥에 가두어라! 칼을 아주 꽉 졸라매라, 숨도 못 쉬게! 아니다, 곧장부터 좀 맞아야겠다. 저놈을 매우 쳐라!

당연한 생각이다. 변태 같은 누구보다 누가 더 밉지 않았겠는가. 당장 자리에서 벌떡 일어나 옥지환을 땅바닥에 내동댕이치고는 냉큼 부용당으로 가버려도 어사또는 아무런 말 못 했을 게다. 그러니 말도 못 했지.

'미안하네. 자네가 너그러이 용서해주게나.'

'자네 아니면 누가 내 마음을 이해해주겠나?'

'많이 보고 싶었네.'

'사랑하네.'

성춘향은 용서를 선택했다.[주20] 그것이 바로 자신을 위한 시험이었던 것이 사실인 까닭이며, 자기가 그 시험을 통과한 것도 사실인 까닭이다.

하지만 그렇다고 그 감정이 쉽게 가라앉을 리 없다. 그러니 상방에 퍼질러 앉아 장독杖毒이 오른 다리나 주무르며 중얼거리는 게다.

"독합디다, 독합디다. 서울 양반 독합디다."

도끼눈이 시퍼렜을 게다. (그 순간, 삼문 밖을 서성이며 눈치를 살피는 사람이 있다. 월매[주51]다. 간밤에 사위를 괄시해도 너무 괄시했던 까닭이다. 춘향이 입에서 어머니 소리가 나서야 '옳제, 인자 되었다'하고는 괜히 더 소란을 피우며 들어왔다더라.)

여기서 《춘향전》의 구조를 보자. 어사또가 상징하는 인물이 세상 모든 권위자라면, 성춘향이 상징하는 인물은 누구이겠는가? 그렇다, 세상 모든 하급자다.

그렇다면 무엇이 결론이겠는가?

이번에는 세상 모든 권위자 역시, 유죄 확정이렷다!

비겁한 변명

성춘향과의 약속을 지킨 어사또, 자기 책임을 다한 어사또도 자기 죄를 부인할 수 없었을진대, 감히 그 어떤 권위자가 자기 죄를 부인할 수 있겠는가!

그러니 그들도 당장 옥에 가두어라!

"제 나름대로는 최선을 다했습니다." ('당시에는 그것이 최선이었어요!')

시끄럽다. *당장 훤화喧譁를 금하라!* '나름대로'라는 말에 이미 어폐가 있다. 어찌 매사를 끝까지 본인의 처지에서만 판단하려는 겐가. 그대가 여전히 상대방을 존중하지 않는다는 사실의 방증이며, 그것이 바로 교만이다.

"그런 걸 꼭 말로 해야 합니까?"

그렇다. 말로라도 꼭 해야 한다. 아니라면 감사 편지라도 쓰겠는가, 답례품이라도 보내겠는가. 아니면 필자처럼 책이라도 쓰겠는가.

사람이기에 실수나 잘못이 없을 수는 없지만, 문제는 이를 인정하지 않을 때다. 그 죄에 대한 용서가 성립할 수 없다. (원인이 있어야 결과가 있을 수 있는 것과 같다.)

하지만 더 심각한 건 그 피해, 그 고통이 피해자의 몫이라는 것이다.

가해자에게 영적으로 묶여 고통받는 피해자가 왜 그리 많겠으며, 진정한 사과만이라도 듣고 싶다고 말하는 사람이 왜 그리 많겠는가. 그러니 더더욱 분명하게 그 책임을 가려야 한다. (이는 〈부록〉 마지막 장에서 부연하겠다.)

이는 필자에게도 아픈 말이지만, 그러니 더 내가 하겠다.

"그대는 최선을 다하지 않았다." ('나름의 사정'이란 비겁한 변명이다.)

감히 누구도 반론을 제기하지 못할 것이니, 당장 형을 집행하라!

그런데 그 순간이다.

"잠깐!"

누군가 난입하더니 대청을 쩌렁쩌렁 울린다.

차라리 나를 죽여주시오!

또 다른 성춘향하급자이다! 그런데 지금 이 무슨 말인가?

"하급자들이 이미 권위자들을 용서했다는 말씀을 아뢰오."

"이미 용서한 죄는 죄일 수 없으니, 그 죄를 다시 물을 수 없음을 아뢰오."

아니, 이게 지금 무슨 상황인가? 권위가 책임지는 순서라면, 누가 먼저 잘못을 인정해야겠는가? 누가 먼저 용서를 구해야겠는가? 누가 누구를 용서해야겠는가? 그런데 지금 이 무슨 상황인가?

권위자가해자를 용서해 버린 하급자피해자가 이미 많다는 말을 하고 싶었다.

마음속 지옥을 더는 견딜 수 없기에, 그래야 내가 자유로울 수 있기에, 그래야 내가 오롯이 나일 수 있기에, 제 손으로 제 심장에 박아 넣는 칼, 그것이 바로 용서다.

서로가 서로를 존중하는 관계가 가장 이상적이라는 건 다시 말할 필요조차 없겠지만, 중요한 건 그런 관계를 이룰 열쇠가 세상 모든 성춘향, 하급자들의 손에 들려있다는 사실이다. 용서가 피해자의 몫인 까닭이며, 권위가 오히려 권위가 낮은 사람에게 있는 까닭이다.

'상대방을 존중하는 작고 사소한 말과 행동'이 사랑이라면 사랑의 극치, 그 완성은 다른 것일 수 없다. 권위자를 용서하는 하급자의 선택, 용서[주20]다. 그것이 바로 이상적인 관계나 조직을 완성하는 마지막 관문이자, 세상 모든 하급자가 직면하게 될 순간인 것이다.

하지만 그렇다고 지금 당장 누군가를 용서해야 한다거나, 당장 누군가에게 용서를 구해야 한다는 말을 하려는 건 절대 아니다. (당장 하급자에게 용서를 구해야 한다'라고 썼다가, '앗, 뜨거라!', 냉큼 지웠다.) 용서가 상대방이 아닌, 자신을 위한 것이라는 걸 누가 모르겠는가. 단지 아직 이를 뿐이다.

이 글을 쓴 이유는 오직 하나, 그 싸움을 먼저 경험해보았기 때문이다.

싸움터 한복판에 원수가 묶여 있었다. 모든 무장은 이미 해제되어 있었고, 그 눈빛은 무력했다. 싸움터를 가득 메운 함성이 전하는 메시지는 오직 하나, 복수復讐였다. 나는 용서를 선택하지 않았다.

하지만 그 가면을 벗기는 순간에야 비로소 진실이 드러났다. 그 얼굴이 누구의 얼굴이었겠으며, 그 심장이 누구의 심장이었겠는가?

또 다른 나였다.

그 칼을 원수의 심장이 아닌, 내 심장에 꽂아야 했던 것이다.

이 책에서 가장 쓰기 어려웠던 부분이 바로 이번 장이었다. 지금도 나 자신이 기만적이라 느껴진다. 내가 먼저 권위자를 용서했거나, 내가 먼저 하급자에게 용서를 구했던 기억은 많지 않다. 자기 잘못을 인정하는 하급자를 용서하지 않은 적도 많았다. 그렇다, 나는 지금 감히 말할 자격조차 없는 말을 하고 있다.

나는 그들과 다르다. 나는, '하급자들에게 용서받은 권위자'다.

내가 미안하네

이 책에 등장한 최초의 어사또, 죽이고 싶은 상급자는 누구인가?

필자다. 그렇다면 이 책에 등장한 최초의 성춘향은 누구인가?

행정 인턴 A다.

왜 그렇게 잡무를 그리도 많이 넘겼는가? 왜 그 앞에서 노닥거렸는가? 왜 퇴근 시간이 지나도록 일을 시켰는가? 오죽하면 매일 집에 가서 울었겠는가!

아니, 그 이유야 이미 프롤로그에서……?!

그 입 다물라! 목적이 수단을 정당화할 수 없는 건 마찬가지니, 그 이유가 무엇이든 이 작자[※]도 유죄 확정이렷다!

얼마든지 인정하겠다. 하지만 눈 하나 깜박하지 않겠다. 필자가 이미 그녀에게 용서받았기 때문이다. 그러니까 했던 말이 아니겠는가.

"죽이고 싶었어요"

그 말 뒤에 숨은 의미가 무엇이겠는가. '용서했습니다.'

그렇다, 이는 상대방의 진심을 깨달았기에 하는 말이며, 비로소 상대방을 신뢰하게 되었기에 내놓을 수 있는 속내다. 비로소 상대방의 권위를 진정으로 인정하게 된 것이다.

하급자들의 용서를 필자보다 많이 받은 권위자는 없을 것이다.

"그대의 진짜 고객은 누구인가?"

그 순간, 또 다른 성춘향도 비슷한 반응을 보이기 시작했다. 갑자기 얼굴에서 표정이 사라지더니, 뭐라 뭐라 중얼거리기 시작했다.

"와……, 또 당했네." ("진짜 치사하다!")

비슷한 말을 나는 너무 많이 들었다. "역시 우리 사장님이네."

그럴 때마다 필자는 항상 이상한 현상을 목격했다. 그들이 마치 '또 다른 나'라도 된 것처럼 말하고 행동하기 시작했다. 필자가 경영을 '또 다른 나를 만드는 일'이라 정의하는 이유다.

'모든 구성원이 리더로 구성된 조직'을 이루기 위해 자신을 희생해야 할 사람은 하급자가 아니다. 상급자다. 상대방을 먼저 존중해야 할 사람, 자기 잘못을 먼저 인정해야 할 사람도 모두 마찬가지다. 상급자다.

세상 모든 상급자가 그러리라 믿는 건 아니지만, 그런 상급자도 적지 않은 것이 사실이다. 그러니 이 역시 흔히 들을 수 있는 말이 아닌가.

"나 만나서 고생이 많았지?"

"내가 미안하네." ("그 정도면 정말 잘했어. 고맙다.")

권위자들도 자기 잘못을 인정하기가 쉬울 리 없다. 그들도 자신을 이긴 셈이다. 하지만 그보다 훨씬 귀하고 소중한 건, 자기 잘못을 인정조차 하지 않는 그들을 먼저 용서하는 하급자들의 선택이다. 용서하지 못할 것을 용서하는 것이 진정한 용서인 까닭이며, 그것이 진정한 사랑인 까닭이다.

앤드루 머레이Andrew Murray는 이렇게 말했다.

"용서받는 기쁨은 죄인의 기쁨이요, 이 땅의 기쁨이다.

하지만 용서하는 기쁨은 하나님의 기쁨이요, 천국의 기쁨이다."

성춘향^{하급자} 한 사람이 어사또^{상급자}를 용서하는 순간, 재미있는 일이 일어난다. 성춘향의 권위가 어사또의 그것보다 더 높아진다. 어디서 많이 듣던 말을 다시 인용하겠다.

"어떻게 인턴직이 정규직보다 더 잘 해?"

청출어람 청어람^(주10), 기대되지 않는가? 같은 고민을 하는 독자가 있다면 그 선택을 응원하고 싶다. 그대가 옳다. 아주 잘 하고 있다. 이미 이건 싸움이라는 걸 그대도 곧 확인할 것이다. 필자와 같은 후회는 하지 않기를 바란다.

권위를 '책임지는 순서'라고 정의할 때, 말하지 않았던 역설이 하나 있다. 말하기 싫지만, 그래도 해야 할 것 같다.

'권위를 인정받을 때 책임을 감당하기 시작한다.'^(주64)

권위가 책임지는 순서라면, 그 역^逆도 분명 성립할 것이다.

마음껏 사랑하라

원더우먼의 아버지, 윌리엄 마스턴은 이렇게 말했다.

"인간은 자기가 좋아하는 권위자에게 복종할 때 가장 행복하다. 이때 중요한 건 그가 자발적으로, 기꺼이 복종해야 한다는 것이다."

누군가를 진정으로 사랑해본 사람은 그 마음을 이해할 것이다. 상대방을 지배하려 함과 동시에 기꺼이 복종하려 한다. 그런 심리는 남녀를 가리지 않는다.^(주52) 서로를 온전히 신뢰하기 때문이며, 그것이 진정한 사랑이기 때문이다.

"자발적인 순종, 그것이 바로 인생과 사랑, 행복, 평화의 비결입니다. 내가 원하는 것이 곧 상대방이 원하는 것이 된다면 얼마든지 가능합니다. 상대방은 기꺼이 내어주겠죠. 자발적으로 순종하게 된 것입니다. 이것이 바로 원더우먼을 사랑하는 모든 사람에게 주고 싶은 메시지입니다."

누구든 타인을 존중해야 하지만, 이는 시작에 불과하다. 그만큼 자신도 존중받아야 한다. 그래야 서로가 서로일 수 있는 까닭이며, 그래야 선한 영향력을 서로 주고받는 이상적인 관계를 이룰 수 있는 까닭이다. 이것이 결론이다.

"권위를 인정하고, 다시 그만큼 인정받으라."

이번에도 '존중' 대신, 사랑이라는 표현을 대입해 보자.

"마음껏 사랑하고 마음껏 사랑받으라."(주46)

흔히 '다른 사람을 위해 사는 삶이 가장 행복하다'라고 말하지만, 이는 반만 맞는 말이다. 진짜 행복한 삶은, '상대방의 권위를 세워주는 삶'이다.

'상대방의 책임을 대신해주는 것'도 물론 나쁘진 않지만, 자칫 그만큼 상대방의 권위가 낮아질 수 있다. 권위가 '책임지는 순서'이기 때문이다.

그렇다면 결국 가장 행복한 삶은, '상대방의 권위를 세워주는 삶'이다. 그만큼 상대방도 더 큰 책임을 감당하게 되는 까닭이며, 그만큼 그 권위도 더 높아지는 까닭이다. (그럴수록 오히려 우리의 권위가 더 높아지며, 우리 자신이 더 행복해진다.)

이전 장에서 '좋지 않은 밭을 좋은 밭으로 개간하는 농부'를 언급했다. 제품이나 서비스, 즉 그 씨앗이 정말로 좋아야 한다는 건 기본에 불과했다. 그 밭이 좋은 밭, 즉 그 은혜받을 자격을 갖춘 밭이라는 것도 기본에 불과했다.

핵심은 그 씨앗을 뿌리는 농부였다. 그 농부는 누구였을까?

상대방을 위해 기꺼이 '미움받을 용기'를 발휘하는 사람, 바로 우리다.

이제 '사람을 움직이는 힘'의 정체를 공개하겠다.

권력權力, Power이다.

버트런드 러셀Bertrand Russell은 이렇게 말했다.

"물리학의 근본 개념이 에너지라면, 사회과학의 근본 개념은 권력이다."

진짜 에필로그

독자들은 과연 그 힘을 뭐라고 예상했을까? (은혜? 사랑? 돈? 채찍?)

'모든 에너지는 하나'라는 아인슈타인의 말에 의하면 모두 맞겠지만, 그럴 거면 그 힘을 전기electricity의 영향력, 즉 전력電力이라고 하지? (전기로 사람을 지지는 건 범죄냐.)

그 힘을 사랑이라 해도 괜찮을 것 같다. 삶이 꼭 비즈니스인 건 아니지 않은가.

《호밀밭의 파수꾼》(1951)의 저자, J. D. 셀린저는 이렇게 말했다.

"진짜 멋진 책은 말이죠, 다 읽은 후에 작가가 엄청 친한 친구처럼 느껴져요. 내 킬 때마다 전화를 걸 수 있을 것 같은 생각이 들 정도로요."

이 책이 진짜 멋진 책이라고 내 입으로 말할 수는 없지만, 독자가 필자를 엄청 친한 친구처럼 대했으면 좋겠다는 바람은 숨길 수 없다.

그렇다고 독자와 일일이 전화 통화를 할 수는 없겠지만, 이 시대를 살아가는 우리에게는 SNS가 있지 않은가! 그래서 재차 남기는 부탁이다.

"SNS에서 필자를 소환해주기 바란다."

선물은, 필자와의 관계다.

아래 태그가 필자를 소환할 것이다.

#길군 #앵그리보스 #MZ킬러 #AngryBoss #MZKiller

SNS에서 인사드리겠다. 끝.

마지막 장을 마무리하며 순간적이지만, 재미있는 경험을 했다.

"경영은 '또 다른 나를 만드는^make 일^Work'이다"라는 문장을 입력하던 중 손가락이 제멋대로 움직이더니, '만드는'을 '만나는'이라고 입력해버렸다.

뭔가 기분이 묘했다. 그냥 그 오타를 적용하겠다.

그렇다면 경영은 '또 다른 나를 만나는^meet 여정^Journey'이다.

그렇다면 경영은 제자도^弟子道(주53)다.

너희가 서로 사랑하면 이로써 모든 사람이 너희가 내 제자인 줄 알리라

요한복음 13:35

사랑하는 자들아 우리가 서로 사랑하자 … 하나님은 사랑이심이라

요한1서 4:7~8

"어린 소년이 아빠를 따라 눈길을 걷고 있다.

소년은 발을 넓게 벌려 아빠가 디딘 곳만 딛는다.

쉽지 않다. 작은 보폭을 최대한 벌려야 아빠의 발자국을 밟을 수 있다.

아들의 행동을 본 아빠가 웃으며, 아들이 따라올 만하게 보폭을 줄인다.

이것이 제자도의 그림이다."

맥스 루케이도^Max Lucado

《나의 사랑하는 책^God's Insprirational Promises》(1996)

헌정

내 인생 모든 권위자에게
이 책을 헌정獻呈한다.
덕분에 내가 있다.

그리고 사랑하는 내 친구 전성구1980~2012, 후배 신연옥1994~2016,

그리고, PJY에게.

집에 게으른 남자가 있다면(주63)

에필로그를 시작하기 전에, 독자에게 당부를 하나 남기고 싶다.

"본문을 읽기 전 에필로그를 읽지 마시오."

본문은커녕 서문과 에필로그만 읽고선 책 한 권 다 봤다고 착각하는 사람에게 하는 말은 아니다, 필자 자신에게 하는 말이다. (심지어 나는 소설책도 거꾸로 읽는다.)

본문에서 느낄 짜릿한 카타르시스를 빼앗길 이유가 무엇인가. 결말을 알고 보는 소설보다 재미없는 것도 따로 없다.

그래도 아니라면 어쩔 수 없겠지만, 그래도 필자는, 독자를 믿겠다.

아직 시작에 불과하다

필자에게 이 책은 출사표出師表요, 등장가Padoros다. 그동안 내가 만난 모든 권위자에게 바치는 내 인생 젊은 날의 보고서다. 한 분 한 분 찾아뵙고 투정이라도 부리고 싶다. 나 이렇게 살았다고, 나 정말 힘들었다고 그 은혜가 소중했다는 걸 너무 늦게 깨달았다고, 그래서 더 죄송하다고. 하지만 그래서 더 노력했다고, 그래도 이만하면 잘 산 거 아니냐고. 그들은 뭐라고 말할까?

"그래, 참 잘 살았다." ("그 정도면 충분히 잘 했어.")

아니다. 말없이 어깨나 한번 두드려줄 것 같다.

'고맙다.' ('네가 자랑스럽다.')

무얼 더 바라겠는가. 이상, 가짜 에필로그를 마친다.

게임의 법칙이란 바로 이런 것이다! 심지어 본문은 거대한 프롤로그였다.

내 인생 권위자들에게 감사를 표한 건 물론 진심이다. 하지만 이건 정말 필자가 독자들을 믿지 않기에 하는 말이다. "본문으로 돌아가시오."

독자가 어찌 믿음의 대상일 수 있겠는가. 독자는 사랑의 대상에 불과하다.

필자와 같은 실수는 하지 않기를 바란다.

필자가 말하고 싶었던 문제가 사실 따로 있었다.

가정문제, 특히 남편과 아내 사이의 갈등이다.

상급자와 하급자 사이의 갈등도 물론 광범위하지만, 남편과 아내 사이의 갈등이 훨씬 더 광범위하지 않겠는가.

우리 집에 무서운 여자가 있다!

장래희망이 '독거노인'이라던 친구의 근황을 먼저 전한다. 결혼했다.

제수씨가 친구 앞에서 머리를 쓸어올렸던 것 같다. (제수씨가 친구를 구원한 셈이다.) 친구는 제수씨에게 완전히 푹 빠져 산다. 얼굴도 활짝 폈다. 제수씨가 가장으로서의 친구 권위를 조건 없이 인정해주었기 때문이다.

하지만, 그렇지 않은 사례가 더 많다. 마지막 장으로 이렇게 주장하겠다.

"이전 세대의 문제가 '권위를 인정받지 못하는 -사랑받지 못하는- 아내'이며 '아내의 권위를 인정하지 않는 남편'이었다면, 요즘 세대의 문제는 '책임을 감당하는 만큼 그 권위를 인정받지 못하는 남편'이며 '남편의 권위를 인정하지 않는 아내'다."

필자가 남편과 아내 사이의 갈등에 주목하는 이유가 있다.

우리 집에, 무서운 여자가 있기 때문이다.

예전 여자친구가 그립다. 예쁘고, 귀엽고, 사랑스러웠다. 물론 집에 가면 있었다. 매일 볼 수 있었다! 하지만 문제는 무서운 여자가 되었다는 사실이었다.

무서운 여자는 왜 그렇게 남편을 쥐잡듯이 잡았던 걸까? 왜 그렇게 남편을 사납게 구석으로 몰아붙였던 걸까? 뒤늦게야 그 이유를 깨달았다.

원래 무서운 여자였다. (무섭다는 건강[주29]하다는 의미다. 극찬이다.)

남편에게 어떤 자격이 있는지 확인하려는 것일 수도, 남편을 자기 뜻대로 움직이려는 것일 수도 있다. 하지만 무서운 여자는 이렇게 말할 것이다.

"우리 집에 게으른 남자 Lazy Husband가 있어요!"

당시 남성 회원들이 환불을 신청하지 않았던 사유, '귀찮아서', 어디서 많이 들어본 말이 아닌가요? 그렇죠, 게을러서!

무슨 사유 1위와 같은 맥락이에요! 아니 어떻게 온종일 드러누워 있어? 결혼하더니 척추동물 〉포유강 〉빈치목 〉나무늘보라도 된 거야? 허리가 강철이라면 말도 안 해! 왜 꼭 허리가 문제야?!

왜 뭘 꼭 시켜야 해? 아니, 왜 시키는 일도 똑바로 못 해? 애를 봐 달라고 하는데 왜 애를 '쳐다보고만' 있는 거야? 애를 재우랬더니 왜 네가 자? 애 옷 입힐 때, 어디가 앞인지는 그만 좀 물어봐라! TV 앞에선 사람 말이 안 들리나? 코딱지만 한 냉장고에서 왜 뭘 못 찾는 거야![주54]

한밤중에 목이 말라, 냉장고를 열어보니, 한 귀퉁이에 고등어[주55]는커녕, 까만 비닐봉지만 그득한데요? 비닐봉지 안에 설마, 토막 난 코끼리가……?!

돈이나 더 벌어와!!

아내 친구 남편도 돈 더 벌어오라는 욕을 먹고 산다는 걸, 그때는 몰랐다.

냉장고가 늘 부족했던 이유도 그때는 몰랐다. 냉장고는 원래 조금씩 작아진다.

필자가 가정문제에 주목하는 진짜 이유가 사실 따로 있다.

아버지이기 때문이다.

가정문제의 가장 큰 피해자는 부모 자신이 아니다, 자녀들이다.[주43]

나는 아버지다

필자 관찰이다. 부모의 권위를 인정하는 자녀는 부모의 장점을 닮는다. 하지만 그 반대, 즉 부모의 권위를 인정하지 않을 때는 그 단점을 닮는다. 그것도 완전 똑같이. 끔찍하지 않은가?

부모의 갈등으로 인한 악한 영향력이 권위의 높낮이를 따라 자녀에게 흘러가는 것이 사실이라면, 필자에게 그 어떤 문제가 그보다도 심각하고도 시급하겠는가!

나는 아버지다, 옆집 아저씨가 아니다!

조직에서 일어나는 갈등의 원인을 이제 우리는 이해한다. 상급자와 하급자의 처지가 다르기 때문이다. 가정에서 일어나는 갈등도 다를 리 없다.

무서운 여자와 게으른 남자의 처지가 서로 다르기 때문이다.

좋다, 말이 나온 김에 당장 책임 소재를 가리자! 좋다, 당장 법원으로 가자! 도장 꼭 챙겨라!

범인은 분명 둘 중 하나겠지만, 정말 그럴까?

본문을 봤다면, '집에 있는 부지런한 남자'가 문제라고 예상할 수 있다. 문제는 무서운 여자가 게으른 남자를 존중하지 않는다는 사실이 아니라고, 게으르지 않은 남자가 그 권위 인정받을 자격을 갖추지 못한 까닭이라고! 하지만 권위가 '책임지는 순서'라면 누가 권위자이겠냐고! 그렇다면 결국 문제는 집에 있는 부지런한 남편이 아니겠냐고!

아니다.

나쁜 남자만 보면 마음을 홀랑 빼앗겨 휘둘리는 여성이 어디에나 있다.[주37] 하지만 이는 그녀만의 잘못이 아니다. 오히려 그녀를 그렇게 만들어버린 누군가가 훨씬 더 큰 문제다! 그 누군가가 누군지 안다면, 정확하다! 심지어, 나쁜 남자도 피해자였다.

이 시점에서 범인의 목소리를 공개한다.

"그냥 한번 해 줘라."[주63]

아니, 설마……?! 독자의 예상이 옳다. 무서운 여자와 게으른 남자의 공판에서 세상 모든 가정에 갈등을 일으킨 진짜 범인이 밝혀질 것이다. 더 이상의 자비는 없다. 누군가는 자신이 유죄라는 사실을 결코 부인할 수 없을 것이다.

공판은 〈부록〉 마지막 장, 〈집에 게으른 남자 Lazy Husband가 있다면〉에서 열릴 예정이다. 게으른 남자와 사는 독자는 엄마한테 등짝을 맞는 짜릿함을 다시 느낄 것이며, 무서운 여자와 사는 독자는, 누구 때문에 바보가 된 기분을 다시 느낄 것이다!

그리고, 문제가 생겼다. (〈부록〉에서 계속.)

미주

(주1) "이 책은 위험한 책이오." M. 스캇 펙, 《거짓의 사람들》의 첫 문장이다.

(주2) MZ 킬러
이는 어느 부장님이 붙여주신 별명이다. (내 탓 아니다, 부장님 탓이다!)
부서 막내 대리에게 《앵그리 보스》를 한 권 선물했다고 한다. (그 친구는 전형적인 MZ, 평소에 책을 읽지 않는 사람이라고 한다.)
그런데 그 친구가 단 하루 만에 책을 다 읽더니 이렇게 말했다고 한다.
"이제 상급자들 마음을 알겠어요!" 갑자기 사람이 막 날아다니더란다.
덕분에 콘셉트를 제대로 잡을 수 있었다. (이강현 부장님께 진심으로 감사드린다.)

(주3) 웃음과 유머, 특히 '자기비하 유머'의 힘
요즘 세상에 '권위를 인정하라'라니, 이보다 무거운 주제도 없는 것 같다.
솔직히 포기하고 싶었다. 그런데 그때, 책 한 권이 손에 잡혔다. 아리스토텔레스, 《시학》 2권이었다.
덕분에 방법을 찾았다. 웃음과 유머, 특히 '자기비하 유머'였다.
아리스토텔레스는 《수사학》에서 설득 수단 세 가지, 로고스Logos, 이성, 지식와 파토스Pathos, 감성, 그리고 에토스Ethos, 성품, 신뢰를 제시했다.
로고스의 설득력보다 파토스가 더 강하며, 파토스보다 에토스가 훨씬 더 강하다. (《메러비안의 법칙》에서 설득 요소의 비중을 각각, 말의 내용 7%, 청각적 요소 38%, 시각적 요소 55%로 설명한 것과 흡사하다.)
파토스를 자극할 방법은 널리 알려져 있다. 이야기, 즉 스토리Story다. 아리스토텔레스는 《시학》 1권에서 "서사시보다 비극이 더 우월하다"고 말했다.
서사시지식이 로고스라면, 비극스토리은 파토스다. (서사시를 소설의 원형이라고 보는 관점도 있지만, 필자의 생각은 조금 다르다. 서사시의 목적이 지식 전달에 비중 있기 때문이다.)
지식은 사람의 마음을 움직일 수 없다. 누가 책 읽어주는 선생님을 사모하겠으며, 누가 교과서나 백과사전을 읽으며 감동의 눈물을 흘리겠는가. 하지만 이야기는 다르다.
이야기가 주는 공포와 연민, 해방감Catharsis이 우리 마음을 움직이며, 그것이 지금도 우리가 소설이나 연극, 영화나 뮤지컬을 찾는 이유다.
하지만, 파토스보다도 훨씬 강력한, 에토스를 자극할 방법이, 《시학》 2권의 반전 안에 숨어 있다.
"하지만, 비극보다 희극유머이 훨씬 더 우월하다."
그 순간 깨달았다. 청중의 에토스를 자극하는 방법, 즉 타인의 마음 문을 열고 그 마음을 사로잡을 수 있는 가장 강력한 방법은 결국, 상대방에게 웃음을 선물하는 것이었다. 그렇게 찾은 방법론이 바로 유머, 그중에서도 자기비하 유머였다. (물론 타인을 비하해서 웃음을 유발할 수도 있지만, 이는 위험하다. 원한을 잘못 사면, 지구에서 사라질 수 있다.)

《시학》 2권이 역사에서 사라졌다는 사실을 아는 독자는, 충격과 공포를 느꼈을 것이다. 이를 몰랐던 독자는 자신이 이를 몰랐다는 사실에서 충격과 연민을 느끼시기 바란다. (그러니 평소에 책을 좀 읽자.)

《시학》 2권은 사라졌지만, 그 편린을 발견할 수 있는 책은 많다. 소설 중에는 움베르토 에코의 《장미의 이름》(1980)이나 베르나르 베르베르의 《웃음》(2010), 수필 중에는 로버트 풀검Robert Fulghum의 《지구에서 웃으면서 살 수 있는 87가지 방법》(2007)이나 로저 로젠블라트Roger Rosenblatt의 《유쾌하게 나이 드는 법58 Rules for Aging》(2000), 그리고 이상준 선생의 《웃음과 유머 그 비밀의 문을 열다》(2005)나 송길원 목사의 《유머, 세상을 내 편으로 만드는 힘》(2005) 등이 대표적인 예다. 그 외에도 많지만, 필자의 지식이 너무 짧다.

움베르토 에코는 《장미의 이름》에서 주인공의 입을 빌려 이렇게 말했다.

"희극이라고 하는 것은 실상이 아닌 것을 보여주는데도 불구하고 기지 넘치는 수수께끼와 예기치 못하던 비유를 통해 실상이라는 것을 다시 한번 생각해 보도록 하지요.

'아하, 실상은 이렇구나! 내가 모르고 있었구나!' 그렇게 감탄하게 만드는 겁니다. … 성인의 삶이 우리에게 보여주는 것보다, 서사시보다, 비극보다 더 열등한 것을 그림으로써 진리에 도달하는 하나의 방법을 제시한다는 것입니다."

이것이 웃음과 유머의 힘이다. 하지만 그렇다고 그 힘을 아무나 사용할 수 있는 건 아니다. 자신을 이긴 사람, 상대방을 진정으로 존중하는 사람, 특히 타인을 위해 자신을 희생할 수 있는 사람만이 사용할 수 있다. 유머, 즉 웃음이 성립하려면 누군가의 희생이 필요하기 때문이다. (타인을 희생해서 웃음을 유발하려 할 때도 있지만, 자신을 희생할 때가 더 고상하다.) 결국, 상대방을 위해 자신을 희생할 수 있는 사람, 즉 상대방을 진정으로 사랑하는 사람만이 상대방에게 웃음을 선물할 수 있다.

이상준 선생은 이렇게 말했다.

"진정한 유머 감각과 유머 능력은 따뜻한 사랑을 바탕으로 해서 발휘되는 것이다. … 주위를 둘러보라. 유머 감각이 조금이라도 있는 사람은, 남에 대한 배려와 따뜻한 인간미도 함께 가지고 있는 경우가 많다. 유머 능력을 가진 사람 중에는 악인이 드물다."

본문에서 말했지만, 여성들이 '자신을 웃게 하는 남자'를 찾는 이유다. 그것이 상대 남성의 권위가 자신보다 높다는 가장 확실한 증거이기 때문이다. (상대방을 위한 순수한 자기희생이란 말에서 필자는 예수 그리스도가 떠올랐다.) 그 힘을 깨닫고 보니, 주변 그들이 달리 보이기 시작했다.

그래서 대놓고 물어봤다. "언제 깨달았어?" 멋쩍게 웃길래, 한마디 더 붙였다.

"와, 진짜 나쁘다! 먼저 깨달았으면 우리한테도 알려 주었어야지!"

세상에서 가장 똑똑하고도 이기적인 인간(주42)이 바로 그들이다. 왜 그들이 자신을 비하해서라도 우리에게 웃음을 주려 하겠는가? 그들이 울리는 그 종이 누구를 위해 울리는 것이겠는가?

그렇다, 우리다.

(주4) 크리스 시블리Chris Sibley와 존 더킷John Duckitt은 권위주의를 '개개인의 사회적 태도가 표현되는 방식'이라고 주장했다.

"권위주의가 높은 사람들은 세상에 대해서 위협으로 가득하고, 일신의 안전을 해칠 수 있는 위험한 곳이라고 여긴다. 이들은 따라서 그 위험요소들을 제거해 줄 수 있는 '강력한 누군가'를 간절히 원하며, 그런 존재의 밑에 들어가서 기꺼이 보호받으려 한다.

반면 권위주의 성향이 태도에 약하게 드러나는 사람들은 사회 속의 불확실성과 다양성, 다원성, 미지성을 기꺼이 즐기며, 그것들이 자신을 위협한다고 딱히 생각하지 않는 경향이 있다."

권위주의가 성격이 아닌, 주변 사람이나 세상을 대하는 자세와 태도라는 것이다. 필자도 동의한다. 그렇다면 권위주의자들은, '타인의 권위를 인정하지 않는 이기적인 사람'들이다.

하지만 중요한 건 변화의 가능성이다. 권위주의가 성격이라면, 타고난 것이기에 변하기 어렵겠지만, 그것이 자세나 태도라면 얼마든지 변할 수 있을 것이다. 실제로 그들의 연구에 따르면 고등교육은 권위주의 성향을 감소하게 했고, 인문학을 전공했을 때는 더 그랬다. 왜 그런 걸까?

"권위를 인식하고 인정할 기회를 얻었기 때문이다."

그 권위 인정받을 자격을 갖춘, 정말로 '권위 있는' 권위자를 비로소 만났기 때문이라고 생각한다. 그 권위를 인정하게 되는 건 당연한 결과이며, 그만큼 다른 사람의 권위를 인정하게 되는 것도 당연한 결과다. 학과 선배나 동아리 회장 등 권위자의 처지를 경험해보았을 수도 있다. 피被 권위자의 책임을 대신해 주며 비로소 권위자의 처지를 이해하게 된 것이다.

MBTI마이어스-브릭스 유형 지표도 마찬가지다. 필자가 볼 때 MBTI 유형은 성격이 아닌 각자 개인의 자세와 태도다. 실제로 그렇다면 MBTI 유형이 변하는 사람과 그 이유를 설명할 수 있다. 변화하는 사람, 즉 성장하는 사람의 유형이 변하는 건 당연하다. 정신적으로, 영적으로 발전하기 때문이다. 하지만 변화를 거부하는 사람, 특히 '자기가 틀렸다'는 사실을 절대로 인정하지 않는 사람은 그 유형이 변할 리 없다. 특히 이를 본인의 성격이라 믿으면, 바로 그 이유로 그 유형은 더더욱 변하지 않을 것이다.

(주5) 한비자韓非子는 이렇게 말했다. "군주의 이익과 신하의 이익은 다르다."

(주6) "여기 들어오는 자, 모든 희망을 버려라."
단테의 《신곡》(1321), 〈지옥〉 편에서 지옥문에 쓰인 말이다. 필자에게 이보다 무서운 말은 아직 없다.

(주7) 관리자, 즉 권위자가 해야 할 가장 중요한 역할
본문에서 관리자, 즉 권위자로서 해야 할 가장 중요한 역할 두 가지를 제시했다. 하나는 하급자를 움직이게 하는 것이며, 다른 하나는 하급자가 담당치 못하는 책임을 대신 주는 것이었다. '큰 힘power에 큰 책임이 따른다'라는 말을 왜 그리 많이 하겠는가.
로렌스 피터는 《피터의 원리》(1969)에서 이렇게 말했다.
"관리자는 자기 업무를 완벽하게 해내는 것만으로는 회사에 이바지할 수 없다. 부하직원들을 독려하고 융화

시키고 그들을 이끌고 공통의 목표를 향해 나아가야 한다. 성공 확률을 높여주는 것이다. … 직원의 사기를 올리고 내릴 수 있는 가장 큰 영향력을 가진 사람은 관리자다."

(주8) 기능적인 일과 기술적인 일은 다르다.

전자는 단순 반복적이며 지루하다. 잘해야 본전이다. 담당자가 누구든 그 결과도 크게 달라지지 않는다. 문제라도 하나 생기면, 그 모든 책임과 비난을 뒤집어쓴다.

하지만 후자는 다르다. 항상 새롭고 재미있다. 담당자에 따라 그 결과도 완전히 달라진다. 똑같은 타자기로 누군가는 타이프를 치지만, 누군가는 위대한 소설을 써낸다. 하지만 그보다 중요한 건 그 일을 대하는 자세와 태도, 그 목적이다.

기능적인 일이든 기술적인 일이든 그 목적이 '돈'일 때, 이는 노동이다. (노동의 가치를 낮추려는 건 절대 아니다. 노동은 신성한 일이다.) 하지만 그 목적이 '사람'일 때는 다르다.

사람을 살리는 모든 일은 이미 기술적인 일이며, 그것이 바로 예술art이다.

(주9) 사랑의 반대말은 무관심Apathy이다. 엘리 비젤Eliezer Elie Wiesel은 이렇게 말했다.

"사랑의 반대말은 증오가 아니다, 무관심이다. 예술의 반대말은 추함이 아니다, 무관심이다. 믿음의 반대말은 이단異端이 아니다, 무관심이다. 생명의 반대말은 죽음이 아니다, 무관심이다."

사실 이는 보통 심각한 문제가 아니다. 아들러는 이렇게까지 말했다.

"삶을 살아가며 큰 고난을 만날進터러, 다른 사람들에게까지 피해를 주는 사람은 바로, '다른 사람에게 무관심한 사람들'이다. 인류의 고난은 바로 이런 사람들로부터 비롯된다."

무관심한 사람을 알아보는 방법이 있다. '침묵'이다. 니체는 이렇게 말했다.

"가장 잔인한 위선이 바로 침묵이다."

"침묵은 그저 상대방을 배려하지 않는 것-상대방의 권위를 인정하지 않는 것-일 뿐이다. … 침묵은 자신의 불만을 삼켜버림으로써, 상대방의 권위를 인정하지 않는 것이다. 오히려 따끔한 충고나 불평이, 조금 예의에서 벗어나더라도, 훨씬 인간적이며 솔직한 미덕이다."

유신론적 실존철학의 관점에서도 이는 보통 심각한 문제가 아니다. 소멸, 즉 죽음의 원인이다.

니체는 이를 이렇게 다시 표현했다. "권력에 대한 경의가 사라진 곳은 몰락한다."

이는 역사가 증명하는 사실이다. 중동 요르단Jordan 탈 엘 하맘Tall el Hammam이 그랬다. 고대에 그 도시의 이름은 소돔Sodom이었다.

소돔과 고모라가 멸망한 이유는 물론 그들이 절대자의 권위를 인정하기는커녕 오히려 모독했으며, 검열삭제검열삭제나 검열삭제검열삭제, 심지어 검열삭제검열삭제까지 성행했기 때문이다. 하지만 그들이 멸망할 수밖에 없었던 또 다른 이유가 있었다. 무관심이었다.

네 아우 소돔의 죄는 다음과 같다. 소돔과 그의 딸들은 거만하였다. 많이 먹어서 살찌고 평안했지만, 다른 사람들에 대해선 무관심했다. 가난하고 어려운 사람들을 돕지 않았다. 소돔과 그의 딸들은 교만했고 내 앞에서 혐오스러운 짓들을 저질렀다. 그래서 너희가 아는 것처럼 내가 그들을 쫓아냈다. (에스겔 16:49~50, 쉬운성경)

〈NCMN〉 대표 김미진 간사는 《왕의 재정》(2014)에서 〈예수전도단〉 대표 홍성건 목사의 설교를 인용했다. "하나님이 소돔을 멸하신 이유는 그들이 가난한 사람들에 대해 무관심하고, 어려운 사람들을 돕지 않은 것에 있다. 그들은 다른 사람들의 필요에는 무관심했으며, 가난한 사람들 앞에서 거만한 태도를 취하며 그들을 무시했다. … 놀랍게도 하나님은 소돔이 멸망한 이유가 바로 여기에 있다고 하신다. 가난하고 궁핍한 사람들을 돕지 않는 것은 단순히 안타까운 일이 아니다. 멸망의 원인이다."

독자는 그 이유를 이해할 것이다. 그들이 절대자의 권위를 인정하지 않는다는 사실이 증명되기 때문이며, 그 은혜가 흐르려야 흐를 수 없기 때문이다. 은혜가 생명을 살리는 물, 즉 생수生水라면, 믿음은 그 은혜의 원천, 즉 수원水源과 연결된 수로水路다.

수원이 아무리 풍부해도 관개시설이 좋지 않으면 물은 흐르지 않는다. 하지만 관개시설이 좋아도 은혜가 흐르지 않을 때가 있다. 지대가 수원보다 높기 때문이다. 타인의 권위를 인정하지 않는 자세와 태도는 결국, 수원보다 높은 곳에서 물을 기다리는 셈이다.

권위에 관한 비유를 하나 더할 수 있는 시점이다. 그렇다면 권위는, 물이 흐를 높낮이이며, 하늘 문을 여는 수문水門이다. 더 큰 은혜를 사모하는 사람에게 한 줄기 빛이 되기를 바란다.

(필자는 권위와 책임, 은혜가 삼위일체三位一體처럼 함께한다는 걸 깨달았다. 권위가 성부God를 상징한다면, 책임과 은혜는 각각 성자Jesus Christ와 성령The Holy Spirit을 상징하기 때문이 아닐까?)

(주10) 청출어람青出於藍 청어람青於藍, 이는 오래전부터 절대자도 꿈꾸신 것이다.

내가 진실로 진실로 너희에게 이르노니 나를 믿는 자는 내가 하는 일을 그도 할 것이요 또한 그보다 큰 일도 하리니 이는 내가 아버지께로 감이라 (요한복음 14:12)

빌 존슨은 《왕의 자녀의 초자연적인 삶》(2008)에서 이렇게 말했다.

"우리가 들을 수 있는 가장 위대한 찬사는 바로, 우리가 지도하는 사람들이 우리보다 더 위대하다는 소리를 듣는 것이다." 필자에게 돌아올 칭찬이 있다면, 이를 필자는 절대자에게 돌린다.

(주11) 청개구리 이야기를 요약하고 정리해야겠다는 마음과 함께, 귀찮다는 마음이 들었다.

필자의 선택은 후자였다. 귀찮아도 너무 귀찮았다. 다 아는 이야기를 왜 또 하라는 건가? 퇴고를 백 번도 넘게 했다! 이제야 간신히 본문을 마쳤다. 그런데 언제 또 미주를 쓰라는 건가? 이건 해도 너무 한 거 아닌가? 이것이 청개구리 심리가 발생하는 이유이며 그 과정이다.

항상 두 마음이 든다. '해보자!' vs. '하지 말자.'

하나는 영혼, 즉 양심의 소리이며, 다른 하나는 우리의 자아, 즉 육신의 소리다. 우리 인간이 영혼을 가진 존재인 까닭이며, 그것이 우리가 매 순간 선택의 순간을 만나는 이유다. 이를 '천사와 악마', 또는 '하얀 늑대와 까만 늑대' 등으로도 표현한다. 키스 크래프트Keith Craft는 《내 삶을 바꾸는 히든 파워 1%Your Divine Fingerprint》(2013)에서 이렇게 말했다.

"우리를 규정하는 것은 우리가 살아가는 순간들이 아니다. 우리를 구별하는 것은 우리의 선택이다."

결국, 문제는 선택이며, 그 선택으로 우리가 우리 인생을 빚어가는 셈이다.

그렇다면 어느 편을 선택해야 할까? 어느 편을 선택하게 해야 할까?

모른다. 다른 누군가가 대신해 줄 수 없으며, 그 결과를 책임져 줄 수도 없다. 어느 편이 인간적이고도 영적인 선택일지, 어느 편이 숭고하고 이상적인 선택일지, 본인이 모를 리도 없다.

그런데 왜 올바르게 선택하지 못할 때가 많을까? 우리 육신이 악하고 게으르기 때문이며, 그 결과나 책임을 회피하려 하기 때문이지만, 그런 사람은 사실 많지 않다. 육신의 소리를 이기기엔 아직 약하거나, 생각과 선택의 경험이 아직 부족할 때가 더 많다.

올바른 선택을 위해 필요한 것이 많은 것도 아니다. 자신을 진정으로 사랑하는 것, 그리고 자기 뜻과 다른 것에 타협하지 않을 정도로만 강해지는 것이다.

우리 자아ego의 목적은 우리 존재의 소멸, 즉 죽음이다. 그래도 타협하겠는가?

그래도 선택하기 어려울 수 있다. 그럴 땐 어떻게 해야 할까?

권위자의 처지에서 생각해 보면 된다. 길 삼 형제가 필자에게 무언가를 물어볼 때가 많았지만, 그 해답을 준 기억은 많지 않다. 오히려 필자는 이렇게 되물었다.

"아버지라면 어떻게 할까?" ('예수님이라면 어느 쪽을 선택하셨을까?')

곧, 녀석들의 얼굴에 미소가 번졌다.

(하지만 잠깐, 혹시라도 잘못된 선택을 하면 어찌하겠는가? 필자가 모두 책임질 것이다.(주17)

절대자도 그리 하신다.

우리가 알거니와 하나님을 사랑하는 자 곧 그의 뜻대로 부르심을 입은 자들에게는 모든 것이 합력하여 선을 이루느니라 (로마서 8:28))

(주12) 멍청하고 게으른 상급자가 멍청하고 부지런한 상급자보다는 낫다.

바이마르 공화국 참모총장 한스 폰 젝트Hans Von Seeckt는 군인을 넷으로 분류했다. 똑똑하고 부지런한 군인과 똑똑하고 게으른 군인 그리고 멍청하고 부지런한 군인과 멍청하고 게으른 군인이다.

똑똑하고 게으른 군인이 최상급인 이유는 다른 사람들도 몸 편하게 해주기 때문이다. 그래야 본인도 몸편하다는 걸 아는 것이다. 이들이 상급자 머리 위에 올라올 일도 없다. 게으르기 때문이 아니라, 자족하기 때문이다. 평소에는 일을 안 하는 것처럼 보여도, 아니다. 오히려 효율적이고도 효과적으로 작전을 수행한다.

하지만 멍청하고 부지런한 군인은 다르다. 모든 작전을 말아먹는다. 그것도 아주 부지런하게. 심지어 그들은 동료나 민간인도 말아먹는다. 그래도 계속 부지런하다. 그러니 종종 상급자들도 말아 먹힌다. 그러니까 젝트 장군이 남긴 말이다. "당장 후방으로 빼든지, 당장 총살하라!"

그 순간 인생의 목표를 하나 더 발견했다. 똑똑하고 게으른 인간이 되는 거다!

제정신이 아니었다. 다른 사람들 눈에는 그냥 멍청하고 게으른 인간으로 보였을 것이다. 똑똑하고 게으른 인간이 되고 싶다면 먼저, 똑똑하고 부지런한 인간이라는 단계를 거쳐야 한다는 걸 그때는 알지 못했다.

하급자들이 알지 못하는 비밀이 하나 더 드러나는 순간이다.

"똑똑하고 게으른 상급자는 정말로 똑똑하고 부지런한 인간이 게으른 척하고 있는 것이다."

왜? 그래야 하급자가 자기 몫의 책임을 인식하기 때문이며, 그래야 하급자가 변화하고 발전하는 까닭이다.

왜? 그 이상으로 자신에게 좋기 때문이며, 그들이 이기적인 인간(주42)이기 때문이다.

주변에 그런 사람이 있다면 한번 물어봐도 좋다. "혹시 지금, 게으른 척하고 계신 겁니까?"

내 주변에 있는 그들은 어마어마하게 뜨끔했다.

(주13) 우상을 숭배하는 불사조
로렌스 피터, 《피터의 원리》에서 인용한 표현이다. 민원 답변도 같은 책에서 인용했다.

(주14) 고객 패러다임의 중심에 내부고객을 둔 기업도 많다.
미국 사우스웨스트 항공Southwest Airlines이 대표적이다. 창립자 허버트 켈러허Herbert D. Kelleher는 직원들이 일터를 즐겁게 여겨야 좋은 서비스가 나온다는 생각을 행동으로 옮겼다. 그는 이렇게 말했다.

"직원이 첫 번째다. 고객은 그다음이다. … 고객이 항상 옳다는 말은 틀렸다. 그것은 직원을 배신하는 것이다. 가치 있는 고객만이 대접받을 가치가 있다."

내부고객 중심의 고객 패러다임을 가지고 있는 기업은 우리나라에도 많다. LG가 대표적이다.

그들은 이렇게 말한다. "고객은 최종의사결정권자다."

필자가 주장하는 바와 조금 다르지만, 괜찮다. 고객 패러다임의 중심에 이미 내부고객이 있기 때문이다. 중간 관리자들의 권위만 무너뜨리지 않으면 되는 거 아닌가.

(주15) 데일 카네기Dale Carnegie는 《카네기 인간관계론》(1937)에서 이렇게 말했다.
"인정과 아첨의 차이는 간단하다. 하나는 진심이 담긴 것이고, 다른 하나는 진심이 없는 것이다. 하나는 마음에서 나오고, 다른 하나는 입에서 나온다. 하나는 이기적이지 않고, 다른 하나는 이기적이다. 인정은 모든 사람이 칭찬하지만, 아첨은 모든 사람이 비난한다."

〈CEO리더십 연구소〉 김성회 소장은 《리더를 위한 한자 인문학》(2016)에서 이렇게 말했다.

"선물과 뇌물을 구별하기 힘들다고 한다. 혹자는 받거나 주고 나서 발 뻗고 자면 선물, 그렇지 않으면 뇌물이라고 간편하게 정리하기도 한다. … 내가 들은 가장 확실한 구분법은 '위에서 아래로 흐르면 선물', '아래에서 위로 흐르면 뇌물'이라는 것이었다."

(주16) "사람은 모두 다르다." 정말 많이들 하는 말이다. 하지만, 정말 그럴까?
아니다. 다른 건 장소나 시간, 상황이나 형편일 뿐, 그 순간의 선택이 둘 중 하나인 건 모두 같다. 단지 그 기준이 명확하지 않을 뿐이다.

그 기준이 오직 하나, 양심이라면 그 선택은 둘 중 하나, 양심 혹은 비양심이다. 그 기준이 정직이라면, 그 선택은 둘 중 하나, 정직 혹은 거짓이다. 선과 악, 빛과 어둠, 천국과 지옥 등 대부분 마찬가지다. 사람은 누구나 자발적이거나 수동적이다. 긍정적이거나 부정적이다. 적극적이거나 소극적이다. 겸손하기에 이를 숨기려 하거나, 가식과 거짓으로 숨기기에 잘 드러나지 않을 수 있지만, 그 본질은 보통 둘 중 하나다.

그 기준이 변화일 때도 마찬가지다. 변하는 사람과 변하지 않는 사람이다.

그런데 잠깐, 도대체 왜 그렇게 이 말을 많이 하는 걸까? 이 말 한마디로 논쟁을 손쉽게 끝낼 수 있기 때문이다. 자신이 이를 몰랐다는 사실, 즉 '자신이 틀렸다'(주17)라는 사실을 회피할 수 있기 때문인 것이다.

(주17) '내가 틀렸다'는 통찰

문제는, '자기 모든 책임을 자기가 감당할 수 없다'는 사실을 모르기 때문이며, 그러니 '누군가가 자기 책임을 대신해준다'는 것도 모를 수밖에 없다. 그렇다면 결국 핵심은, '내가 틀렸다'는 것을 깨닫는 것이다.

이를 필자가 '내가 틀렸다는 통찰'이라고 표현했다면, 막스 베버는 이를 '도덕적 업적'이라고 표현했다. 《직업으로서의 학문》(1919)에서 그는 이렇게 말했다.

"만약 누군가가 유능한 교수라면, 그의 첫 번째 임무는 학생들에게 그들 자신의 가치 입장의 정당화에는 불리한 사실들―즉, 학생의 당파적 견해에 비추어볼 때 학생 자신에게 불리한 그런 사실들―을 인정하는 법을 가르치는 일입니다. … 만약 대학교수가 그의 수강생들을 그것에 익숙해지도록 유도한다면, 그는 단순한 지적 업적 그 이상을 행하는 것이라고 나는 생각합니다. 너무나 소박하고 당연한 일에 대한 표현치고는 어쩌면 너무 장중하게 들릴지 모르지만, 나는 감히 그것을 도덕적 업적이라고까지 부르고 싶습니다."

로버트 기요사키Robert Kiyosaki는 이를 '미친 증세', 즉 광기狂氣라고 표현했다. 《페이크FAKE》(2019), 〈내가 옳다는 광기〉 편에서 그는 이렇게 부연했다.

"실수는 그것을 인정하지 않을 때만 죄악이다. … 나 자신의 생애는 물론 인류의 역사를 돌아보면 문제 대부분이 '내가 옳아야 한다'는 강박관념에서 시작된다는 것을 알 수 있다. 전쟁과 폭력, 갈등과 살인, 그리고 증오는 모두 '내가 옳아야 한다'는 사고방식에서 비롯된다. … 실수를 저질렀음을 시인하는 편이 자기 자신과 남들을 벌하는 것보다 훨씬 낫다. … 신God이 원하는 가르침을 배우게 될 수 있다."

하지만 더 심각할 때가 따로 있다. 상대방이 자기 책임을 대신해준다는 사실을 알면서도, 그 권위를 인정하지 않을 때다. 양심이 없는 것이다. 전자의 문제가 무지와 게으름이라면, 후자의 문제는 무지知와 게으름과 거짓과 교만, 즉 악惡이다.

유신론적 실존철학에서 볼 때 이는 매우 심각한 문제다. 누군가는 분명 그 책임을 감당해야 하기 때문이다. 그 책임을 감당하지 못할 때, 그리고 그 책임을 아무도 대신해 주지 않을 때, 무슨 일이 일어나겠는가? 그 책임의 대가가 무엇이겠는가? 죽음이다.

우리가 회피하고 있을 뿐 언젠가는 직면해야 할 진실이다. 그러니까 하는 말이다.

"메멘토 모리Memento mori, 언젠가는 죽는다는 걸 기억하라."

하지만 좋은 소식Good News, 복음이 있다. 그 모든 책임, 그 모든 실수와 잘못, 죄의 대가를 절대자God가 이미 치렀다는 사실이다. 십자가다.

그러므로 이제 그리스도 예수 안에 있는 자에게는 결코 정죄함이 없나니 이는 그리스도 예수 안에 있는 생명의 법이 죄와 사망의 법에서 너를 해방하였음이라 (로마서 8:1~2)

우리 몫은 오직 하나, 그 권위를 인정만'이라도 하는 것이 전부다.

이제 얼마든지 그 이상의 책임을 요구할 수 있다! 할렐루야!

(이렇게 말하는 사람도 있다. "나는 나를 믿어요." 무신론과 유신론의 관점 차이가 드러나는 순간이다.

우리는 우리 자신이 믿을 수 없는 존재라는 사실을 인정한 사람들이다. 죽음조차 해결하지 못하는 나약한 존재가 바로 우리가 아닌가. 그러니 우리는 겸손할 수밖에 없다.

죽음의 문제를 책임질 수 있는 사람은 없다. (아니다, 책임질 수 있다. 그러니 그냥 죽는다.))

(주18) 세상에서 가장 매력적인 경영기법

〈카노 분석 모델Kano Analysis Model〉은 카노 노리아키Kano Noriaki의 상품 기획 이론이다. 상품을 기획할 때 각각의 구성요소에 대해 소비자가 기대하는 것과 충족시키는 것 사이의 주관적 관계 그리고 요구되는 사항의 만족, 불만족에 의한 객관적 관계를 설정하여 설명하고 있다는 건 너무 교과서적인 설명이다. 딱 세 가지만 기억하자.

당연품질요소Must-Be Quality Element와 일차품질요소One-Dimensional Quality Element 그리고 매력품질요소Attractive Quality Element다. 전투함을 예로 든다. 일차품질요소는 전투력이며, 승무원 복지다.

화력이 강할수록 좋겠지만, 지구를 날려버릴 정도로 강할 필요는 없다. <s>나도 죽는다.</s> 승무원 복지도 마찬가지다. 밥 때 밥 주고, 잘 때 잘 곳 있으면 된다. 하지만 인간의 욕구는 무한하다. 더 좋은 거 먹고, 더 편하게 자고 싶을 때 필요한 것이 바로 매력품질요소다.

매력품질요소는 고객의 기대치를 뛰어넘는 가치를 제공하는 것이다. 끼니때마다 파인 다이닝Fine dining을 제공하거나 호텔급 잠자리를 제공하면 얼마나 좋겠는가. (매력품질요소의 별명은 'Delighter', 말 그대로 반짝반짝 빛나게 한다. 여기에, 고객이 마케팅하게 할 비밀이 숨어있다.) 문제는 당연품질요소다.

전투함은 배다. 당연품질요소가 결여하면, 전투함이 물에 안 뜬다. 응?

전투함이 물에 안 뜬다고 아무리 전투함이 최신형이면 뭐하나? 물에 뜨질 않는데?

"수십조 원을 주고 왜 고철을 사 왔어?"

전투력이 아무리 좋으면 뭐하나, 물에 뜨질 않는데? 그게 배냐?

카노 모델은 사용자의 유머 센스까지 키워주는 경영기법이다.

"전투기가 아무리 좋으면 뭐하나, 날지 못하는데?"

"낙하산을 사면 뭐하나, 비행기가 없는데?" 시니컬하다. 아무 데나 다 갖다 붙일 수 있다.

"소총을 혁신적으로 개선했다. 근데 자꾸 아군이 죽는다!"

"가끔 뒤로 발사되기 때문이다! 시험 발사는 네가 해라!"

이것이 바로 카노 모델이다. 다만, 적절한 선은 지켜야 한다. 그분들께서 웃음을 좋아하지 않기 때문이다. (그것이 올바르지 않은 권위의 대표적인 특징이다.)

월트 디즈니는 이렇게 말했다.

"어린이다움, 그것은 절대로 유머 감각을 잃지 않는. 것과 동의어라고 생각한다."

(주19) 단계5의 리더십

같은 책에서 짐 콜린스는 리더십을 5단계로 구분했다. 다음과 같다.

1단계는 능력이 뛰어난 개인이다. 재능과 지식, 좋은 작업 습관으로 생산적인 기여를 한다.

2단계는 합심하는 팀원이다. 집단의 목표를 달성하기 위하여 개인의 능력을 바치며, 구성된 집단에서 다른 사람들과 효율적으로 일한다.

3단계는 역량 있는 관리자다. 이미 결정된 목표를 효율적으로 추구할 수 있는 방향으로 사람과 자원을 조작한다.

4단계는 유능한 리더다. 저항할 수 없는 분명한 비전에 대한 책임 의식을 촉구하고 그것을 정력적으로 추구하게 한다. 더 높은 성취를 이루도록 자극한다.

그리고 마지막, 단계5의 리더다. 개인적 겸양과 직업적 의지를 역설적으로 융합하여 지속적인 큰 성과를 일구어낸다. 단계5의 리더를 발견했던 순간을 그는 충격적이었다고 말했다.

"좋은 회사를 위대한 회사로 전환시키는 데 필요한 리더십의 유형을 발견하고 우리는 놀랐다. 정말 충격을 받았다. 헤드라인을 장식하며 도도한 개성과 카리스마를 뿜내는 리더들과 비교하면, 좋은 기업을 위대한 기업으로 도약시킨 리더들은 마치 화성에서 온 사람들 같았다. 나서지 않고 조용하며 조심스럽고 심지어 부끄럼까지 타는 이 리더들은 개인적 겸양과 직업적 의지의 역설적인 융합을 보여주었다. 그들은 패튼이나 시저보다는 링컨이나 소크라테스에 더 가까웠다."

비교 기업의 리더들과 비교하자 그 차이는 더욱 확연히 드러났다.

"비교 기업 리더들이 지극히 자기중심적인 것과는 대조적으로, 도약을 성공시킨 리더들이 자신들 이야기를 얼마나 삼가는지를 보고 우리는 충격을 받았다. 좋은 회사를 위대한 회사로 도약시킨 리더들은 인터뷰 중에 우리가 끼어들지 않는 한 회사나 다른 경영진의 공헌에 대해서만 이야기했다. 그것은 흔한 거짓 겸손이 아니었다. 좋은 회사를 위대한 회사로 도약시킨 리더들과 함께 일하거나 그들에 대해 글을 쓴 사람들은 '조용한, 자신을 낮추는, 겸손한, 조심스러운, 수줍어하는, 정중한, 부드러운, 나서기 싫어하는, 말수가 적은, 자신에 관한 기사를 믿지 않는' 등의 단어나 표현을 사용했다. 하지만 중요한 건 그들이 자신을 낮추는 겸손함만을 이야기한 건 결코 아니라는 사실이다. … 그들은 회사를 키우는 데 필요한 것은 무엇이든 해내겠다는 강렬한 의지 혹은 금욕에 가까운 결의도 함께 이야기했다."

단계5의 리더, 그들은 과연 누굴까? (〈참고도서 목록〉에서 계속.)

(주20) 용서받지 못한 사람이 있다면

어찌 보면, 이 책의 핵심 메시지는 용서인 것 같다. 그것이 무너진 권위를 다시 세울 수 있는 유일한 방법이며, 관계 회복의 열쇠인 까닭이다. ((본문)에서는 용서하지 못할 것을 용서하는 것이 진정한 용서라는 것을, 〈부록〉에서는 가해자의 죄를 죄라고 인정해야 용서가 성립한다는 것을 나누었다.) 이제 마지막이다.

본문에서 각각 '책임'과 '성장'으로 사람을 분별했다면, '용서로도 사람을 분별할 수 있다. 그렇다면 하나는 '용서하는 사람'이며, 다른 하나는 '용서하지 않는 사람'이다.

'용서하는 사람'은 다시 둘로 나누어진다. 하나는 '용서할 만한 것을 용서하는 사람'이며, 다른 하나는 '용서하지 못할 것조차 용서하는 사람'이다. (물론 '용서할 만한 것을 용서하는 것'도 대단한 일이다. 우리 주변에는 '절대로 용서하지 않는 사람'도 적지 않다.)

하지만, '용서할 만한 것'이라는 표현에 이미 어폐가 있다. 도대체 무엇을 기준으로 이를 구분하겠는가? 죄의 경중輕重은 기준이 될 수 없다. 성경에 의하면 그 죄가 무엇이든, 그 대가는 '생명-관계 단절-'이다.

죄의 삯은 사망이요 (로마서 6:23 전반절)

하지만, 그런데도 우리는 끊임없이 서로를 용서하고, 용서받는다. 우리의 죄가 가볍거나, 우리에게 용서받을 자격이 있기 때문이 아니다. 전적으로 피해자의 은혜다. 죄 사함이 절대자의 은혜인 것과 마찬가지다.

하나님의 은사the free gift of God는 그리스도 예수 우리 주 안에 있는 영생이니라 (로마서 6:23 하반절)

상급자의 처지에서 본다면, 이를 더욱 쉽게 이해할 것이다.

하급자가 한두 번 지각했다고 당장 하급자와의 관계를 단절-하고-하는 상급자는 흔치 않다. 하급자가 자기 잘못을 인정하고, 이를 반복하지 않으려고 노력하는 한, 대부분 하급자에게 다시 기회를 준다. 그래도 하급자를 용서하기 때문이며, 그래도 그 권위를 인정해주기 때문이다. (상급자 자신도 똑같은 실수를 저질러 보지 않았겠으며, 상급자도 자기 상급자에게 용서를 받아보지 않았겠는가.)

오히려 하급자가, 죄책감이나 수치심 탓에 무단으로 결근하거나 사직서를 제출할 때도 있지만, 그럴 필요는 사실 전혀 없다. 상급자의 권위를 인정한다면, 얼마든지 그 이상의 책임을 요구할 수 있기 때문이며, 아래에서 부연하겠지만, '자신을 용서할 때' 그 죄책감에서 벗어날 수 있기 때문이다.

하급자의 잘못이 아무리 커도 이는 마찬가지다. 그 잘못의 크기가 상급자 자신의 권한을 벗어나지 않는 한, 얼마든지 그 책임을 대신해줄 수 있기 때문이다. (아니다, 심지어, 그 크기가 상급자 자신의 권한을 벗어나더라도 마찬가지다. 자기 상급자와 상의해서라도, 그 책임을 대신해주려 한다.)

여기서, '그래도 용서할 만한 것'이 무언지 알 수 있다.

하나는 '그 죄가 고의적이지 않을 때', 그리고 다른 하나는 '그 죄를 인정하고 다시 반복하지 않으려 노력할 때'다. (성경의 기준도 마찬가지다.

너희를 위하여 성읍을 도피성refuge으로 정하여 부지중에without intent 살인한 자가 그리로 피하게 하라 (민수기 35:11))

가해자를 용서하라고는 절대로 말할 수 없다. 이는 피해자의 선택이며, 그 선택을 존중하지 않을 이유도 없다. 다만, 우리가 끊임없이 용서받고 있다는 사실은 말하고 싶었다.

가해자의 처지와 피해자의 처지는 사실 같다. 누구든 피해자인 동시에 가해자일 수 있는 까닭이다. 그렇다면 상대방을 용서하는 건 결국, 자기 자신을 용서하는 것이다.

우리가 우리에게 죄 지은 모든 사람을 용서하오니 우리 죄도 사하여 주시옵고 (누가복음 11:4)

이번에는 '용서하지 않는 사람'이다.

'용서하지 않는 사람'도 둘로 나누어진다. 하나는 '용서할 사람'이며, 다른 하나는 '절대로 용서하지 않는 사람'이다. 그리고 우리는 대부분, '용서할 사람'이다.

이미 여러 차례 말했지만, 누군가에게 용서를 요구할 수 없다. 그 상처가 얼마나 깊고도 쓰린지 타인이 이해할 수 없는 까닭이며, 그 선택을 존중하지 않을 이유도 없는 까닭이다. (상대방을 용서해야 한다는 걸 모를 사람도 없다. 단지 상처와 감정의 치유에 시간이 필요할 뿐이다.) 다만, 용서하지 못하는 이유 중 하나는 나누고 싶다.

'상대방과의 관계 회복이 두려울 때다.

하지만, 상대방을 용서하는 것과 상대방과의 관계를 회복하는 건 별개의 문제다. '관계 회복'은 가해자가 자기 죄를 인정한 이후의 일이며, 그 관계를 회복하지 않아도 얼마든지 괜찮다. 이 역시 피해자의 선택인 까닭이다.

다만, 그래야 용서하는 자신이라도 자유로울 수 있기에, 그래야 자신이라도 영적으로 한 단계 더 성장할 수 있기에, 조심스럽게 용서를 권해 볼 뿐이다.

스티븐 체리Stephen Cherry는 《용서라는 고통》(2012)에서 이렇게 말했다.

"용서는 화해-관계 회복-와 다르다. 만일 내게 상처 준 사람을 용서하면 그 사람과 다시 예전처럼 지내야만 한다는 생각이 들 수도 있다. 하지만 아니다.

용서는 새로운 나, 새로운 관계로 나아가는 새로운 방법이다. 용서는 상처와 피해를 묵과하지 않는다. 폭력과 죽음을 외면하지 않는다. 잔인한 진실을 더 넓은 목적과 현실이라는 맥락 안에서 숙고한다. 상처를 잊는 것이 아니라 상처의 기억이 남은 삶을 지배하지 않도록 하는 것이다."

하지만, 피해자에게 문제가 있을 때도 분명 있다. 소수에 불과하겠지만, 피해자가 자신이 피해자라는 사실을 교묘하게 이용하려 할 때다. 이들이 바로 '절대로 용서하지 않는 사람'이다.

피해자가 자신이 피해자라는 사실을 드러내며 타인의 동정심을 얻으려 하거나, 가해자의 잘못을 사실보다 지나치게 부풀리며 그 평판을 낮추려 할 때도 분명 존재한다.

가해자의 잘못에 명백히 '고의성'이 없었는데도, 가해자가 자기 잘못을 인정하고 그 피해를 배상하려 노력하는데도, 그리고 그 피해의 정도가 피해자 자신이 감당할 만한 수준인데도, 그리고 주변에서도 용서를 권하는데도 피해자가 가해자를 '일부러 용서하지 않는다면, 피해자에게도 문제가 있을 수 있다.

(그런데 그들은 왜 타인을 절대로 용서하지 않는 걸까?

자신을 용서하지 않았기 때문이라고 생각한다. 그들이 바로 '자신이 틀렸을 수도 있다'(주17)는 사실을 절대로 인정하지 않는 사람들이다. 그러니 자기 용서도 성립할 수 없는 것이며, 그들이 타인을 용서하지 못하는 건 당연한 결과다. 노엘 맥키니스Noel McKinnis는 이렇게 말했다.

"자신을 먼저 용서하지 않으면 용서란 불가능하다. 용서는 오직 한 가지, 자기 용서 외엔 없다."

하지만, 개체나 군집이 생존하고 번성할 수 있는 최고의 전략이 바로 '협력'과 '용서'라는 건 로버트 액설로드 Robert Axelrod의 〈팃포탯Tit-for-Tat〉 실험으로 이미 증명되었다.)

그리고 여기서, 보호받아야 할 사람이 하나 더 드러난다.

자기 잘못을 인정하고 그 감정과 손해를 보상하려 노력했음에도 '용서받지 못한 가해자'다.

물론 용서는 피해자의 몫이다. 그 말이나 행위에 아무리 '고의성'이 없었더라도, 가해자가 아무리 철저하게 반성하고 그 손해를 보상하려 노력했더라도, 피해자에게 용서를 요구하거나 기대할 수는 없다.

하지만 제삼자가 볼 때도 피해자가 자신이 피해자라는 것을 드러내며 이득을 얻으려 하거나, 가해자의 사소한 실수를 과장하면서까지 사람을 무고誣告하려 하는 것이 사실이라면, 용서받지 못한 자신을 자신이라도 용서하기를 권하고 싶다. 용서나 관계 회복의 책임이 이미 피해자에게 넘어간 까닭이며, 그 죄책감과 수치심, 관계 회복의 희망조차 끊어진 절망의 고통을, 필자도 경험해 본 까닭이다.

[바보 소리를 들을 정도로 순진한, 필자 친구의 사례. 취미 모임 중 어느 여성이 갑자기 잠적했다. 둘이 워낙 친했던 사이라~서로에게 호감도 약간 있었고~ 친구도 그녀에게 연락했고, 그래도 그녀는 답을 하지 않았다.

친구에게 조급한 마음이 들었던 것 같다. 둘이 워낙 친했던 사이라~그러니 집에도 놀러 갔던 터라~ 친구는 그녀에게 '답 안 하면 집에 쳐들어간다'라고 문자를 보냈고, 그러자 그녀에게 연락이 왔다.

사람이 갑자기 불같이 화를 내며, 사람을 '성추행범'으로 매도하더니, 고소하겠다고 난리를 쳤다.

그렇게 친구의 평판은 추락했고, 관계는 완전히 깨졌다.

물론 가장 큰 잘못은 친구에게 있다. 자기감정을 통제하지도 못했고, 할 말과 안 할 말을 구분하지도 못했다. 이는 결국, 상대방을 존중하지 않았던 것이다. (사람을 분별하지도 못했다.)

하지만, 말은 바로 해야 한다.

친구의 행동은 '성추행'이 아니라, '협박'이다. (그리고 실제로 이루어졌다면 '주거침입' 또는 '스토킹범죄'다.)

여성으로서 자존심을 지키려는 마음은 이해하지만, 그렇게까지 관계에 대한 책임을 회피하는 사람을 사랑할 사람은 없을 것 같다. (양자를 구분하지 못할 정도로 그녀의 지능이 떨어졌을 수도 있지만, 아니라면 이는 악惡한 것이다. '거짓 증언을 하지 말라'는 건 십계명이다.) 친구는 아직 여성 불신을 극복하지 못하고 있다.]

스벤 브링크만Svend Brinkmann은 《철학이 필요한 순간Ståsteder》(2016)에서 이렇게 말했다.

"자기 용서는 후회의 마음을 버리는 한 방법이다. 자신을 용서할 수 있어야 앞으로 나아갈 수 있다."

사람에게 용서받지 못할 때도 분명 있다. 하지만 절대자에게 용서받지 못할 때는 없다.

만일 우리가 우리 죄를 자백하면 그는 미쁘시고 의로우사 우리 죄를 사하시며 우리를 모든 불의에서 깨끗하게 하실 것이요 (요한일서 1:9)

이제 마지막, '용서하지 못할 것조차 용서하는 사람'이다.

사람이 명백히 악惡할 때다.

비록 소수에 불과하지만, 우리 주변에는 정말로 양심이 없는 사람도 분명 존재한다. 그들이 완전히 이기적이기 때문이며, 그 우선순위가 사람이 아닌 돈이기 때문이다. 그들이 바로 '자기 잘못을 절대로 인정하지 않는 사람'(주17)이며, 그들이 바로 '절대로 용서하지 않는 사람'이다.

그런데 그를 용서하라니, 이 무슨 궤변이겠는가? 그런데도 그를 용서하는 건 오히려 악에 이용당하는 것이 아니겠으며, 악과 타협하는 것이 아니겠는가.

하지만 아니다. 그런 사람이라도 얼마든지 용서하고 품을 만큼 이미 영적으로 충분히 성장했기 때문이며, 그 사람으로 과거 자신의 모습을 확인하기 때문이다.

'용서하지 못할 것조차 용서하는 사람'들은 이미 인간의 본성을 통찰한 사람들이다. 그들은 자기 본성도 악하다는 사실을 이미 깨닫고 인정한 사람들이며, 그랬던 자신을 이미 용서한 사람들이다. 그러니 그들이 타인을 함부로 판단하거나 정죄하지 않는 건 당연한 결과다. (판단이나 정죄는 자기 의義, 즉 교만의 산물이다.)

상대방의 허물을 용서하는 것과 상대방과의 관계를 유지하는 건 별개의 문제다. 용서와 '관계 회복'이 별개의 문제인 것과 마찬가지이며, 권위 인정받을 자격이 없는 권위조차 인정하는 것이 진정한 권위 인정인 것과 마찬가지다. 명백히 악한 사람의 존엄성조차 존중함과 동시에 자기 양심의 선을 지킬 수 있다면 이미 충분히 성장한 것이다.

롤로 메이는 《권력과 거짓순수》에서 이렇게 말했다.

"인간이 된다는 건, 악이 공존하는 속에서도 선을 이루는 것이다."

악에게 지지 말고 선으로 악을 이기라 (로마서 12:21)

하지만, 정말로 어려울 때가 또 따로 있다. 가해자가 악하지 않을 때다. '시험Test'이다.

명백히 악한 사람을 용서하기란 사실 그리 어렵지 않다. 상단에서 말했지만, 자신이 악하다는 사실을 깨달았기 때문이며, 그런 자신조차 이미 용서했기 때문이다.

하지만 가해자가 자신과 가장 가깝고 친했던 사람, 자신에게 가장 소중했던 사람, 자신이 가장 존경하고 사랑했던 사람이라면 어떨까?

그런데 그런 사람 탓에 자신에게 가장 소중했던 것, 자신이 가장 지키고 싶었던 것, 가장 잃고 싶지 않았던 것을 잃게 된다면 어떨까? 그런데도 그를 용서해야 할까?

그런데 그가 자기 잘못을 인정하기는커녕, 그 모든 책임을 자신에게 전가하려 한다면 어떨까? 오히려 그가 피해자인 양 행세하며 자신을 가해자로 매도한다면 어떨까? 억울함에 가슴이 터져나가는 그 순간에도 그를 용서할 수 있을까?

본문에서 '배신에서 오는 고난'에 관한 팀 켈러의 말을 인용했다.

"자신의 죄에서 오는 고난이 있는가 하면, 반대로 선하고 용감한 행동에서 비롯되는 시련도 있다. … 앞선 첫 번째 유형의 고난은 회개를 요구하는 반면, 두 번째 유형의 역경은 용서라는 이슈를 붙들고 씨름하게 만든다."

필자에게도 그런 사람이 있었다. 필자는 그를 용서하지 않았다. (하지만 곧 크게 후회했다. 〈부록〉에서도 말했지만, 그것이 바로 나의 '선악과'였다.) '용서하지 못할 것'조차 용서했어야 했다는 것을, 필자는 너무 늦게 깨달았다.

영적으로 성장하다 보면 어느 순간, 용서하지 못할 것을 용서해야 할 순간을 만날 것이다. 제법 시간이 필요하겠지만, 그래도 결국 용서를 선택해 내리라 믿는다. 우리가 모두 '용서할 사람'이라고 믿는 까닭이다.

토마스 사즈Thomas Szasz는 이렇게 말했다.

"어리석은 자는 용서하지도, 잊지도 않는다. 순진한 자는 용서하고 잊는다. 현명한 자는 용서하나 잊지는 않는다."

영성靈性은 용서로 드러난다. ((주61), '용서했더니, 살이 빠졌다!'에서 계속.)

(주21) 지식知에 경험日을 더한 것이 지혜智다.

김성회, 《리더를 위한 한자 인문학》(2016)에서 인용했다.

(주22) 고난, 광야학교

니체는 《우상의 황혼》(1889)에서 이렇게 말했다.

"나를 죽이지 못하는 고통은 나를 더 강하게 한다." What does not destroy me, makes me stronger.

본문에서 '고난이 사람을 키운다'라고 말했지만, 더 정확한 표현이 따로 있다.

"고난을 만난 순간의 선택으로 그 본질이 드러난다."

결국 우리의 선택으로 우리 각자의 인생을 빚어가는 셈이다. 세네카는 이렇게 말했다.

"중요한 것은 얼마나 고통받느냐가 아니라 어떻게 그 고통을 이겨내느냐다. … 삶에서 부딪히는 난관들을 극복하고자 한결같은 마음으로 싸워온 사람은 이 같은 어려움에 무두질되어 그 어떤 악에도 굴복하지 않는다. 설령 쓰러진다 하더라도 그 상대 그대로 싸움을 계속한다."

우리 삶의 고난과 시련을 광야라고 표현해보자. 우리 인생을 고해苦海, 즉 고난과 시련의 연속이라고 말하는 사람도 많지만, 필자의 생각은 다르다. 필자에게 그 고난과 시련은 진정한 나 자신을 회복하게 하는 과정, 즉 광야학교Desert School였다.

나의 가는 길을 오직 그가 아시나니 그가 나를 단련하신 후에는 내가 정금 같이 나오리라 (욥기 23:10)

중국 전국시대 철학자 순자荀子는 이렇게 말했다.

"날이 추워지지 않으면 소나무와 잣나무의 절개를 알 수 없고, 시련이 없으면 군자의 진가를 알 수 없다."

이제 돌아보면 이가 부득부득 갈릴 일이다. 당해보지 않은 사람은 그 지옥 불의 뜨거움을 절대 알 수 없다. 하지만 괜찮다. 덕분에 내가 컸다.

사람이 감당할 시험 밖에는 너희가 당한 것이 없나니 오직 하나님은 미쁘사 너희가 감당하지 못할 시험 당함을 허락하지 아니하시고 시험 당할 즈음에 또한 피할 길을 내사 너희로 능히 감당하게 하시느니라 (고린도전

서 10:13)

같은 시대 철학자 맹자孟子는 이렇게 말했다.

"하늘이 사람에게 큰일을 맡기려고 하면天將降大任於是人也, 반드시 먼저 그 마음과 뜻을 괴롭게 하고必先苦
其心志, 근육과 뼈를 깎는 고통을 주고勞其筋骨, 몸을 굶주리게 하고餓其體膚, 생활을 빈곤에 빠뜨리고空乏其
身, 하는 일마다 어지럽게 한다行拂亂其所爲. 이는 마음을 흔들어 참을성을 기르게 하기 위함이며所以動心忍性,
지금까지 할 수 없었던 일을 능히 할 수 있게 하기 위함이다增益其所不能."

광야 길 한 가운데서 만난 가슴 벅찬 위로였다.

(주23) 감사하는 자세와 태도

증여, 즉 선물을 주고받는 행위는 사실 강제적이며 타산적인 행위였다. 하지만 중요한 건 금전석이사나 징량
적인 보상이 아니라, 그 마음 중심, 즉 자세와 태도다. 세네카는 이렇게 말했다.

"그런데 빚진 것이 무엇인가라고 말하면, 결코 선물이라고 말하지 않고 은혜라고 말한다. … 은혜이기 때문에
굳이 재물로 갚을 필요가 없다. 은혜를 입었다는 사실을 상기하는 것만으로도 갚은 것이나 다름없다."

이는 직장에만 적용할 말이 아니다. 모든 인간관계, 특히 남녀 관계에도 적용할 말이다.

셰리 아곱은 《남자들은 왜 여우 같은 여자를 좋아할까》(2002)에서 이렇게 말했다.

"여자가 고마움을 표시하는 한 남자들은 베푸는 일을 즐긴다."

"남자들이 원하는 것은 서로 동등한 부담이 아니라, 상호 분담 그 자체다. … 작은 행동으로 감사의 마음을
표현할 때, 남자는 기꺼이 나머지 비용을 분담한다."

눈물과 보석과 별의 시인, 김현승金顯承은 〈감사하는 마음〉에서 이렇게 노래했다.

"감사하는 마음―그것은 곧 아는 마음이다!

내가 누구인지를 그리고 주인이 누구인지를 깊이 아는 마음이다."

'주인'이라는 표현을 '내가 감당할 수 없었던 책임을 대신해 주는 사람'이라고 바꿔도 좋다.

(주24) 꽃이 지고, 홍수가 나고, 벼락이 떨어져도.

SBS 드라마 〈뿌리 깊은 나무〉, 세종대왕(한석규)의 대사를 일부 인용함.

(주25) 그들이 원하는 건 정말 아무것도 없다. 진짜다.

올바른 권위자는 피被 권위자에게 아무것도 바라지 않는다. 진짜다.

부모가 자녀에게 무얼 원하겠는가. 자녀에게 무언가를 원하는 부모는 올바른 부모가 아니다. 마찬가지다.

절대자God가 우리에게 바라는want 건 아무것도 없다. 닐 도널드 월쉬Neale Donald Walsch는 《신이 원하는
것은What God Wants》(2005)에서 이렇게 대언代言했다.

"신God이 원하는want 건 과연 무엇일까?' 아무것도 없었다. 진짜다.

하지만 절대자가 우리에게 바라는hope 것은 있다. 우리가 행복하게 사는 것이다.

"신에게 '필요want'는 없지만, '소망hope'은 확실히 있다. … '나는 우선 내 모든 영광 속에서 나를 알고 체험하기를 소망한다. 그다음 네가 어떤 길을 선택할지라도 내가 너 자신을 창조하고 경험하라고 준 능력으로 자기가 진정 누구인지를 알고 체험하기를 소망한다. 셋째로, 지금이라는 순간순간마다 삶의 전 과정이 끊임없는 기쁨, 연속적인 창조, 끝없는 확장, 완전한 성취의 체험이 되기를 소망한다.'"

부모의 처지에서 표현하자면, 자녀가 건강하고 착한 아이로 자라는 것, 하고 싶은 일을 마음껏 하며 행복하게 사는 것이다. 하지만 필자의 생각은 다르다. 절대자가 바라는 것이 하나 있다.

"절대자가 우리를 사랑하는 만큼, 우리에게 사랑받는 것이다."

그 사랑을 정확히 그대로 돌려드릴 순 없겠지만, 절대자도 이를 기대할 리 없지만, 우리가 그 사랑과 은혜가 무언지 알고 감사하는 것만으로도 절대자는, 춤이라도 덩실덩실 출 것이다.

그런데 왜 절대자는 이 말을 《신이 원하는 것은》에서는 못 했던 걸까?

필자가 볼 때는, 절대자도 남부끄러우셨던 것 같다. 우리 권위자들 마음이 그렇지 않은가.

(주26) "가야 할 때가 언제인가를 분명히 알고 가는" 이형기李烔基의 시, 〈낙화〉를 일부 인용함.

(주27) 자기 책임을 회피하는 사람에게는 '책임을 회피하지 마라'라고 이야기해야 한다.

하지만 필자가 말하려는 건 그다음 차원의 이야기다. 자기 책임을 회피하지 않게 된 사람에게 필요한 건, 자기 몫이 아닌 것을 구분할 수 있는 분별력과 지혜이며, 이를 거절할 만한 힘과 용기, 에너지다.

필자가 전자만 강조한다면, 이 책은 흔한 자기개발서에 불과할 것이다.

(주28) 여성 자신보다 권위가 높은 남자

엘리엇 카츠Elliott Katz는 《여자가 원하는 강한 남자 되기Being the Strong Man a Woman Wants》(2005)에서 이렇게 말했다. "건강한 여자는 강한 남자를 원한다."

낭만주의 여성 작가 조르주 상드George Sand는 이렇게 말했다.

"존경하지 않는 사람은 사랑하지 마라. 존경 없는 사랑은 우정일 뿐이다."

낭만주의 시대는 지나갔지만, 여성들이 찾는 남성상은 변하지 않았다. 《컬처코드The Culture Code》(2006)로 유명한 클로테르 라파이유Clotaire Rapaille는 《글로벌 코드The Global Code》(2015)에서 이렇게 말했다.

"여성은 자신과 자녀를 지켜줄 강한 남성을 원한다. … 여성에게 아름다움이란 곧 강함을 의미한다. 그러나 동시에 헌신을 의미하기도 한다. … 남성의 아름다움에 대한 글로벌 코드는 헌신적인 강함이다."

'헌신적인 강함'이라는 표현에서 자연스럽게, '상대방을 존중하는 사람'이 떠올랐다. 그가 바로 세상 모든 여성이 바라는 남자, '선하고 강한 남자'(주29)다.

《어느 게이가 말하는 여자들의 연애 심리》(2000)에서 오스카Oscar는 이렇게 말했다.

"어쨌거나 여자들은 권위 있는 남자를 좋아한다."

"여자들이 찾는 남자는 자기가 믿고 의지할 수 있는 그런 강한 남자다. … 여성해방운동이 그녀들의 이런 꿈에 타격을 입힌 건 사실이다. 하지만 그 수많은 여자 친구들이 내게는 조심스레 비밀을 털어놓는다. … 강한 여자일수록 기대어 쉴 수 있는 강한 어깨를 가진 남자를 꿈꾼다."

(주29) 약弱함이 죄는 아니다.

문제는 있는 그대로의 자신을 솔직하게 인정할 수 있는 정직성이며, 변화에 관한 자세와 태도다. 자기가 약하다는 것, 즉 '자기가 틀렸다'는 걸 인정할 수 있다면, 이미 충분히 강強한 것이다. 강해지려는 시도나 노력, 즉 행동이 따른다면 더더욱 강한 것이다.

하지만 자기 실수나 잘못을 인정조차 하지 않거나, 자신에게조차 정직하지 않는 건 문제다. 그것이 자기 의義, 즉 교민인 까닭이다. 김승호 선생은 《사람이 운명이다》(2016)에서 강하게 말했다.

"거지가 거지인 이유는 다른 이유가 아니다. 약해서다. 약한 사람은 남에게 기대려는 사람, 자기 자신을 돕지 않으려는 사람이다. 그러니 악惡한 것보다 못하다. … 약한 사람은 자기보다 강強한 사람을 무조건 악하다고 생각하는 버릇이 있다. 대단한 착각이다. … '착함'이라는 가면이다. 비겁한 짓이다."

그 '착함이라는 가면'을 롤로 메이는 《권력과 거짓순수》에서 '거짓 순수'라고 표현했다.

초운 선생의 지적이지만, '선善하고 약弱한 것'보다 '악惡하고 강強한 것'이 더 낫다. 당장은 악하더라도, 강하기에 한순간 회심할 수 있기 때문이다. 하지만 약한 사람은 어렵다. 약하기에 그만큼 더 그 자아가 자신을 지키려 하기 때문이며, 그러니 건강한 변화조차 거부하게 된다.

안토니 보린체스는 이렇게 말했다. "사랑에 빠지게 하는 사람들은 자신을 향상시킨 사람들이다."

우리가 강해져야 할 이유가 아닐 수 없다.

(주30) 그녀의 말이 아닌, 행동을 봐야 한다.

비언어적 커뮤니케이션이란, 언어적인 커뮤니케이션을 제외한 모든 것이다. 표정과 말투, 자세와 태도다.

아까 그 여자 사람을 다시 봐도 좋다. 갑자기 머리를 쓸어 올리는 건 아닌가? 괜히 이상한 걸 물어보는 건 아닌가? 별것도 아닌 일에 까르르 웃는 건 아닌가? 괜히 사람을 툭 친다면, 철저하게 계산된 행동이다! 괜히 혀로 입술을 축인다면, 마침 입술이 메마른 것이다! 시선을 피하지 않고 배시시 눈웃음을 짓는다면 바로 그거다 *Green Light!*

비언어적 커뮤니케이션은 거짓말을 하지 못한다. 3초가 지나기 전에 말을 걸어주어야 해! 목소리를 조금 낮추거나, 코 먹은 소리를 내면 더 좋다. "나한테 반한 건 아니지?"

뭐가, 쿵.

그녀의 언어적 답변은 대부분 '아니오No'일 것이다. 하지만 이제 우리는 그 언어적 표현에 신경 쓸 필요는 없다는 걸 이해한다.

정말 '아니오'라면 그녀는 의사를 아주 확실하게 표현해줄 것이다. 사람이 정색한다면, 정말로 아닌 거다. (본문에서도 분명히 말했지만, 작고 변변찮은 체면치레와 강한 부정은 다르다. 후자를 강하게 밀어붙이는 건 범죄다.) 하지만 대답을 조금 천천히slowly 한다면, 한번은 다시 물어봐야 한다. (아니라면, 난 모르는 일이다.

바보가 된 기분이나 한 번 더 느끼자.)

(옆에 남자 사람이 있는데도, 머리를 쓸어 올리는 여자는, 무슨 심리지? 그러니까 남자 사람이지! 거짓말을 못 한대니까!!)

(주31) 여성이 남성을 선택할 때가 훨씬 더 많다.

단지 남성들이 이를 눈치채지 못할 뿐이다. 필립 맥그로Phillip C. McGraw는 《똑똑하게 사랑하라Love Smart》(2005)에서 이렇게 말했다.

"여자는 연애나 결혼을 할 때 진지한 관계를 맺을 것인가 말 것인가에 대한 결정을 남자가 직접 내리는 것처럼 보이도록 꾸미려는 경향이 있다."

그래도 믿어지지 않는다면, 키르케고르의 말을 인용하겠다.

"여자는 너무나 교활한~은밀한~ 방법으로 유혹하기 때문에, 언제나 남자라는 정직한 존재가 유혹하는 당사자처럼 보이게 한다."

(주32) "차는 두고 가."

김향훈 변호사는 같은 책에서 어느 남편의 일화를 소개했다. 남편이 아내에게 이혼하자는 말을 꺼냈다. 다툼 끝에 아내는 집을 나갔고 며칠 후 늦은 밤 집으로 돌아왔다. 순간 남편 머릿속에 별의별 생각이 다 들었다. '먼저 사과하면 어떡하지?' '내가 너무 심했나?'

그런데 아내가 대뜸 한 말은 다른 말이 아니었다. "내 다이아 내놔!"

"아내는 아파트 현관에 쭈구리고 앉아 박스 안 보석을 하나하나 확인하고 있었다. … 그 이상의 속내는 듣지 못했지만, 남편이 먼저 이혼 이야기를 꺼낼 수밖에 없었던 이유가 있었던 듯하다. … 아내는 화해해보려는 노력이나 대화는커녕 보석을 먼저 챙겼다. 오히려 덕분에 남편은 결단을 내릴 수 있었을 것이다.

상대방이 당신과 함께했던 시간에 대해 어떤 가치를 매기고 있는지 생각해 볼 필요가 있다. 싸울 때마다 '이혼하자'는 말을 내뱉으면서 '차는 내가 가질게', '아파트는 나한테 줄 거지?', '보석은 다 나 줘' 등을 반복하는 여자가 있다면, 그 여자가 생각하는 결혼의 가치, 배우자를 생각하는 가치를 의심해봐야 한다. 적어도 물건 가치로 당신의 가치를 비교당해서는 안 되지 않겠는가." *친한 형님은 개랑 비교당했다더라.*

필자에게도 비슷한 경험이 있다. 자영업이 어려워지고, 집필 기간도 길어지자 무서운 여자는 이혼 서류를 내던지며, 문자 그대로 '내 인생에서 꺼져 달라'고 했다.

그런데 아들 셋 다 데리고 나가라는 말끝에 이런 말이 덧붙었다. "차는 두고 가."

순간 할 말을 잃었다. (아들 셋에 그 짐을 다 어떡하라고? 이고, 지고, 업고, 손잡고 걸어가라고?)

하지만 그래도 나는 내가 죄인이라고 생각했다. 나만 더 낮추려 했다. 나를 비난하고 정죄했다. 그것이 도덕적으로, 율법적으로, 종교적으로 옳다고 생각했다. 하지만 완전히 틀린 생각이었다.

자신을 돌아보고 자기 잘못을 인정했다면, 그다음엔 상대방도 살펴야 했다. 상대방의 은혜받을 자격을 먼저 확인하지 않은 것, 그것이 필자가 인생에서 세 번째로 후회하는 것이다.

하지만 유명 한의사 이경원은 《첫눈에 반하지 마라》(2014)에서 이렇게 말했다.

"남녀평등에 유난히 날을 세우는 여자는 피하라. … 평소 남녀평등을 사사건건 부르짖다가도 돈 낼 때만은 잠잠해지는 여자가 있다. … 따뜻한 마음을 나눌 줄 모르는 이기심 많은 여자가 툭하면 남녀평등을 주장한다. 자신의 이기심을 남녀평등으로 착각하기 때문이다."

(주33) 신데렐라의 계모와 결혼한 남자

로라 슐레징어Laura C. Schlessinger, 《열 받지 않고 삐치지 않는 사랑의 대화법The Prosper Care and Feeding of Husbands》(1996)에서 인용한 표현이다.

"어찌 보면 남자들은 어리석은 기사다. 자존감, 영웅심을 느끼려다 보니 어쩌다가, 곤경에 빠진 처녀를 구해버린 것이다. 그들은 그녀가 신데렐라라고 굳게 믿는다. 착각이다. 그녀는 신데렐라의 계모에 더 가깝다. 그녀 우주의 중심은 자기감정이다. 남자에게는, 정서적인 블랙홀이다."

'정서적으로 거세당한 남자'라는 표현도 그녀의 표현이다.

(주34) 단절해야 할 관계도 분명 있다. (주의. 아래 내용은 충격적일 수 있다.)

필자가 이 말을 강조하는 이유가 있다. 그런데도 관계를 단절하지 못하는 사람이 많기 때문이다. (선하기 때문이며, 책임감이 분명하기 때문이다. 그리고 무엇보다, 그래도 그 권위를 인정하기 때문이다.)

하지만, 단절해야 할 관계도 분명 있다. '절대 성장하지 않는 사람'과 교제할 때가 대표적이다.

이들이 바로 절대 상종해서는 안 될 사람, '상대방에게 집착하는 사람'이다.

그들 중에는 권위적이거나 폭력적인-범죄자급- 사람도 물론 많지만, 비교적 소수다. 자신을 약자로 위장하는 사람이 훨씬 더 많다. 자기 상처나 약점으로 상대방의 동정심을 유발하려는 것이며, 그럴 때 상대방을 조종하거나 구속할 수 있다는 걸 학습한 것이다.

그들은 상대방의 착한 심성을 오히려 역으로 이용하는 사람들이다. 상대방에게 의무나 책임을 강요하거나, 상대방에게 수치심이나 죄책감을 유발하려 할 때도 많다. (사람이 미묘하게 이상하다면-의심이 많거나, 타인을 경계하거나, 다른 사람과 시선을 마주치지 못하거나, 자신을 숨기며 침묵으로 일관하거나-, 조심해야 한다.)

이경원이 《첫눈에 반하지 마라》에서 소개한 일화다.

"어느 두 연인과 함께 합석하게 되었다. 그런데 남자가 얘기 도중 늘 튀어나오는 말이 있었다.

"누구랑 있었는데"였다.

여자가 얘기 도중 "옛날에 어딜 갔었는데"라고 하면 남자가 곧 "누구랑 갔었는데?"라고 묻는다. 여자는 옛 애인과 같이 갔다는 말을 하기도 그래서 얼버무리고 계속 이야기를 이어가는데, 또 어딜 갔다는 대목이 나오면 남자가 어김없이 "누구랑 갔었는데?"라고 또 묻는다. (제삼자 앞에서까지 그런다면, 심각한 것이다.)

이런 사람은 의심이 많고 집요하여 의처증, 의부증의 소질이 있다고 생각해야 한다. … 의처증, 의부증은 남의 상황은 전혀 생각하지 않고 자기중심에서만 집요하게 생각하기 때문에 생겨난다. 이런 사람은 타인의 사정을 고려하기는커녕 자기가 알고 싶은 것만 생각하고 물어보는 이기적인 사람이다. 피하는 것이 상책이다."
순간, 내 눈을 의심했다. 내 친구 이야기였다.

예쁘고 착하고 강하고 똑똑했던 친구였다. 사람이 긍정적이고도 적극적이었다. 자기 주관도 뚜렷했고, 꿈도 많았다. 사람이 반짝반짝 빛났다.
그랬던 그녀가 다른 친구를 도우려다, 집착하는 남자에게 꼬리를 밟혔다. 날개가 꺾여 새장에 갇혔다.
그 저급한 본성-이기적이고 부정적이고 수동적이고 의심하고 경계하는-을 그녀가 알아보지 못한 것이 아니다. (다른 사람과 시선을 마주치지 못하는 사람이었다.) 연애 초반부터 이미 몇 번이나 헤어지려 했다. 주변에서도 이별을 권했다.
하지만 불가능했다. 남자가 집요하게 들러붙어서 절대로 떨어지지 않았기 때문이다.
그녀가 필자처럼, 자신을 사랑하지 않았던 것도 아니다. 그녀의 엄마는 다른 형제를 편애했지만, 그래도 그녀의 자존감은 건강하게 지켜졌다.(주43) 지혜로우셨던 아버지 덕분이며, 영유아 시절 그래도 몇 번이나마 그녀를 돌봐준 이모 덕분이다. (당시 그녀는 엄마와 이모를 구분하지 못했다고 한다.) 하지만, 엄마가 얽어맨 의무감과 책임감의 사슬이 문제였다.
남자의 '동정심 유발 작전'이나 '피해자 행세'에 번번이 발목을 잡혔다. 그렇게 결국 그 남자와 결혼했다.
아니, 결혼 당했다. 남자가 그녀의 경제적인 어려움을 눈치채더니, 자기와 동거할 수밖에 없도록 상황을 몰아간 것이다. 이에, 그녀의 엄마도 동조했다. 다른 형제를 편애했기 때문이며(주43), 결국 엄마의 우선순위는 돈이었던 셈이다(주63). (하지만 엄마는 딸의 동거를, 남편에게는 철저하게 숨겼다.)

동거 직후, 크게 후회했다. 남자가 집에서도 집요하게 들러붙어서 절대로 떨어지지 않았기 때문이다. 그녀가 자기 눈에 보이지 않는 걸 남자는 견디지 못했다. 집에서도 어딜 가든 집요하게 들러붙었다.
심지어 집에서 화장실조차 마음 편히 못 갔다. 남자가 화장실 앞에 진을 치고 앉아, '빨리 나오라'라며 사람을 계속 보챘기 때문이다. (샤워라도 할 때면, 남자는 문을 벌컥 열고 들어와 게슴츠레한 눈빛으로 나신을 훑어보았다.) 화장실을 회사에서 사용하게 되었다.
피곤한 사람을 잠도 재우지 않았다. 파트너를 만족시키지도 못하는 사람이 자기 성욕 해소에만 집요하게-이기적이고도 변태적으로- 집착했다. (착취에 가까운 성적인 이야기는 옮길 수 없다. 하지만 정말로 사랑한다면, 사람을 몸 파는 사람처럼 대할 수는 없다.) 회사에서 일하다가 쓰러져 자는 것이 오히려 더 편했다.
하지만, 그래도-동거까지 했으니 더더욱- 결혼해야 하는 줄로만 알았다. 엄마도 결혼을 종용했다. 그래도 결혼하면 사람이 변하리라고, 좋게 생각했다. (그래도 아버지는 그 성품을 알아보셨던 것 같다. 완곡히 반대 의사를 밝히셨지만, 거기까지셨다. 그것이 딸의 의사라고 오해하셨기 때문이며, 당신 뜻과 다른 딸의 의사조차 존중해주셨기 때문이다.)
그렇게 결혼했고, 더 크게 후회했다. ('사람은 변하지 않는다'는 말은 정말 사실이었다.

아니다, 변했다. 상태가 더 안 좋아졌다!) 이제까지 경험했던 집착과 구속은 장난이었다.

결혼 직후 남편은 아내에게 경제권을 요구했고, 그녀는 흔쾌히 응했다. 그 우선순위가 돈이 아닌 사람이었던 까닭이다. 공인인증서를 비롯한 모든 금융거래 수단을 빼앗겼다. (이메일 주소는 이미 연애 시절에 빼앗겼다.) 아내 핸드폰을 들여다보는 건 예사였다. 안내 문자나 포인트, 혜택, 고지서 등을 모두 아내 핸드폰으로 오게 해놓은 것이다. 남편은 통화나 문자 내역, 방문 기록 등을 일일이 확인하며 아내를 보챘고, 곧 기존의 인간관계를 대부분 잃어버렸다. (귀가할 때마다 습관적으로 통화 내역과 문자를 확인하고 삭제하게 되었다.)
하지만 카드 한 장은 예외였다. 용돈과 생활비 명목의 카드였다.
그녀의 일거수일투족이 남편에게 실시간으로 통보되었고, 남편은 '옆에 누가 있는지' 확인할 때까지 집요하게 전화를 해댔다. (하지만 현금은 절대로 주지 않았다.) 숨이 막혔다.

결혼 후에야 비로소 사람이 드러났다. 남편은 정말 자기밖에 모르는 사람이었다. 아내에게 강박적으로 집착하며 자기 욕구를 해소하려 했지만, 상대방의 요구나 바람에는 완전히 무관심했다.
그녀는 꿈이 많은 사람이었다. 결혼해서도 하고 싶은 것이 많았고, 배우고 싶은 것도 많았다. 하지만 남편은 이를 응원해주기는커녕, 남자 사람이 있을 만한 곳은 절대로 못 가게 했다. 아무 데도 못 가게 됐다.
회식이라도 할 때면 남편은 집요하게 전화를 걸어댔다. 큰일 났다고, 빨리 들어오라고 사람을 보냈다. 하지만 대부분, 남편 스스로 해결할 만한 작은 일이었다.
나중엔 아이가 아프다며 사람을 보냈다. (이건 정말 엄마로서 속을 수밖에 없는 문제다.) 하지만 아이는 대부분, 엄마가 들어오기 직전에 괜찮아졌다.
그래도 남편도 아는 친구들은, 가끔이라도 만날 수 있었다. 남편도 끊임없이 전화를 걸어대지 않았다. 영상통화를 집요하게 걸어댔다. 자녀들도 영상통화를 집요하게 걸어댔고, 뒤에는 항상 남편이 있었다. 동석한 친구들도 불편해했고, 인간관계는 더 좁아졌다. (그렇게 귀가하면 남편은, 아내의 속옷을 벗겨 검사했다고 한다.)

그녀가 남편과 대화를 시도하지 않았던 것이 아니다. 하지만 남편은 고집불통이었다. 사람 말에 공감은커녕, 경청조차 해주지 않았다. 간혹 입을 열면 부정적인 말만 쏟아져나왔다.
여전히 남편은 아내에게 의무와 책임을 강요하거나, 자기 상처와 약점으로 아내의 동정심을 유발하려 한다. 그렇게 해서라도 아내에게 자기 책임을 전가하려는 것이며, 아내가 자신을 떠나지 못하게 하려는 것이다. (하지만 아내가 남편을 떠나려 한 적은 없다. (그 몹쓸 의무감과 책임감이 문제다.(주43)))
남편이 아내에게 수치심이나 죄책감을 유발하려 할 때도 많다. 아내가 성적인 요구를 거절할 때 특히 그렇다. (아내를 만족시키지도 못하는 사람이 오히려 아내를 불감증으로 매도한다. 하지만 어쩌다 한번 아내가 불만족을 토로할 때면 아내를, 문자 그대로 '색녀' 취급한다.) 하지만 수치심이나 죄책감만큼 여자 자존감을 무너뜨리는 것도 또 없다.

수 요한슨Sue Johanson은 《우리 그 얘기 좀 해요Sex sex and more sex》(1995)에서 이렇게 말했다.

"남자보다 여자가 더 죄의식에 민감한 것 같아요. … 어떤 사람도 당신의 허락 없는 당신에게 죄책감을 강요할 수 없어요. 누군가가 당신을 죄책감으로 조종하려고 한다면, 그건 그 사람에게 문제가 있는 거예요."

그녀가 이를 모르는 것이 아니다. 단지 이를 어찌하지 못할 뿐이다.

자신에게 불리할 때면 남편은, 정말 아무것도 모른다는 표정을 지으며 오히려 아내를 예민한 사람으로 취급하거나, 침묵으로 일관한다. 오히려 남편이 피해자 행세를 하며, 아내를 가해자 취급할 때도 많다.

'어떻게 저런 걸 핑계라고 댈 수 있을까?' 남편과 대화하려 할 때마다 가슴이 터져나갔다.

하지만 더 큰 문제는, 자녀들이었다. 아빠 권위를 인정하지 않았다.

자녀들은 떼를 심하게 썼다.(주62) 심지어 아빠에게 침을 뱉거나, 아빠 뺨을 때리기도 했다.

아들들도 아빠처럼 엄마에게 집착했다. 엄마의 소유권을 놓고 아빠와 다투는 것이 눈에 보였다. (제법 큰 녀석들이 아빠처럼, 엄마가 있든 말든 화장실 문을 벌컥벌컥 열어댔다. (하지만, 엄마도 여자다.))

그럴 때마다 남편은 권위적이고도 폭력적으로 돌변했다. 집안 살림을 부수는 건 예사였다. 자칫, 자녀에게 상해라도 입힐 것 같았다. 피가 더 말랐다.

하지만 진짜 더 큰 문제는, 모시고 사는 시어머니였다. 부모로서의 자녀 권위를 무너뜨렸다.

손주들이 떼쓸 때면 시어머니는 항상 이렇게 말했다. "그냥 한번 해줘라."(주63)

시어머니는 무엇에든 만족하지 않는 사람이었다. 매사에 불평불만이었다. 그러면서 돈에는 무섭게 집착했다. 자녀들에게 도움을 주기는커녕, 턱없이 높은 이자를 요구했다. 사돈댁에서 보낸 반찬도 자기 마음대로 큰집에 보냈다.

시아버지는 시어머니 명의로 자녀들이 해드린 집에서 별거 중이었다. 시어머니는 시아버지를 그 집에서 내쫓아서라도 돈을 더 얻으려 했다. 시아버지는 분노로 부들부들 떨었다.

"갈 곳 없는 것을 거두어 줬더니!" 하지만 아무도 시어머니를 통제할 수 없었다.

시어머니는 당신 큰아들을 편애했다고 한다. (자녀에게 가장 좋지 않은 것이 바로 부모의 편애다-단지 남편이 형의 권위를 인정하지 않았을 수도 있지만 아무튼-(주43)) 그런데 이번에는 둘째 손주를 편애했다. 큰 아이가 주눅 드는 것이 눈에 보였다.

더는 막힐 숨도, 터질 가슴도, 마를 피도 없었나 보다.

저혈압과 함께 부정맥, 공황장애가 왔고, 죽음의 공포를 느끼며 가슴을 움켜쥐었다.

'이러다가 내가 죽겠구나.' ('내가 죽어야 이 생활이 끝나겠구나.')

하지만, 그런 그녀를 더 외롭게 하는 것이 또 있다. 주변 사람의 시선이다.

주변 사람들에게 남편은 부러움의 대상이다. 돈은 잘 벌어오기 때문이며, 아내의 모든 책임을 대신하려 하기 때문이다. 그들 눈에 남편은, 아내가 원하는 모든 것을 해주는 남편이다.

하지만 아니다. 아내가 아무리 간절히 원하더라도, 남편 자신의 의도와 다른 건 절대로 허락하지 않는다.

그렇다면 이는 아내가 아닌, 자신만 생각하는 완전히 이기적인 처사에 불과하다. 아내를 정말로 존중한다면, 아내의 의사가 자신과 다를지라도 존중해야 한다. (상대방을 정말로 존중하는 사람은, 상대방이 자신을 떠나려 할 때조차 그 의도를 존중해준다.)

돈을 잘 벌어오는 것도 마찬가지다. 아내에게는 경제권을 절대로 넘기지 않는다.(주63) 그렇다면 이 역시 자신만 생각하는 이기적인 처사에 불과하다. (돈을 많이 벌어오면 뭐하나, 아내에게 주지를 않는데. 그리고, 경제적인 만족은 그냥 기본이다. 정서적인 만족이 훨씬 더 중요하다. (아내도 여자라고!))

하지만 필자가 볼 때 가장 심각한 건, 그가 아내의 모든 책임을 대신하려 하는 것이다.

여러 번 말했지만, 상대방의 책임을 대신해주는 것이 항상 좋은 건 아니다. 그만큼 상대방의 권위를 낮출 수 있기 때문이다. 자칫 사람을 아무것도 스스로 하지 못하는, 무능력한 사람으로 만들 수 있다는 의미다. (요즘 세상에 금융거래를 혼자 하지 못하는 성인은 그리 많지 않다.)

하지만 바로 그것이, 그 남편이 무의식적으로라도 의도하는 바일 수 있다. 그렇게 해서라도 아내를 자신에게 의존시키려는 것이며, 그렇게 해서라도 아내가 자신을 떠나지 못하게 하려는 것이다. 아니라면 그가 왜 아내의 모든 책임을 대신하려 하면서, 정작 아내의 요구나 바람에는 완전히 무관심하겠는가.

안타깝지만 이는 진정한 사랑이 아니다. 집착, 즉 저급한 소유욕에 불과하다. 진정한 사랑은 상대방을 성장하게 하며, 상대방을 더 자유롭게 하는 까닭이다.

할 수 있는 것이 말뿐이라 안타깝지만 (그래, 좋아했다. 그래서 더 안타깝다.), 그런 관계는 단절하는 편이 옳다. 그것이 서로에게 더 좋다. 상단에 인용했던 이경원은 이렇게 부연했다.

"두 사람이 너무 다른데 사랑이 모든 문제를 다 덮어줄 거라는 생각을 버려라. 결혼 후 노력하면 다 좋아질 거라는 생각도 버려라. 사랑은 식게 마련이고 결혼 후에는 몇 배나 더 큰 문제가 생겨 정말 대단히 추해지게 된다. 서로 많이 다르다면, 당장 가슴이 아프더라도 결혼하기 전에 냉철하게 헤어지는 것이 현명하다. 그렇지 않으면 나중에 크나큰 대가를 치르게 된다."

같은 메시지를 김향훈 변호사는 이렇게 표현했다.

"상대의 단점을 받아들이고 인정한다면, 상대 역시 단점을 인정하고 고치기 위해 노력한다면 얼마든지 괜찮다. 하지만 문제는 그 반대다. … 상대의 단점이 무엇이든 품고 사랑할 수 있다면 괜찮겠지만, 달라질 기미가 전혀 없다면 하루라도 빨리 헤어지는 편이 현명하다."

같은 메시지를 M. 스캇 펙은 이렇게 표현했다.

"진정으로 사랑할 수 있는 사람을 선택해야 한다. … 사랑의 혜택을 누릴 수 없는 사람을 사랑하려는 시도는 에너지 낭비이며 메마른 땅에 씨를 뿌리는 것과 같다."

안토니 보린체스의 말을 꼭 기억하자.

"함께 있기에 커플이다. 커플이기에 함께 있는 것이 아니다."

차든지 뜨겁든지 둘 중 하나다(요한계시록 3:15~16). 이도 저도 아닌 건, 지옥이다.

(그런데, 나왔던 새장 안으로 다시 들어가는 사람도 있다! 바보 아냐?

아니다. 그 가정에 구원이 임한 것이다.

주 예수를 믿으라 그리하면 너와 네 집이 구원을 받으리라 (사도행전 16:31)) ((주63)에서 계속.)

(주35) 더치페이dutch pay

피오나는 《인어공주가 다른 남자를 만났다면?》(2009)에서 '연애 못 하는 남자들'(주38)에게 이렇게 조언했다.

"더치페이를 하지 마세요!" 동의한다. 왜? 권위가 책임지는 순서이기 때문이다.

"제가 하고 싶은 말은 '더치페이를 하면서 여러 여자를 만나지 말고, 꼭 마음에 드는 여자만 더치페이를 하지 말고 만나라'는 것입니다. … 보통 여자라면 남자가 식사를 내면 찻값 정도는 내려는 센스를 보일 것입니다. 그러나 여기서 중요한 것은 … 당신이 돈을 쓰는 것에 대해 감사해하는 그녀의 마음입니다. … 상대방이 당신의 능력을 넘어서는 것을 노골적으로 요구한다면 그것은 당신에게 '돈만 바라는 것'이 맞습니다. 그러나 단순히 기념일 선물, 데이트 비용 정도만 부담하고 있다면 그것은 그녀도 당신이 애인이라는 것을 인정하고 신뢰하고 있다는 뜻도 됩니다."

어설프게 더치페이를 시도하다 연애를 망친 경험이 있다면~~필자가 그랬다~~, 그래도 괜찮다고 말해주고 싶다~~머리를 쥐어뜯고 싶다~~. 앞으로 안 그러면 되는 거 아닌가~~쥐어뜯을 머리가 없다~~.

(주36) "자존감은 자기가 번 돈에서 나온다."

왜? 권위가 '책임지는 순서'인 까닭이다. 성선화 기자도 같은 말을 남겼다.

"경제적 자립은 한 인간의 선택권을 넓혀준다. … 주머니가 가벼운 여성은 일과 남자에게서 자유로울 수 없다."

그녀는 이렇게 부연했다. "남자에게 의존하는 여성들의 '못된 심보'가 낮은 자존감의 원인인지도 모른다는 생각이 들었다. … 그랬다. 돈이란 결국 '자격지심의 문제였다. 별것도 아닌 돈에 그토록 내 자신이 초라했던 이유는, 진짜 돈이 없어서가 아니라, '스스로 돈을 벌 자신'이 없었기 때문이었다."

'낮은 자존감'이라는 표현에서 무릎을 탁, 쳤다. 권위가 정체성이라는 또 다른 증거가 아닌가!

"가난보다 무서운 것이 바로 '가난한 자신감'이었다. … 경제적 삶의 주체로서, 내 문제는 오롯이 내가 해결해야 하는 것이다. 비장한 각오로 정면 돌파를 다짐했다."

(주37) 나쁜 남자에게 마음을 홀랑 빼앗겨 휘둘리는 여성이 있다면

본문에서 여성들이 다이어트에 목을 매는 이유를 나누었다. 예뻐 보여야 한다는, 그래야 사랑받는다는 잘못된 믿음 탓이었다. 왜? 엄마들 탓이었다.

왜? 딸에 대한 엄마의 사랑이 조건적이었기 때문이다. 왜? 딸을 자기 마음대로 조종하려 한 것이다.

그래서? 그 자존감이 형편없이 무너진 것이다. (사랑이 조건적이라고 학습하게 된 것이다.)

엄마도 여자다. 딸의 마음을 모를 리 없다. 딸의 감정과 욕구를 가장 잘 이해해주고 응원해 줄 수 있는 사람은 바로 엄마다. 하지만 바로 그 이유로, 딸의 마음에 가장 크게 상처를 주고, 그 자존감을 가장 효과적으로 무너뜨리는 사람도 엄마다. (한번은 어느 아주머니가 아무렇지도 않게, 이렇게 말하는 걸 들었다.

"내가 딸만 둘인데, 하나는 '쌍×', 다른 하나는 '개×'이라고 불러." (×='女+ㄴ')

순간적이었지만, 혼란스러웠다.)

독일 여성학자 잉그리트 옌켈과 안젤라 보스는 《못된 남자에게 끌리는 여자 사랑에 무책임한 남자》(2001)에서 이렇게 말했다.

"딸을 주눅 들게 하는 건 바로 엄마다." ('딸의 자존감을 박살 내는 건 바로 엄마다.')

"딸아이에게 엄마의 감정보다 자신의 감정이 더 중요한 게 당연하다. 하지만 딸의 모든 감정은 사사건건 엄마의 반대에 부딪히게 된다. 커갈수록 딸아이는 자기 혼자 분노를 참아야만 하는 과정을 수도 없이 겪을 것이다."

[이런 엄마 목소리에 매어 평생 그 자존감을 회복하지 못하는 사람도 많다.

"너에게는 사랑받을 자격이 없어!" ('너는 아무런 가치도 없어!')

"너는 항상 모든 사람을 만족시켜야 해!" ('사랑받으려면 더 노력해야 해!')

"너 그러다가 시집도 못 가!" ("살 빼!") *야, 이뼈자야!*

그런 딸이 어찌 자신을 진정으로 사랑할 수 있겠으며, 그런 인생이 어찌 행복할 수 있겠는가. 이것이 그녀들이 나쁜 남자만 보면 마음을 홀랑 빼앗겨 휘둘리게 된 결정적인 이유였다. 엄마에게 받지 못한 사랑을, 저급한 사랑, 즉 이기적이고도 에로스적이기만 한 사랑으로라도 채우려는 것이다. (엄마의 부재나 편애도 같은 결과를 초래하기 쉽다. 그 자존감을 형편없이 무너뜨린다.(주43))

그녀들은 이렇게 부연했다.

"그러나 사랑받고 싶은 건 어쩔 수 없다. 체념에서 비롯된 욕구일까? 이렇게 구강기 욕구를 채우지 못한 여자아이는 마치 운명처럼, 절대 빠져나오지 못할 불구덩이 같은 나쁜 남자에게 푹 빠져버리고 마는 것이다."

그나마 상대방이 에로스적인 사랑을 초월한 이타적인 사람이라면 괜찮겠지만, 그런 남성은 흔하지 않다. 그러니 나쁜 남자의 에로스적인 욕구나 채워 주고, 버림받을 때가 더 많다. (그래도, 남자가 좋지 않다는 걸 알면서도 그 남자를 떠나기는커녕, 의존하는 것보다 낫다. 그 정도로 사람이 무기력하기 때문이지만, 그 남자가 그렇게 만들었거나, 그 부모가 의무나 책임, 수치심이나 죄책감을 주입했을 때가 더 많다.(주43))

자존감만 건강해도 나쁜 남자의 얕은 수작에 넘어가지 않는다. (섹시한 건 좋지만 너무 섹시한 건 오히려 헤프게 보일 뿐이다. 에로스적인-자기 욕구를 통제하지 못하는 이기적이기만 한- 남자만 불러들인다.)

하지만 더 충격적인 건, 나쁜 남자가 나쁜 남자가 된 이유다. 또 엄마들 탓이었다. ((주63)에서 계속.)

(주38) 연못녀연애 못 하는 여자가 있다면

필자와 처지가 비슷한 독자, 즉 생긴 건 멀쩡한데 연애를 못 하는 여성 독자가 있다면, 그 마음을 이해한다고 말해주고 싶다. 오히려 더 외로운 그 마음을 이해한다고, 하지만 외로운 건 사실 당연한 거라고, 권위가 높아질수록 외로워지는 것과 같다고, 그러니 그대와 어울릴 사람도 그만큼 드물지 않겠냐고.

필자 주변 행복한 가정에서 한 가지 공통점을 발견했다. "여성이 먼저 고백했다."

그대도 마찬가지다. 그대가 먼저 고백하든지, 아니면 계속 기다리든지 *그렇게 늙어 죽든지.*

주제 파악도 못 하는 나쁜 남자에게 언제까지 휘둘릴 수는 없지 않은가. 분명 그 착하기만 한 바보도 *사람만이 라도 정말 괜찮다면* 곧 장군으로 거듭날 것이다 *그대는 평강.* 그 선택을 응원하겠다.

(주39) 김소월金素月의 시, 〈진달래꽃〉을 일부 인용함.

(주40) 누구나 상대방의 심리를 치료할 수 있다.

사람의 심리를 치료하는 건 전문가에게도 절대 쉽지 않은 일이다. 혹자는 이렇게까지 말했다.

"성격장애를 1년 안에 완벽하게 치료할 수 있다면, 그건 의사나 상담가가 아니라 신God이다."

하지만 필자의 생각은 다르다. 감히 주장하건대 누구나 쉽게 타인의 심리를 치유할 수 있다. 심리를 치유하기 어려운 이유가 있기 때문이다. "환자 본인이 자기 문제를 인정하지 않기 때문이다."

환자가 변화하거나 성장하지 않은 이유는 결국, 환자 자신이 '틀렸다'(주17)는 사실을 모르거나 아직 인정하지 않았기 때문인 것이다. 하지만 실제로 그렇다면 그 해답은 너무나도 간단하다.

"보호자가 그 권위를 주장하고 인정받아야 한다."

보호자로서 환자의 책임을 대신해 주는 것, 즉 환자를 위해 자신을 희생하는 건 숭고한 일이다. 하지만 그전에 먼저 보호자 자신의 권위를 인정받아야 한다. 그래야 환자도 그 은혜의 소중함을 깨닫고 감사하게 되기 때문이며, 그래야 환자도 자신이 틀렸다는 사실을 깨닫고 인정하게 되기 때문이다.

보호자 치유가 먼저다. 보호자가 먼저 강해져야 한다. 딱 한 번이라도 '환자와의 관계 단절'을 불사하는 것만으로도 충분할 것이다.

(주41) 권위와 권력은 다르다. 권위가 자격이라면, 권위는 그 자격을 사용할 능력, 즉 힘이다.

더치 쉬츠Dutch Sheets는 《왕처럼 기도하라Authority in Prayer》(2006)에서 이렇게 말했다.

"권위authority와 능력power, 권력은 다르다. 능력은 다스림을 받아야 하는 '힘 또는 지배력'이고, 권위는 그렇게 할 수 있는 '권리자격'이다. … 시행할 능력이 없는 권위는 무의미하다. 권위, 다시 말해 그 능력을 사용할 권리자격 없이 행사하는 능력은 권리 침해월권이요 도덕적으로 잘못된 것이다."

(주42) 건강한 이기주의

권력이 사랑이라고 말한 사람은 많다. 오쇼는 《이해의 서》(2006)에서 이렇게 말했다.

"사랑은 파워Power, 권력이다. 포스Force, 폭력가 아니다. 파워는 상대방을 치유하는 에너지다. 파워는 존엄성을 더 높여준다. … 반면 포스는 타인에 대한 폭력이다."

이전 장에서 인용했던 롤로 메이는 이렇게 말했다.

"권력과 사랑이 서로 연관되어 있다는 것은, 사랑하려면 우선 자기 내면에 힘이 있어야 한다는 사실에서 입증된다. … 권력과 사랑의 경계선은 서로 겹쳐진다. 사랑하게 되면 사랑하는 사람에게 영향받고 싶고, 사랑받는 사람이 원하는 일을 하고 싶다. … 권력과 사랑이 하나가 되지 않는 한 인종적 정의와 세계 평화, 빈민 구제 활동 같은 사회적 행동은 불가능하다."

하지만 중요한 건, 먼저 자신을 진정으로 사랑해야 한다는 것이다. 그래야 그만큼 다른 사람을 사랑할 수 있기 때문이다. M. 스캇 펙은 《아직도 가야 할 길》에서 이렇게 말했다.

"나는 '완전히 이기적인 사람'이다. … 실제적인 의미에서 사랑과 사랑이 아닌 것은 똑같이 이기적이다. 여기에 사랑은 이기적이면서 동시에 이기적이지 않다는 역설이 성립된다. 사랑과 사랑이 아닌 것을 구별하는 건 그 목적이 이기적인가 아닌가가 아니다. … 진정한 사랑의 경우 그 목적은 항상 영적 성장이고, 사랑이 아닌 경우 그 목적은 항상 다른 것에 있다."

필자의 표현대로라면 그는 '자신을 진정으로 사랑했던 사람'이었던 셈이다. 그가 그만큼 타인을 사랑할 수 있었던 건 당연한 결과다. 닐 도널드 월쉬는 《신과 나눈 이야기》에서 이렇게 대언했다.

"사랑을 가장 잘하는 사람은 자기중심적인 사람이다. … 자신을 사랑할 수 없는 사람은 남도 사랑할 수 없다. … 다른 사람을 가치 있게 여기려면, 먼저 자신을 가치 있게 여겨야 한다. 다른 사람을 축복받은 존재로 여기려면, 먼저 자신을 축복받은 존재로 여겨야 한다. 다른 사람의 성스러움을 인정하려면, 먼저 자신이 성스러운 존재임을 알아야 한다."

이는 남녀 관계에도 꼭 필요한 일이다. 나타샤 스크립처Natasha Scripture는 《나는 남자를 잠시 쉬기로 했다 MAN FAST》(2019)에서 이렇게 말했다.

"자신을 사랑하는 법을 배울 때까지 다른 사람을 사랑할 수 없다."

닐 도널드 월쉬도 같은 말을 남겼다.

"'특별한 누군가가 이제 자신의 삶에 들어오고 나니, 자신이 완전해진 것 같다'는 말은 아주 로맨틱하게 들린다. 그러나 관계의 목적은 너를 완전하게 만들어줄 타인을 갖는 게 아니라, 네 완전함을 함께 나눌 타인을 갖는 데 있다. … 관계를 좌우하는 참된 시금석은 너희가 얼마나 자신의 관념에 따라 사느냐는 것이다. … 상대방에게 초점을 맞추는 것, 상대방에게 몰두하는 것이야말로 관계를 실패로 돌아가게 만드는 이유다."

자기 행복은 자기 책임이다. 이를 상대방에게서 찾으려 하는 건 자기 직무를 유기하는 것이며, 자기 책임을 상대방에게 전가하는 것이다.

필자는 예수 그리스도도 완전히 이기적이었다고 믿는다. 근거는 말씀이다.

믿음의 주요 또 온전하게 하시는 이인 예수를 바라보자 그는 그 앞에 있는 기쁨을 위하여 십자가를 참으사 부끄러움을 개의치 아니하시더니 하나님 보좌 우편에 앉으셨느니라 (히브리서 12:2)

(주43) 자녀에게 가장 큰 악영향을 끼치는 것이 바로 부모의 편애다.

아버지는 둘째를 편애하셨고, 어머니는 아버지를 편애하셨다.

아버지에게 첫째는 자녀가 아니었다. 아내의 사랑과 관심의 경쟁자였다. 평생 자근자근 밟혔다.

아버지는 평생 열등감을 극복하지 못하셨다. 의도하지는 않으셨을 수 있지만, 결과적으로는 이를 첫째로 해소하신 셈이다. 빈틈만 보이면 자근자근 밟혔다.

다행히 둘째는 밟히지 않았다. 둘째였던 아버지가 둘째를 편애하셨던 까닭이다.

아버지는 자신이 차별대우를 받았다고 종종 말씀하셨다. 하지만 여러 정황상 아버지는 단지, 형의 권위를 인정하지 않는 동생이었을 뿐이다. (아버지가 정말로 차별대우를 받으셨을 수도 있지만, 그것이 둘째 아들을 편애할 이유인지는 모르겠다.) 덕분에 동생에게 형으로서의 권위를 인정받기까지도 오랜 시간이 걸렸다. (동생도 자기가 차별대우를 받았다고 종종 말했지만, 여러 정황상 동생은 단지, 형의 권위를 인정하지 않는 동생이었다.)

여전히 아버지는 심지어, 둘째 아들 손주들을 편애하신다. 아버지는 평생 경제활동을 하지 않으셨지만, 그래도 어느 어린이날, 길 삼 형제에게 만 원씩 용돈을 주셨다. 그런데 동생 자녀들에게는 용돈을 오만 원씩 주셨다. 그것도 필자가 보는 앞에서. 순간적이었지만, 혼란스러웠다.

하지만 엄마는 그런-권위적이고 폭력적이고 무능력하고 의존적인- 남편에게 의존적이다. 남편을 성장하게 하기는커녕, 여전히 그 책임을 무분별하게 대신해주며, 사람을 더 망친다.

('생선을 달라는 자녀에게 뱀을 주는 부모가 있다(마태복음 7:10)'지만, 우리 엄마는 큰아들 생선을 빼앗아서라도 남편에게 주는 엄마다. 옷이든 운동화든 먹을거리든, 좋은 건 모두 빼앗아 남편에게 준다.)

물론 이유가 있다. 엄마도 엄마의 부재를 경험했던 탓이며, 외할아버지가 계모로부터 엄마를 보호하지 못했던 탓이다. (물론 좋은 계모도 많지만, 외할아버지의 권위를 인정하는 분은 아니셨던 것 같다.(주63)) 그러니 겉으로는 강해 보였던 아버지에게 끌렸던 것이며 정서적으로 의존하게 된 것이다. 하지만 그것이 큰아들을 계모처럼 대할 이유인지는 모르겠다.

비교적 최근에 있었던 일이다. 어느 친척분이 엄마에게 이렇게 질문했다.

"상훈이는 원두커피 안 먹어?"

그 말이 채 끝나기도 전에 엄마는 이렇게 대답했다. "쟤는 믹스야."

그 순간 그 말이 이렇게 들렸다. '쟤는 주워온 애야.' ('쟤는 거지야.')

엄마가 첫째를 평생 어떻게 대했는지, 비로소 깨닫는 순간이었다.

필자가 볼 때 아버지는 자기애성 성격장애, 회피성 성격장애, 의존성 성격장애다. 어머니는 의존성 성격장애, 강박성 성격장애, 그리고 연극성 성격장애다. 두 분 모두 자녀에게 권위적인 동시에 무관심했다.

그렇다고 두 분이 친하신 건 아니다. 두 분이 대화하시는 걸 본 적은 없다. 어머니는 아버지에게 철저하게 무관심하거나 도발했고, 종국에는 두 분이 악을 쓰며 싸웠다.

그런 두 분이 한목소리를 내실 때도 물론 있었다. 자녀가 무언가를 요구할 때였다.

고등학교 시절 운동화에 구멍이 나서, 친구들이 신고 다니는 운동화가 부러워서, 집에 돈 없는 거 아니까 조심스럽게, 부모에게 요구했다. 두 분이 함께 악을 쓰셨다.

"우리 때는 고무신도 없었어!" (지금 운동화 이야기를 할 때야!)

두 분 모두 자녀의 모든 바람과 요구, 욕구를 무시한 채, 공부만 강요했다. (어린 시절에는 제법 공부에 흥미가 있었지만, 곧 잃어버렸다. 아니, 빼앗긴 셈이다.

"너 ○○고등학교에 못 가면 고등학교에 안 보내!"

○○고등학교에는 진학했지만, 공부할 이유를 다시 찾을 때까지, 오랜 시간을 허비했다.)

'가난해도 행복한 가정이 있다(잠언 17:1)'지만, 어린 시절 우리 집은 가난하고도 불행했다.

그래도 버텼으니까, 그래도 용서했으니까, 그래도 그 권위를 인정하니까(존경할 이유는 아직 못 찾았다), 최소한 내 책임 이상은 했으니까, 후회하지 않는다.

손흥민은 이렇게 말했다. "내 아버지는 최고의 스승이자, 최고의 아버지다."

하지만 내 부모도 최고의 스승이자 최고의 부모다. '반면교사'로서 말이다.

칼릴 지브란은 이렇게 말했다.

"나는 수다쟁이로부터 침묵을, 편협한 이로부터 관용을, 불친절한 이로부터 친절을 배웠다. 하지만 이상하게도 이 스승들에게는 전혀 고맙지 않다."

이제 와 돌아보면 필자의 인생 전반은 부모가 무너뜨린 자존감을 회복하는 과정, 즉 '나 자신을 진정으로 사랑하게 되는 과정'이었다. 그 결과가 바로 '타인의 권위를 인정하는 것', 특히 '그 권위 인정받을 자격이 명백히 없는 권위조차 인정하는 자세와 태도였으며, 그런 말과 행동이었다.

(그런데 왜 사람을 '어린 시절의 상처를 대물림하는 아빠'라고 매도하며 비난했을까? 그 정도로 자기 싫었던 걸까? 그 정도로 사람이 악할 수 있을까? 그 정도로 모녀 결합이 강력했던 걸까? 모르겠다.)

필자가 무너진 자존감을 회복한 건 기적에 가깝다. 작은 성공을 하나씩 경험해본 덕분이다. (대단한 축복을 받은 셈이다.) 힘들었지만, 지금은 감사하게 생각한다. 덕분에 지금 내가 있다.

필자 친구(주34)도 편애를 경험했다. 엄마가 사 남매 중 셋째였던 그녀만 유치원에 보내지 않았다. 형제들이 유치원에서 돌아올 때까지 매일 혼자 놀았다. (유치원만 보내지 않았겠는가. 큰오빠에게는 바이올린까지 배우게 했지만, 그녀는 그 흔한 피아노 학원조차 보내지 않았다.)

그래도 지혜로우셨던 아버지 덕분에, 그녀의 자존감은 건강하게 지켜졌다. (영유아 시절 그녀를 돌봐준 이모 덕분이기도 하다.) 하지만 그 반대급부가 있었다.

그녀의 남성성은 건강하게 성장했지만, 여성성은 그만큼 성장하지 못했다. 그것이 그녀의 의무감과 책임감이 필요 이상으로 커져 버린 이유이며, 악한 남자의 동정심 유발 작전에서 벗어나지 못했던 이유라고 생각한다.

여전히 엄마는 그녀를 의무와 책임의 사슬로 묶으려 한다. ("우리 가문에 이혼은 없다!")

하지만 불가능하다. 그녀가 엄마의 잘못을 잘못이라고 인정했기 때문이다.

그 사슬은 이미 끊어졌다. 이제 그녀는 자유롭다.

(그런데 그녀가, 나왔던 새장 안으로 다시 들어갔다! (주63)에서 계속.)

(주44) 관계, 그 자체와 관계하는 관계

로렌스 피터는 《피터의 원리》에서 이렇게 말했다.

"문명화된 인간 사회에서 나타나는 공통적인 문제는 정체성의 위기다. … 위계조직의 영향을 받는 현대인이라면 누구도 정체성의 문제를 벗어날 수 없다."

같은 문제를 말한 사람은 많다. 빌 존슨은 《왕의 자녀의 초자연적인 삶》(2008)에서 이렇게 말했다.

"당신은 인간으로서 행동human doing하기 전에 먼저 인간이라는 존재human being가 되어야 한다. 우리가 무엇이란 '존재'가 되기 전에 무엇인가를 '하려고' 시도할 때, 우리는 종종 돈을 벌기 위해 어쩔 수 없이 하기 싫은 일을 하고 있는 자신을 발견하게 된다."

이정일은 《내가 춤추면 코끼리도 춤춘다》(2009)에서 이렇게 말했다.

"우리 주변에는 성공지침서나 자기계발서들이 넘쳐난다. … 그런데 이런 책들을 대하면서 느끼는 한 가지 불만은 '내가 누구인가'에 대한 성찰이 결여되어 있다는 점이다. 내가 누구인지를 알아야 내게 맞는 방법을 찾아 행복과 성공의 길을 달려갈 것이 아닌가?"

그렇다면, 과연 어디에서 정체성을 찾아야 할까? 그렇다, '관계'다.

쇠렌 키에르케고르는 《죽음에 이르는 병》(1849)에서 이렇게 말했다.

"인간은 정신이다. 그런데 정신은 무엇인가? 정신은 자기自己다. 그러면 자기는 무엇인가? 자기는 자기 자신과 관계하는 관계이다. … 인간은 무한한 것과 유한한 것의, 시간적인 것과 영원한 것의, 자유와 필연의 종합이며, 간단히 말해서 종합이다. 종합은 그 둘의 관계이며, 이렇게 보건대 인간은 아직 자기가 아니다."

이를 스벤 브링크만Svend Brinkmann은 《철학이 필요한 순간Ståsteder》(2016)에서 이렇게 부연했다.

"우리는 육체와 영혼 사이의 관계뿐 아니라 자기와 '타자' 사이의 관계 또한 유지해야 한다. … 헤겔은 우리의 자아는 타인의 인정을 받음으로써만 존재한다고 믿었다. 주인은 노예가 그를 주인으로 보기 때문에 주인으로 존재하는 것이고, 노예는 주인이 그를 노예로 보기 때문에 노예로 존재하는 것이다. 이 경우 서로가 서로의 존재를 구성한다고 볼 수 있다.

헤겔은 이 사실을 토대로 서로 대립하는 둘 사이의 상호의존과 대립을 통한 복잡한 변증법적 체계를 세웠다. 키르케고르 또한 자아가 타자에 의해 구성된다고 보았다. 종교적 자아는 신에 대한 약속과 헌신으로 빚어지며, 윤리적 자아는 인류, 혹은 특정한 사람에 대한 헌신으로 이루어진다."

제럴드 베네딕트Gerald Benedict는 《5분 철학The Five-Minute Philosopher》(2011)에서 마르틴 부버Martin Buber의 말, '태초에 관계가 있었다. 삶은 만남이다'를 인용하며 이렇게 부연했다.

"우리는 자신을 '내가 생각하는 나'와 '다른 사람들이 생각하는 나'로 정의한다. … '나는 누구일까'라는 물음은 나와 다른 사람과의 관계 속에서만 답할 수 있다."

이들의 어깨를 타고, 어느 비즈니스 철학자吉君는 이렇게 말했다.

"권위는 '관계, 즉 조직이나 공동체 안에서 상호작용하는 타인과의 관계 속에서 발견하는 자기 정체성'이다."

닐 도널드 월쉬는 《신과 나눈 이야기》에서 이렇게 대언했다.

"관계는 신이 일찍이 너희에게 안겨준 가장 큰 선물이다. … 네가 우주에서 존재할 수 있는 것까지도, 오직 다른 사람들과 다른 장소들과 다른 사건들과의 관계를 통해서만 가능하다. 다른 것이 하나도 없다면 너 역시 존재하지 않는다. 결국 너란 존재는 자신이 아닌 다른 것과의 관계에 지나지 않는다. … 관계, 즉 삶의 목적은 하나, '참된 자신'이 되고, 그것을 결정하는 것뿐이다."

(주45) 여기서 필자는, 오쇼가 말하려던 바를 반대로 적용했다.

그가 강조한 건 정체성이 아니라, 개체성individuality이다. 그는 같은 책에서 이렇게 말했다.

"개체성은 그대 자신을 비춰주는 빛이다. 이런 개체성을 확립한 개인은 그 자신이 하나의 우주다. 사회는 개인을 원하지 않는다. 사회는 개체성을 파괴하고 인공적인 대체품을 심어놓았다. 그것이 바로 정체성personality이다.

정체성은 장벽이다. 정체성을 포기하기 전까지 개체성을 확립할 수 없다. 개체성은 그대가 태어날 때부터 지니고 있는 것이다. 그것은 그대의 존재 자체이다. 반면에 정체성은 사회적인 것이다. 그것은 사회가 부여한 것이다. 히말라야 동굴에 홀로 앉아 있는 사람은 정체성이 필요하지 않다. 하지만 개체성은 그를 떠나지 않는다. 정체성은 타자와의 관계 속에서만 존재한다. 그대를 아는 사람들이 많아질수록 그대의 정체성도 늘어간다. 그래서 유명해지고 싶은 욕망이 일어나는 것이다. … 존경받는 사람이 되고 싶은 명예욕, 도덕적인 사람, 그러나 그런 것들이 그대를 채워 주지는 못할 것이다.

개체성을 파괴하는 대신 정체성에 집착하는 사람들, 자기 안의 존재와 접촉하는 법을 잊은 사람들, 정체성에 갇혀 개체성에 대한 개념조차 없는 사람들, 이 사람들은 언제나 집단의 일부가 되려 한다.

그들은 군중의 일원이 됨으로써 편안함을 느낀다. 집단에 속하는 순간 아무것도 책임질 필요가 없기 때문이다. … 자기 자신에 대한 모든 책임을 집단이 감당한다.

진리는 군중과는 아무 상관이 없다. 진리는 항상 개인 앞에 드러난다. 세상과 타인에 대해 잊고 홀로 존재할 때, 더 이상 타인에 집착하지 않을 때, 내면의 의식 깊은 곳으로 들어가 그 밑바닥까지 도달했을 때 비로소 그들은 진리를 깨달았다."

동의한다. 누구든 어느 순간 오롯이 홀로 서야 할 때를 만날 것이다. 그 순간을 오쇼가 정체성에서 벗어나 '개체성을 회복하는 순간'이라고 표현했다면, 필자는 이를 '관계나 조직으로부터 자신을 분리해야 할 때'라고 표현했다. 하지만 그러기 위해서라도 먼저 자신이 조직이라는 정체성, 즉 '관계로서의 정체성'을 정립해야 한다. 소유하지 않은 것을 내려놓을 수는 없지 않은가.

(주46) 절대자는 우리를 사랑한다.

인생의 고난과 시련을 만난 순간, 즉 은혜의 부재를 경험하는 순간에야 비로소 깨달았다. 내가. 틀렸다.(주17) 그것도 완전히.

나는 구원이 필요한 나약한 죄인에 불과했다. 그 죄책감과 수치심은 말로 표현할 수 있는 것이 아니었다. 내가 감당할 수 없는 책임, 내 모든 죄를 대신해줄 구원자가 필요하다는 사실을 비로소 깨닫고 인정하는 순간이었다.(주17)

그런데 더 놀라운 사실이 따로 있었다. 그 모든 대가를 절대자가 이미 치렀다는 것이었다. 십자가였다.

"이놈들아! 차라리 나를 잡아먹어라!"

내 새끼 잡아먹은 것들이 제 놈 잘못을 인정하기도 전에, 아니, 제 놈 잘못을 깨닫기도 전에 먼저 용서해 버리신, 그렇게 증명하신 사랑이었다.(주20) 절대자에게는 성자Jesus Christ의 목숨보다 내 목숨이 더 귀했던 것이다.

그 권위를 인정하지 아니할 이유는 전혀 없었다. 그리고 그 순간부터 우리 관계는 완전히 달라졌다. 예전에 나에게 절대자는 하늘 높은 곳에서 나를 감시하는 무서운 재판관이었다. 하지만 그 순간부터 절대자는 나와 항상 동행하며, 언제나 내 편을 들어주는 자애로운 아버지가 되셨다.

고대 이스라엘의 왕 다윗으로 절대자는 이렇게 노래했다.

너는 내 아들이라 오늘 내가 너를 낳았도다 (시편 2:7)

닐 도널드 월쉬는 《신과 나눈 이야기》에서 이렇게 대언했다.

"태초부터 모든 사람이 항상 원해왔던 것은 사랑하고 사랑받는 것이다."

하지만 절대자가 바라는 것도 마찬가지다.

"절대자가 우리를 사랑하는 만큼, 우리에게 사랑받는 것이다."

그 사랑을 정확히 그대로 돌려드릴 순 없겠지만, 절대자도 이를 기대할 리 없지만, 우리가 그 사랑과 은혜가 무언지 알고 감사하는 것만으로도 절대자는, 춤이라도 덩실덩실 출 것이다.

그런데 왜 절대자는 이 말을 못 했던 걸까?

필자가 볼 때는, 절대자도 남부끄러우셨던 것 같다. 우리 권위자들 마음이 그렇지 않은가.

절대자가 우리를 사랑한다는 사실을 모를 사람은 없다.

우리가 하나님을 사랑한 것이 아니요 오직 하나님이 우리를 사랑하사 (요한1서 4:10)

다만, 이를 지식으로 아는 것과 그렇게 사는 건 다르다. 필자가 그랬다.

성경은 절대자가 우리를, 부모가 자녀를 사랑하는 것보다 더 사랑하신다고 한다.

여인이 어찌 그 젖 먹는 자식을 잊겠으며 자기 태에서 난 아들을 긍휼히 여기지 않겠느냐 그들은 혹시 잊을지라도 나는 너를 잊지 아니할 것이라 (이사야 49:15)

모르는 말씀은 아니었지만, 그렇다고 피부에 와닿은 건 아니었다. 하지만 길 삼 형제의 아버지가 되는 순간 비로소 그 크기를 감히 어림할 수 있었다.

[아버지로서 필자에게 길 삼 형제보다 무엇이 더 소중하겠으며, 세상 그 무엇과 녀석들을 바꿀 수 있겠는가. 녀석들을 위해 필자가 무슨 짓을 하지 못하겠는가. (대신 지옥에라도 가겠다!)

그런데, 절대자가 하신 일이 바로 그것이었다. (그것이 바로 십자가였다.)

그런데, 절대자가 그보다 더 나를 사랑하신다니, 잠시 할 말을 잃었다.]

(주47) 메리 데일리Mary Daly는 이렇게 말했다. "인간에게 잠재하는 창조력이 신의 모습이다."

예술가들의 멘토 줄리아 카메론Julia Cameron은 《아티스트 웨이The Artist's Way》(1992)에서 이렇게 말했다. "인간의 정체성은 바로 예술가Artist다."

"창조주God는 우리를 창조적인 존재로 만들었다. 창조성은 신이 우리에게 내려준 선물이다. 따라서 창조성을 잘 키우는 것은 곧 신에게 바치는 우리의 선물이다. 이 계약을 받아들이는 것이 진정한 자기존중의 시작이다."

닐 도널드 월쉬는 《신이 원하는 것은》에서 이렇게 말했다.

"신이 있는 취지는, 당신이 자신만의 체험을 창조하고, 그로써 당신이 창조주가 존재하는 방식대로 되는 것, 즉 창조주가 되는 방식으로, 신이자 삶이기도 한 본질과 에너지를 활용하라는 데 있다."

빌 존슨은 《하나님의 임재Hosting the Presence》(2012)에서 이렇게 말했다.

"창조성은 삶의 모든 영역을 만져주시는 창조주의 손길이다. 음악가와 배우가 창조성을 필요로 하는 것만큼이나, 회계사와 변호사도 창조성을 필요로 한다. 당신이 창조주 하나님의 자녀라면, 마땅히 주님의 임재 안에서 공급되는 창조성을 기대할 수 있다."

이는 무신론적 실존철학의 견해에서도 일부 일치한다. 사르트르Jean-Paul Sartre는 《실존주의는 휴머니즘이다L'existentialisme est un humanisme》(1946)에서 이렇게 말했다.

"인간만이 자신이 피조물인 동시에 창조자임을 인식하고 있다. … 인간은 생명을 창조할 수 있다. 인간은 씨를 뿌림으로써, 물건을 만들어냄으로써, 예술을 창조함으로써, 사상을 창조함으로써, 서로 사랑을 함으로써 창조할 수 있다.

창조의 행위 속에서 인간은 피조물로서의 자신을 초월하고, 자기 존재의 수동성과 우발성을 극복하여 유목적성有的性과 자유의 영역으로 비약한다. 초월에 대한 인간의 필요 속에 예술이나 종교 그리고 물질적 생산의 뿌리가 있을 뿐 아니라, 사랑의 뿌리가 있다."

(주48) 절대자의 권위를 인정한다는 것은?

존 비비어John Bevere는 《순종Under Cover》(2001)에서 이렇게 말했다.

"하나님에게만 있는 권위에 대한 복종과 하나님이 위임하신 권위에 대한 복종은 나눌 수 없다. 모든 권위의 근원이 바로 하나님이시기 때문이다."

결국 타인, 특히 권위자의 권위를 인정하는 것은 그 권위를 위임한 더 높은 권위를 인정하는 것과 같다.

자기보다 낮은 권위조차 존중하지 않는 사람들도 많다. 이전 세대가 대표적이다. 하지만 자기보다 낮은 권위조차 존중하지 않는 사람이 어찌 자기보다 높은 권위를 존중하겠으며, 자기보다 높은 권위를 존중하는 사람이 어찌 자기보다 낮은 권위를 존중하지 않겠는가. 필자가 권위를 인정해야 한다는 사실만 강조한다면 이 책은 흔한 자기계발서에 불과할 것이며, 이전 세대, 즉 타인을 존중하지 않는 사람이 비교적 많은 세대에게나 필요한 글일 것이다.

자기 잘못이 드러나거나 말문이 막히는 순간, 그들이 흔히 하는 말이다. "우리 세대가 그래!"

죄송하지만 틀린 말이다. 자기 양심의 문제를 집단에 전가하려는 것이기 때문이다. 그런다고 자기 잘못을 합리화할 수 있는 것도 아니지 않은가. 우리, 말은 바르게 하자.

'타인을 존중하지 않는 사람이 다른 세대보다 많은 것이다.'

문제는 세대가 아니라 개인이며, 그 양심, 즉 선택의 문제다.

여기에서 선진국과 후진국의 차이를 일부 유추할 수 있다. 선진국은 타인의 권위를 인정하는 사람의 비율이 상대적으로 높은 것이며, 후진국은 그 비율이 낮은 것이다. (물론 경제 지수와 행복 지수는 무관하다.)

(주49) 내가 곧 프랑스다.

중요한 건 샤를 드골이, 그만큼 타인의 권위도 존중했다는 사실이다. 그는 자기 정적政敵조차 존중했다.

68운동 당시 사르트르를 체포하려는 측근에게 그는 이렇게 말했다. "내버려 둬. 그도 프랑스야."

예수 그리스도도 같은 말을 남겼다. "이 사람도 아브라함의 자손이다." (누가복음 19:9)

그 대상은 동족의 피를 뽑아 팔던 매국노, 삭개오였다.

(주50) 권위를 인정받아야 한다. 파스칼이 남긴 유명한 말이다.

"올바른 자에게 복종하는 것은 옳은 일이고 가장 강한 자에게 복종하는 것은 필요한 일이다. 힘이 없는 정의는 무능력하고 정의가 없는 힘은 폭력이다. 힘이 없는 정의는 반항을 받게 마련이다. 왜냐하면 세상에는 언제가 악한 자가 살고 있기 때문이다. 정의가 없는 힘은 공격을 받는다. 그러므로 정의와 힘을 아울러 갖춰야 한다. 그러기 위해서는 정의로운 자를 강하게 하거나 강한 자를 정의롭게 해야 한다."

같은 말을 칸트는 쉽게 -칸트답지 않게- 표현했다.

"리더를 자칭한다면 부하에게 이렇게 말할 수 있는가?

'그대들은 무엇에 대해서건 얼마든지 자유롭게 논의하라. 단, 복종하라'라고."

존 고든Jon Gordon의 《에너지 버스The Energy Bus》(2007)에서 비슷한 사례를 발견했다.

마케팅팀을 이끄는 팀장 조지, 회사 중역들에게 신제품 프레젠테이션을 해야 한다. 하지만 팀원들의 의욕도 바닥이고 팀워크도 엉망이다. 무엇을 어떻게 해야 할까?

멘토 조이의 도움으로 조지의 생각과 태도가 달라지기 시작했다. 하지만 따르기 어려운 제안이 하나 있었다. 부정적인 사람들, 이른바 에너지 뱀파이어Energy Vampire들을 정리하는 것이었다.

"세상에 만연한 부정 에너지를 다루기란 만만치 않아요. 모질다 싶을지 몰라도 과감한 과단성이 필요하죠. 부정 에너지는 그렇게 하지 않으면 잘라내기 어려워요.

우선, 에너지 뱀파이어인 래리와 톰을 불러서 눈을 똑바로 보며 이렇게 말하세요. '내 버스에 부정적인 사람은 필요 없네. 긍정적인 태도로 내가 제시한 비전을 따라올 생각이 없다면 당장 버스에서 내려주게. 다른 직장을 알아보는 게 좋을 거야' 하고요."

필자의 표현대로라면 조이는 조지에게, '그들과의 관계 단절을 불사하고서라도 팀장으로서 그 권위를 주장하게 한 것이다. 하지만 조지의 반응은 부정적이었다. "그건 너무 가혹한데요?"

하지만 조이는 단호했다. "알아요. 하지만 이 상황에서는 정말 냉철해질 필요가 있답니다. 그들에게 마음을 바꿀 기회를 주세요. 대신 그들이 그 기회를 거부한다면, 망설이지 말고 버스에서 내리게 하세요. 그렇지 않으면 결국 여행을 망칠 거예요."

필자의 표현대로라면, '관계를 끊어야 할 땐 끊을 줄도 알아야 한다'(주34)는 것이다.

결국, 조지는 팀장으로서 자기 권위를 '권위 있게' 주장해냈고, 떠날 사람은 떠났지만 돌아올 사람은 돌아왔다. 신제품 프레젠테이션도 성공적이었다.

월트 디즈니도 관계 단절을 감수했다. 어느 직원에게 그는 이렇게 말했다.

"켄, 나는 당신의 업무 능력을 인정하고 있습니다. 하지만 아직 신인이니 한 가지만 이해해 주시기 바랍니다. 우리가 팔고 있는 것은 '월트 디즈니'라는 이름입니다. 그 점을 이해하고 기꺼이 일해 준다면, 당신은 디즈니의 스태프입니다. 만약 '켄 앤더슨'이라는 이름을 팔고 싶다면, 지금 당장 그만두는 편이 낫겠지요."

관계 단절을 불사할 수 있다면, 이미 충분히 강한 것이다.

(주51) 월매는 누구인가?

시험에 통과하지 못한 사람, 즉 자신에게 은혜받을 자격이 없음을 자기 스스로 증명한 사람이다.

그 나라의 본 자손들은 바깥 어두운 데 쫓겨나 거기서 울며 이를 갈게 되리라 (마태복음 8:12)

하지만 그들도 얼마든지 용서받을 수 있다고 믿는다. (아직 '은혜의 때'다.) 조건은 오직 하나, 자기 실수를 인정하는 것이다. (그것이 바로 회개다.) 그들도 그 은혜에 감사하게 될 것이며, 그 권위를 인정하게 될 것이다.

〈춘향전〉을 유신론적 실존철학의 관점에서 볼 때 이몽룡과 성춘향이 상징하는 인물은 또 있다. 아담Adam과 이브Eve가 아니다. 둘째 아담, 즉 다시 오실 독생자Jesus Christ이며, 그분을 기다리는 성도聖徒, Christian, 우리다.

(주52) 기꺼이 복종하려 하는 심리

로라 슐레징어는 《열 받지 않고 삐치지 않는 사랑의 대화법》에서 어느 청취자의 사연을 전했다.

"그녀는 자기 남편을 15년 동안 지배해왔다고 말했다. 남편도 아내를 사랑하며, 기꺼이 아내에게 복종한다고 말했다. 아내가 자신을 가지고 논다는 사실을 남편이 인정한다니, 놀랍지 않은가?

군림하는 건 주는 것과 반대되는 개념이다. 하지만 원하는 것을 얻으려면 먼저 주는 편이 훨씬 효과적이다. 그럴 때 아내는 두려움이나 분노가 아닌, 열정과 사랑을 돌려받는다."

이 말에서 남성과 여성을 바꾼다면, 재앙災殃이 일어날 것 같다. 하지만 진정한 사랑을 경험해 본 사람, 즉 '상대방에게 마음을 홀딱 빼앗겨 제정신을 못 차려본 경험이 있는 사람은 그 마음을 이해할 것이다. 서로를 온전히 신뢰하기 때문이며, 그것이 사랑이기 때문이다.

만해萬海 한용운韓龍雲은 〈복종〉으로 이렇게 노래했다.

"남들은 자유를 사랑한다지마는, 나는 복종을 좋아하여요.

자유를 모르는 것은 아니지만, 당신에게는 복종만 하고 싶어요.

복종하고 싶은데 복종하는 것은 아름다운 자유보다도 달콤합니다. 그것이 나의 행복입니다.

… 그러나 당신이 나더러 다른 사람을 복종하라면 그것만은 복종할 수가 없습니다.
다른 사람을 복종하려면, 당신에게 복종할 수가 없는 까닭입니다."
필자의 표현대로라면, "그러나 당신이 나더러 다른 사람을 사랑하라면 그것만은 복종할 수가 없습니다. 다른 사람을 사랑하면, 당신을 사랑할 수 없는 까닭입니다." 달달하다.

(주53) 제자도弟子道, 예수 그리스도Jesus Christ의 대표적인 사역이다.

그는 또 다른 나, 또 다른 예수 열두 사람을 만들었고, 그들은 다시 또 다른 나, 또 다른 예수를 만들었다. 그렇게 우리는 지금 이 순간에도 한구석을 밝히고 있다. 필자가 말하는 경영, 또 다른 나를 만드는 일이 바로 그것이다.
순간 네트워크 마케팅Network Marketing이 떠올랐을 수 있다. 그 구조나 시스템은 정확히 같지만, 그 목적이나 동인動因은 완전히 다르다. 세상의 그것이 돈이라면, 우리의 그것은 사람이며, 사랑Agape이다.
피터 드러커Peter Ferdinand Drucker는 이렇게 말했다. "비즈니스의 목적은 고객을 창출하는 데에 있다."
순간 그 말이 이렇게 들렸다. "우리 삶의 목적은 사람을 남기는 것이다."

(주54) 집에 있는 게으른 남자의 행태

이노우에 미노루Minoru Inoue의 《남편도감DAME DANNA ZUKAN》(2014)을 많이 참조했다. 진심으로 감사드린다. 〈후기〉에서 그녀는 이렇게 말했다.
"양성 평등론자에게는 다른 의견이 존재할지 모르지만, 저는 결혼생활을 통해서 역시 남녀는 서로 다른 생물이라는 것을 실감하게 되었습니다. 그러나 그것은 남녀 우열의 문제가 아니라 성격이나 적성 등의 근본적인 차이라고 생각합니다. 그리고 오히려 그런 차이가 서로를 더 끌리게 하는 것이 아닐까도 합니다."

(주55) 한밤중에 목이 말라 냉장고를 열어보니

'산울림의 노래, 〈어머니와 고등어〉의 가사 일부를 인용함. (멜로디를 흥얼거렸다면, 아재 인증한 거다.)

(주56) 미국 소설가 스티븐 킹이 좋아할 표현이다. 《유혹하는 글쓰기》에서 그는 이렇게 말했다.

"지옥으로 가는 길은 수많은 부사들로 뒤덮여 있다고 나는 믿는다. 부사는 민들레와 같다. 그러다 보면 여러분의 잔디밭은 철저하게totally, 완벽하게completely, 어지럽게profligately 민들레로 뒤덮이고 만다. … 부사를 써주지 않으면 독자들이 제대로 이해하지 못할까 봐 걱정하기 때문이다. … 애당초 덤보에게는 그 깃털이 꼭 필요하지 않았다는 사실을 상기하기 바란다. 마법의 힘은 이미 그의 마음속에 깃들여 있었으니까."

(주57) 낙장불입落張不入

팀장의 친구는 술김에 타 부서 팀장과 싸우고는 퇴사해 버렸다. 술 깨고 제정신을 차렸나 보다. 다시 일하고 싶다고, 부장님을 며칠 보챘다고 한다. 하지만 낙장불입이다.

사실 부장님이 그를 다시 받아줄 줄 알았다. 예전에도 비슷한 일이 몇 번 있었기 때문이다. 핑계만 있다면 조퇴나 결근을 했댔고, 자기 실수가 드러날 때마다 오히려 격렬하게 분노했다. 사직서를 던진 것도 여러 번이다. 착한 부장님이 매번 그 뒷수습을 해주어야 했다.

이번에도 나는 그러려니 했다. 어차피 또 부활하지 않겠는가. 그런데 아니었다. 부장님이 달라져 있었다. 며칠 보챔을 당했지만 정중히 이를 했다. 어느새 그 정도로 강해진 것이다. (신봉철 부장님, 존경합니다!)

그리고 얼마 지나지 않아, 이번에는 작업장에서 고성이 오갔다. 어느 하급자가 뛰쳐나가더니, 관리자들에게 팀장을 매도하기 시작했다. 팀장이 너무 까다롭다고, 사람을 너무 감정적으로 대한다고, 팀장 때문에 회사를 못 다니겠다고 하지만 문제는, 그가 작업 중 주식을 했던 것이었다.

이전에도 몇 번이나 팀장의 지적을 받았지만 스마트 폰을 숨겨가면서까지, 심지어 작업 중 창고에 숨어서까지 기어코 주식을 했던 것이다. 하지만 문제는 관리자들이었다.

팀장의 권위를 세워주기는커녕 오히려 그 하급자의 역성만 들어주었다. 그래서 필자가 그 권위를 세워주었다. 필자를 대하는 팀장의 자세와 태도가 완전히 달라졌다.

곧 그 직원은 짐 싸서 나갔다. (나가면서 계속 구시렁거렸다. 자기와는 안 맞는 곳이라나?)

(주58) 누가 당신을 십자가에 못 박았는가?

진 에드워즈가 《크리스천에게 못박히다》로 모든 독자에게 제기하는 핵심 질문이다. 이 책의 핵심 질문, 즉 '그대의 진짜 고객은 누구인가'와 그 구조가 같다. 그 선택은 결국 둘 중 하나, 무신론 혹은 유신론이다.

오스 기니스Os Guinness는 이렇게 말했다.

"중요한 건 신자信者와 비신자를 구분하는 것이 아니다. 정말로 분별해야 할 문제는, 삶의 문제를 진지하게 고민하는 사람인가, 아니면 그런 문제에 무관심한 사람인가다."

믿음은 선택이며, 행동이다.

(주60) 유혹자로서의 신God

절대자가 우리에게 사랑받으려, 우리를 유혹한다는 말이다. '시험Test' 어원, 〈παρασμός페이라스모스〉는 유혹誘惑, Temptation이다. M. 스캇 펙은 《끝나지 않은 여행》에서 이렇게 말했다.

"나 자신도 유혹자로서의 신을 직접 경험했다. '연인'이나 '유혹자' 같은 다른 표현을 사용해도 좋다. 비록 겁에 질려 반항하는 동정녀처럼 신으로부터 자주 도망치기는 했지만, 분명 신은 나를 유혹하는 데 성공했다. 게다가 카포네의 말처럼, 우리를 향한 신의 이 성적인 사랑은 대단히 유혹적이다.

무엇보다도 그는 우리를 유혹하고자 했다. 신이 성적인 존재일 뿐만 아니라 특히 유혹적인 존재라는 개념은 우리가 전통적으로 신에 대해 가지고 있는 남성적 이미지에 어느 정도 부합한다. (이는 일부 성차별적인 말이다. 훌륭한 여성 사냥꾼도 많다.)

프란시스 톰슨Francis Thompson의 시, 《하늘의 사냥꾼The Hound of Heaven》에 나타난 것처럼, '신은 힘차게 우리를 쫓아오며, 우리는 그만큼 힘차게 달려야만 그로부터 도망칠 수 있다. 그리고 마침내 우리가 잡혔

을 때, 우리는 신에게로 귀의하게 된다.'

이것은 꼭 '기쁨에 찬 사건'은 아니다. 때로는 '빌어먹을 사건'이기도 하다. … 신은 우리를 쫓고 있다. 우리를 원한다. 신은 믿기 어려울 만큼 우리를 사랑하며, 우리가 아무리 빨리, 아무리 멀리 도망치더라도 우리를 소유하려 한다. … 우리는 결국 신에게 항복하고, 우리 자신을 기꺼이 내드리게 될 것이다."

절대자의 유혹에 홀랑 넘어간 예는 너무나도 많다. 모세의 선악과는 살인이며, 아브라함의 그것은 거짓과 염려다. 오죽하면 아내까지 팔아먹었겠는가. 요셉은 교만이며, 간음이다. 물론 후자는 누명이었지만, 그래서 그 광야가 더 고통스러웠을 것이다. 기드온은 걱정과 염려, 두려움이다. 욥의 선악과도 그와 같다. 아니라면 왜 아침마다 자녀의 명수대로 번제를 드렸겠는가?

삼손은 직무유기며, 간음이다. 다윗은 간음이며, 살인이다. 막달라 마리아는 간음이며 탐욕이다. 아니라면 왜 검열삭제검열삭제로 돈을 벌었겠는가.

내가 무슨 말을 더 하리요. 성경에 등장하는 모든 선지자의 일을 말하려면 감히 지면이 부족하리로다. 죄다 먹음직도 하고 보암직도 하고 지혜롭게 할 만큼 탐스럽기도 한 동산 가운데 나무 열매를 따 먹은 것이다. (나도 마찬가지다. 절대자가 바로 나를 위해 준비한 맞춤 유혹, 그 선악과를 따먹었던 것이며, 결국 내가 죄인임을 절대 부정할 수 없게 된 것이다.)

같은 내용을 동역자와 나누자 갑자기 그는 한숨을 내쉬며 이렇게 말했다.

"하아……, 바람둥이가 되라고 하시는 건가?" 정확히 그렇다. 아니라면 '사람을 남기는 영업', 즉 '사람을 낚는 어부'가 또 무엇이겠는가. (그런데 시험, 또 봐? 인생이 원래 시험이야.)

(주60) 예정론과 자유의지론

오래된 논쟁이다. 하지만 절대자와 인간의 처지가 다르다는 사실을 이해할 때 논쟁의 이유가 사라진다.

절대자에게는 예정론이 옳다. 시간이나 장소에 구애받지 않기 때문이다. 하지만 인간에게는 자유의지론이 옳다. 절대자가 우리에게 자유의지, 즉 선택의 자유를 주었기 때문이다. 우리가 선택과 순종으로 그 뜻을 이루는 셈이다. 말씀도 같은 바를 전한다.

만일 여호와를 섬기는 것이 너희에게 좋지 않게 보이거든 너희 조상들이 강 저쪽에서 섬기던 신들이든지 또는 너희가 거주하는 땅에 있는 아모리 족속의 신들이든지 너희가 섬길 자를 오늘 택하라

오직 나와 내 집은 여호와를 섬기겠노라 (여호수아 24:15)

다만, 주의해야 할 것 두 가지가 있다. 하나는 자기가 해야 할 일조차 하지 않는 무기력, 즉 나태무관심(주9)와 게으름이며, 다른 하나는 절대자보다 앞서 행하려는 조급함, 즉 고범죄故犯罪다.

모든 일을 절대자가 주관한다고 믿는다. 하지만 내가 해야 할, 내 몫의 책임도 분명 있다. 부정적이거나 수동적인 태도로, 무기력하게, 그저 가만히 있는 건 분명 올바르지 않은 자세이며 태도다.

(주61) 용서했더니, 살이 빠졌다!

엘지 버킨쇼우Elsye Birkinshaw는 《마음먹은 대로 날씬해진다》(1977)에서 이렇게 말했다.

"다이어트의 비밀은 바로 용서다. … 자신을 비롯한 모든 사람을 용서하는 것은 다이어트에 필수적이다. … 감정적인 문제만 해결되도 신체적인 교정은 간단한 일이다. 용서는 천국의 문이다. … 명심하라. 아무리 어려운 일이 있더라도 용서로 마음 문을 열어야 한다. 이제 당신도 자유로워질 수 있다."

이는 필자가 경험한 사실이다. 글을 쓰기 전까지만 해도 억울한 것이 많았다. 이해하지 못한 것도, 용서하지 못한 것도 많았다. 그런데 이를 글로 풀어내자 재미있는 일이 일어났다.

그렇게 이해할 수 없었던 일들을 하나씩 이해하게 되었고, 하나씩 용서하게 되었다. 어느 순간, 억울할 것이 사라졌다. 그리고 문득 깨달았다. 살이. 빠.져있었다.

글쓰기를 치유라고 말하는 사람이 많다. 필자에게는, 회춘回春이었다.

다이어트에 성공했던 이유가 사실 또 있다. 글을 쓰며 밥을 못 얻어먹었다.

입맛도 없었지만, 돈도 없었다. 그렇다고 집에서 밥을 챙겨주는 것도 아니었다. 밥은 먹었냐고 묻지도 않았다. 그래도 밖에서는 물어봐 주는 사람이 있었다.

"밥은 먹고 다니냐?" "제수씨가 용돈 좀 줘?" 뭐라고 할 말이 없었다.

"아니, 남편 밥도 안 챙겨줘?" (그럼 장모님은?)

비로소 깨달았다. 6년의 처가살이는 '창살 없는 감옥'이었다. (자녀 앞에서 아내의 권위를 세워주는데도 남편의 권위를 무너뜨리는 사람도 있다. 동네 거지라도 된 듯한 기분을 매번 느꼈다. 하지만 괜찮다. 그만큼 필자가 강해졌기 때문이며,《앵그리 보스》가 나오기 전까지는 내 부모도 평생 나에게 거지가 된 듯한 기분을 느끼게 했던 까닭이다.(주43))

사실 깨닫고도 못 나오고 있었다. 무서운 여자가 남편을 시댁에 갖다버린 후에야 비로소 자유로워졌다. 그렇다고 집에 계시던 무서운 여성분들(!!)을 탓하려는 건 절대 아니다. 사업에 실패하고 생활비도 못 준 내 잘못이 훨씬 더 크다. 관계는 깨졌지만, 책임돈은 끝까지 감당할 것이다.

그 모두를 용서할 수 있었던 진짜 이유가 사실 따로 있다. 아빠Heavenly Father한테 다 일렀다.

욕을 당하시되 맞대어 욕하지 아니하시고 고난을 당하시되 위협하지 아니하시고 오직 공의로 심판하시는 이에게 부탁하시며 (베드로전서 2:23)

그렇다면 된 거 아닌가.

오스카 와일드는 이렇게 말했다. "적을 용서하라. 적을 골탕 먹이는 데 그만한 일도 없다."

용서가 용서받는 사람이 아닌, 용서하는 자신을 위한 것이라는 걸 독자도 곧 경험할 것이다.

(주62) 우리 집 자해 공갈단

자녀에게 문제가 있거나, 어디가 아픈 것도 아닌데, 갑자기 악을 쓰며 흥분할 때가 있다. 하지만 자기가 원하는 걸 얻은 후에 순식간에 괜찮아진다면 대부분, 자해 공갈단이다. 자기가 약자라는 사실을 이용해서, 부모의 감정대응을 유도하려는 것이다. (그럴 때 자기가 원하는 바를 이룰 수 있다는 걸 이미 학습한 것이다.)

그럴 때, 자녀보다 더 흥분해서 더 난리를 치는 부모도 많지만, 이는 사실 자녀에게 조종당하는 것이다.

"애니까 떼쓰는 건 당연하잖아요?"

인정한다. 하지만 중요한 건 그 이유다. 아침에 일찍 일어나겠다고 떼쓰거나, 밥을 골고루 먹겠다고 떼쓰는 아이는 존재하지 않는다. (자녀가 공부를 더 하겠다고 떼쓰거나, 밤에 일찍 자겠다고 떼쓴다면, 엄청난 축복을 받은 셈이다. (길 삼 형제는 자기 전에, 책을 더 보겠다고 떼썼다. 감사하게 생각한다.)) 결국, 그럴 때 같이 흥분하는 건 오히려 자녀를 더 망치는 셈이다.

자녀가 부모의 감정대응을 유도하더라도, 부모가 이에 넘어가지 않는다는 사실을 깨닫게 해야 한다. 단 한 번, 이에 대응하지 않는 것만으로도 충분하다. 자녀는 곧, '안 되는 건 안 된다'는 사실을 깨닫고 인정하게 될 것이다. 상대방이 반응하지도 않을 감정 유도에 왜 힘과 에너지를 소모하겠는가.

"자녀가 떼쓰면, 혼자 방에 들어가서 마음껏 떼쓰게 해보자."

자녀가 어리다면, '웃으면서-권위적이지 않게-' 함께 방에 들어가서 마음껏 떼쓰게 해도 좋다.

첫째는 떼가 심했다. 악을 쓰며 바닥을 나뒹굴었고, 발뒤꿈치를 부술 것처럼 바닥을 내리쳤다. 온몸이 땀으로 흠뻑 젖었다. 아무도-외할아버지든 외할머니든 엄마든- 첫째를 통제하지 못했다.

그래서 그랬다. 떼쓰는 아이를 안고 '웃으면서' 함께 방에 들어갔다.

'웃으면서 이불을 깔아주고는 그 위에서 마음껏 떼쓰게 했다.

아이는 곧 땀을 뻘뻘 흘리며 악을 쓰기 시작했다. 하지만 난 아버지다. 그냥 계속 '웃으면서-입술을 꼭 깨물고-' 떼쓰는 아이를 지켜봐 주었다.

문밖에서는-마치 필자가 아이를 납치라도 한 것처럼- 난리가 났다. '아빠가 애를 잡는다'라며 소리를 질러대더니, 갑자기 문을 강제로 열고 난입하려 했다. 하지만 난 아버지다. '웃으면서-어금니를 꽉 깨물고-' 몸으로 문을 막고 버텼다. 그리고 어느 순간, 아이가 떼를 멈추더니, 활짝 웃으며 필자 품에 안겼다.

'안 되는 건 안 된다'는 사실을 비로소 인정한 것이며, 비로소 부모 권위를 인정하게 된 것이다.

권위가 정체성이라면 그 순간은, 아이에게 비로소 아버지라고 인정받는 순간이었으며, 아이도 비로소 자녀가 된 순간이었다.

이는 다 큰 성인에게도 적용할 수 있다. 상대방의 의견이 자신과 조금이라도 다르거나, 자신이 원하는 걸 이루지 못할 때, 사람이 갑자기 화를 버럭버럭 내며 난리를 칠 때가 있다.(주63) 대부분 상대방의 감정대응을 유도하려는 것이며, 그렇게 해서라도 자기가 원하는 바를 이루려는 것이다. (그럴 때 사람을 자기 뜻대로 움직일 수 있다는 걸 학습했기 때문이며, 그들을 그렇게 학습시킨 권위자들 탓이다.)

그들이 자신을 '분노 조절 장애'로 합리화하려 할 때도 많지만, 대부분 아니다. 실제로 그렇다면 자해 흔적이나 정신과 치료 기록, 또는 전과 기록이 없을 리 없다. 단지 아직 상대방의 권위를 인정하지 않는 것이며, 그럴 만한 권위자를 만나지 못한 것이다. (그냥 성격이 더러운 것일 수도 있다.)

'웃으면서-호의적으로-' 그냥 놔두자. 곧, '안 되는 건 안 된다'는 사실을 인정할 것이다. (짐승의 세계-사자든 코끼리든-에서도 이는 마찬가지다. 나이든 수컷이 부재할 때 젊은 수컷이 폭주하며, 그 피해는 암컷과 새끼들에게 고스란히 돌아간다. 젊은 수컷의 폭주를 막을 수 있는 건 오직 나이든 수컷뿐이다.) 주제로 돌아간다.

둘째는 떼가 심했다. 그래서 '웃으면서' 아이와 함께 방으로 들어갔다. 문밖에서도 더는 난리가 나지 않았다.

… 셋째는 떼가 심했다. 그래서 '웃으면서' 아이와 함께 방으로 들어갔다. 문밖에서는, 웃음소리가 들렸다.

그 후로도 간혹 녀석들이 떼쓰려 할 때면, 외할아버지나 외할머니는 '웃으면서' 이렇게 말씀하셨다.

"아빠랑 방에 들어갈래?"

부모로서 해야 할 역할은 많지만, 필자 경험상 가장 중요한 역할은 다른 것이 아니었다.

"아버지로서 자녀에게 필자 자신의 권위를 인정받는 것이었으며, 자녀가 권위를 인정하게 하는 것이었다."

필자 자신의 권위를 인정받는 건 사실 기본에 불과했다. 아내, 즉 엄마 권위를 세워주는 것이 더 중요했다. 그것이 필자의 자녀들이 어디서든-학교에서든 교회에서든, 앞으로도 군대에서든 직장에서든- 권위를 인정하게 된 이유라고 확신한다. (그러니까 들었던 말이 아니겠는가.

"딸 하나 키우는 것보다 길 삼 형제 키우는 게 훨씬 수월하겠어요!")

자녀가 많다면 더 좋다. 형제 사이에도 권력 다툼이 존재하는 까닭이다. 길 삼 형제를 다시 예로 든다.

억울하다는 둘째가 많다. 둘째 본인 탓일 때도 있지만, 셋째가 둘째의 권위를 인정하지 않을 때가 더 많다. (셋째가 '동정심 유발 작전'을 사용하거나, '피해자 행세'를 할 때도 많다.)

길 삼 형제도 그랬다. 둘째 시윤이가 많이 억울해했다. (이걸 깨닫는 순간, 아차 싶었다.)

그래서 그랬다. 일단 첫째 시열이의 권위를 세워주었다.

"아버지도 첫째잖아. 우린 통하는 게 있어. 형이 있었으면 좋겠다고 생각하지."

시열이가 씩 웃었다. 그리고 이렇게 가르쳤다.

"막내에게 눈이 더 가겠지만, 그래도 둘째의 권위를 세워주는 편이 더 낫지 않을까?

너랑 둘째가 싸우면 아버지가 슬쩍 네 편을 들어주는 것과 같겠지."

시열이가 활짝 웃었다.

그리고 그랬다. 셋째와 관련된 의사를 결정할 때마다, 둘째 시윤이에게 조언을 구했다.

"셋째가 이러이러한 걸 요구하는데, 어떻게 할까?"

"그냥 한번 해주세요."

"막내가 이러이러한 잘못을 했는데, 어떻게 할까?"

"그냥 한번 봐주세요."

"이번에는 봐주면 안 될 것 같다. 시안이 엉덩이 좀 때려줄까?"

"그냥 볼이나 한번 꼬집어 주세요."

위 대화는, 막내가 듣는 앞에서-일부러 큰 목소리로- 이루어졌다. 이제 막내는 작은 형에게 충성을 다한다.

그래도 여전히 가끔은, 시윤이가 억울해한다. 집에 있는 무서운 여자가 여전히 막내의 '피해자 행세'나 '동정심 유발 작전'에 속아 넘어가기 때문이다. 엄마니까 그러려니 한다. (다만, 자녀들 앞에서 징징거리는 건 제발, 그만했으면 좋겠다.(주63))

막내 시안이도 억울할 때가 많겠지만, 막내니까 그러려니 하자. 막내라서 좋은 게 더 많은 거, 다 안다. 물론 시윤이 형아가 시안이를 도발할 때도 많지만, 아버지는 그 마음을 이해한단다.

형으로서 동생을 사랑하는 만큼, 동생에게 그 권위를 인정받지 못한다고 느끼는 거란다.

다만 시윤이는, 그 기대치를 조금만 낮추자. (어차피 그건 불가능하단다.) 셋 다, 정말 정말 사랑한다.

(주63) 그래서 숨겼다. 〈집에 게으른 남자가 있다면〉을 시작한다. (이 책은 이제 진짜 시작이다.)

마지막 장으로 필자는 이렇게 주장하겠다.

"이전 세대의 문제가 '권위를 인정받지 못하는-사랑받지 못하는- 아내'이며 '아내의 권위를 인정하지 않는 남편'이었다면, 요즘 세대의 문제는 '책임을 감당하는 만큼 그 권위를 인정받지 못하는 남편'이며 '남편의 권위를 인정하지 않는 아내'다."

(주37)에서 여성들이 다이어트에 목을 매는 이유를 나누었다. 엄마들 탓이었다.

딸에 대한 엄마의 사랑이 조건적이었던 탓이었으며, 딸을 자기 마음대로 조종하려 한 탓이었다.

그러니 그 자존감이 형편없이 무너진 것이며, 그러니 나쁜 남자만 보면 마음을 홀랑 빼앗겨 휘둘리게 된 것이다.

하지만, 더 충격적인 건, 나쁜 남자가 나쁜 남자가 된 이유다. 또 엄마들 탓이었다. 엄마가 아들에게 무관심했거나, 육체적으로든 정서적으로든 학대했기 때문이었다.

잉그리트 엔켈과 안젤라 보스는 《못된 남자에게 끌리는 여자 사랑에 무책임한 남자》에서 이렇게 말했다.

"사랑에 굶주렸던 귀여운 남자아이는 이제 없다. 이제까지 겪은 엄마의 무관심과 학대에 대하여 복수심을 불태우는 나쁜 남자만 남아 있을 뿐이다. … 나쁜 남자의 삶을 무의식적으로, 일관되게 지배하는 동기는 바로 복수다. 그에게 복수를 위한 가장 확실한 방법은 바로 사랑이다."

결국, 나쁜 남자의 행동은 무의식적으로라도, 그랬던 엄마에게 복수하려는 것이었다. (하지만 엄마의 무관심과 학대는 사실 '남편에 대한 복수'였다. ((주64)에서 부연하겠다.))

물론 아버지가 자녀 자존감을 지켜줄 때도 있지만(주43), 흔치 않다. 그 정도로 정신적으로 성숙한 남성이 드물기 때문이지만, 아내가 남편의 권위를 무너뜨렸기 때문일 때가 더 많다. 그녀들은 이렇게 부연했다.

"엄마는 무엇에도 만족하는 법이 없다. 때론 불평만 일삼는다. 남편을 욕하기도 한다. … 엄마 자신의 기대치가 높다는 건 결코 깨닫지 못한다. … 아내가 남편을 대하는 그대로 아이도 아빠를 대한다." (여기서 핵심은 엄마의 기대치가 높다는 것이다.)

일본 심리학자 다카시는 《아버지 콤플렉스 벗어나기》(2014)에서 이렇게 말했다.

"아이의 뇌리에 각인된 아버지의 나쁜 이미지는 흔히 어머니가 만든 것이다."

"가부장제의 붕괴는 가정에서 어머니와 아버지의 지위를 완전히 역전시켰다. … 아버지를 배척한 어머니와 아이의 관계는 결국 어머니가 지배하는 관계일 뿐이다. … 아버지에 대한 아이의 애착은 곧 혐오와 증오로 바뀐다. 어머니의 불평과 탄식을 끊임없이 들으며 자라기 때문이다. … 세간에 만연한 아버지에 대한 부정적인 감정은 거의 모두 어머니에게서 유래한 것이다. … 아이는 어머니의 말을 통해 부당한 선입견을 갖게 되고, 아버지에 대한 분노를 품은 채 살아가게 된다."

물론 모든 엄마가 그렇다는 건 아니다. 소수, '남편의 권위를 인정하지 않는 아내'가 그렇다는 말이다.

물론 소수가 좀 많을 수도 있다. 아버지의 부재로 그럴 때도 있고, 모녀의 정신적인 결합이 분리되지 않아 그럴 때도 있다. 남편이나 자녀에 대한 기대치가 너무 높을 때도 있다.

필자가 볼 때 가장 흔한 사례는, 상대방의 권위를, 그저 면피할 정도로만 인정할 때다. 하지만 이는 진정한 권위 인정이 아니다. 왜 이브가 선악과를 따먹었겠는가. 결국, 남편의 권위를 인정하지 않았던 것이다.

하지만, 가장 조심해야 할 상급자가 바로 '자기 상급자의 권위를 인정하지 않는 상급자'라는 사실을 꼭 기억하자.

치사하지만, 이들 중에는 자기가 약자라는 사실을 교묘하게 이용하는 사람이 많다. 이들의 '피해자 행세'나 '동정심 유발 작전'에 속아 넘어가는 착한 바보들이 많은 탓이다. 이들 탓에, 동정과 도움이 꼭 필요한 착한 여성들이 오히려 피해를 본다. (그러니 속담도 있다. "여자의 눈물은, 그냥 물이다.")

유대교 성경 주석 〈미드라시〉에서 어느 랍비는 아담이 선악과를 먹었던 이유를, 이브의 눈물이었다고 해석했다. 요즘 말로라면 이럴 것 같다. "나 죽으면, 재혼할 거지?ㅠㅠㅠㅠ"

엄마가 자녀에게 감정적으로-징징대거나, 짜증을 내거나, 화를 내거나, 눈물을 보여서라도- 대응하는 것도 같은 맥락이다. 그럴 때 자신보다 권위가 높은 남성을 얼마든지 움직일 수 있다는 걸 학습했기 때문이다. (물론, 이를 학습하게 한 권위자들 탓이 더 크다.)

하지만 자녀는 성인이 아니다. 그런다고 움직이지 않는다.(주62)

더 치사하지만, 이들은 심지어 '권위적'이다. 자기 본모습이나 자기 잘못이 드러날 때 특히 그렇다.

"엄마한테 못하는 소리가 없어!" ("지금 나를 가르치려 하는 거야!" *너나 잘해*)

하지만 그래도 자기 잘못을 숨길 수 없을 때, 이들은 침묵한다.(주9)

하지만 이들이 침묵한다면 조심해야 한다. 이들은 권위자를 뒤에서-비언어적 커뮤니케이션으로- 조종하고 이용한다. 진짜 치사하지만, 그 권위로 자녀를 굴복시키려는 것이다. 오카다 다카시가 밝힌 구미코라는 여성의 사례가 그랬다.

"어머니가 자기 말을 듣지 않는 딸을 혼내기 위해 남편에게 고자질해서 자기 뜻대로 조종하고 있었던 것이다. … 그리고 보면 아버지에게 맞을 때도 늘 어머니가 뒤에 있었다는 사실이 떠올랐다. 구미코가 자신의 마음에 들지 않는 행동을 할 때면 어머니는 그것을 몇 배로 부풀려서 아버지에게 일러바치며 불만을 토로했고, 화가 난 아버지는 구미코에게 주먹을 휘둘렀다."

이건 더 진짜 치사한 건데, 그러면서 자기는 아무것도 모르는 척한다. 그는 이렇게 부연했다.

"그럴 때마다 어머니는 마치 선량한 제삼자 같은 얼굴로 남편을 말리기도 했다. 하지만 돌이켜보면 아무것도 모르는 아버지가 그냥 화를 냈을 리 없었다. … 어머니는 모든 것을 자기 뜻대로 해야 직성이 풀리는 사람이었다." (우리 엄마가 딱 그랬다.)

하지만, 더 진짜 치사할 때가 또 있다. 자신의 여성적인 매력, 특히 성적인 매력으로 남편을 조종하려 할 때다. 남편의 약점이 성적인 부분인 걸 아내가 알기 때문이다.

물론 그 목적이 이타적이라면 괜찮다. (그 목적으로 여성에게 주어진 힘이라고 말하는 사람도 많다.) 하지만 그 목적이 이기적이기만 하다면, 옳지 않다.

직업과 가정이 있는 남성이 알코올 의존증-알코올 사용 장애-에 빠지는 원인은 많지만, 그중에서도 가장 큰 정신적인 원인을 필자는, 성적인 불만족이라고 생각한다. 해소하지 못한 욕구를 술로 해소하려 한 것이다. 사랑받지 못하는 여성이 폭식이나 쇼핑 중독, 그 외 좋지 않은 것들에 빠지는 것과 같은 맥락이다. 물론 술을 절제하지 못하거나, 욕구나 스트레스를 건강하게 해소하지 못한 본인 잘못이 가장 크다. ('성추행범으로 매도당했던 필자 친구의 사례(주20)도 마찬가지가 아닐까? '성추행'이라는 표현 자체가 남성에게 치명적이라는 사실을 그녀가 이용했다면 말이다.)

남편의 권위를 인정하지 않는 아내를 알아보는 방법이 하나 있다. 돈에 집착하는 여성이라면, 틀림없다. 그 우선순위가 사람이 아니라 돈인 것이다. (절제는 좋지만, 인색은 악이다.)

나이가 들수록 더 그런 것처럼 보일 수도 있지만, 아니다. 원래 그런 사람이었다. 젊었을 때만큼 자신을 포장할 이유가 사라졌을 뿐이다. (이는 아내의 권위를 인정하지 않는 남편', 특히 '아내에게 집착하는 남편(주34)'도 마찬가지다. 합리적인 이유가 없는데도 아내에게 경제권을 절대로 넘기지 않는다면 틀림없다. 결국 그에게 아내는, 그의 소유물 중 하나에 불과한 것이다.)

20대 초반에 만났던 어느 여자친구가 한 번은 이렇게 말했다.

"나는 돈만 많다면 누구와도 결혼할 수 있을 줄 알았어. 그런데 너를 만나보니까 아니더라."

감사하게 생각한다. 남자든 여자든, 진정한 사랑을 경험해 본 순간, 사람이 달라진다. (진짜 사랑Agape을 경험하는 순간, 마치 한 송이 꽃이 피어나듯, 여신女神이 깨어나더라.)

그렇다고 필자가 좋은 남자라는 건 절대 아니다. 특히 상대방이 필자에게 의존하거나 집착할 때는 미안하지만, 매섭게 관계를 정리했다.(주34) 진심으로, 미안하게 생각한다. 주제로 돌아간다.

하지만 그런 아내도 곧 후회하게 된다. 자녀가 유아기와 아동기를 지나며, 곧 자녀를 통제할 수 없게 되는 까닭이다. 비로소 아버지의 권위가 빛을 발할 순간이지만, 불가능하다. 아내 자신이 그 권위를 무너뜨렸기 때문이다. 자업자득이라고 말하긴 쉽지만, 그 결과는 비참하다.

자기 인생뿐 아니라 남편 인생, 심지어 자녀 인생까지 망치는 셈이기 때문이다.

아니다, 손주 인생까지 망칠 때도 많다.

본문에서 최악의 상급자, '하급자의 권위를 무너뜨리는 상급자'의 사례를 나누었다. 이들이 그렇다. 자녀가 부모가 되는 순간-승진하는 순간- 이들은 '손주 앞에서 자녀의 권위를 무너뜨리는 할머니'로 진화한다.

손주가 떼쓰면 아들은 꼭 이렇게 말한다. "그냥 한번 해줘라."

그 말을 듣는 자녀는 가슴이 터지고 피가 거꾸로 솟는다. 자녀 요구가 무리하니까, 거절할 만하니까 거절하는 것이다. 그런데 지금 뭐 하시는 건가? 왜 손주 앞에서 자녀 권위를 무너뜨리시는 건가? 왜 손주 인생까지 망치시려는 건가?

하지만 아들에게 옳고 그름은 전혀 상관없다. 아들에게 중요한 건 자기감정, 즉 당장 본인이 듣기 싫다는 것뿐이다. (옳고 그름을 따지는 것보다 상대방을 존중하는 것이 우선해야 하지 않겠는가. 하물며, 이들의 우선순위는 옳고 그름도 아닌 자기감정이다. 이들은 정말 자기밖에 모른다.)

그래도 아들도 가끔은 손주 인생에 신경을 쓰는 것처럼 보인다. 하지만 아니다. 자녀에 이어 손주조차 자기 마음대로 조종하려는 이기적인 심산일 뿐이다.

하지만 그렇다고 부모 말에 이의를 제기하기도 쉽지 않다. 그 말에 불순종하기가 어렵기 때문이며, 그래도 부모 권위는 인정하는 까닭이다. 자녀 앞에서 부모 권위를 무너뜨릴 수는 없지 않은가.

세상 모든 문제의 원흉이 드러났다. '남편의 권위를 인정하지 않는 아내'다. 피상적으로는 그렇다.

하지만 권위가 '책임지는 순서'라면 누구에게 더 큰 책임이 있겠는가? 남편의 권위를 인정해야 한다는 걸 모를 아내도 없다. 단지 그 권위 인정받을 자격을 갖춘 남편이 드물 뿐이다. (사람을 못 알아보고 자기 발등 찍은 사람도 있겠지만, 비교적 소수다.) 그렇다면 누가 진짜 원흉이겠는가?

그렇다, 권위를 인정받지 못하는 남편이다.

남편으로서 그 권위 인정받을 자격을 갖추는 것, 즉 배우자 몫의 책임을 대신해주는 건 기본에 불과하다. 그 책임을 대신해주는 것이 사실이라면, 최소한 그만큼은 그 권위를 '권위 있게 주장하고 인정받아야 한다. 그래야 남편 자신도 남편일 수 있기 때문이며, 그래야 아내도 아내일 수 있기 때문이다. 그래야 자녀도 자녀일 수 있다.

남편이 자기 책임을 대신해준다는 사실을 알면서도 그 권위를 인정하지 않는 아내도 물론 많다.(주17) 하지만 이 역시 소수에 불과하며, 그 은혜 받을 자격을 확인하지 않은 남편의 책임이 더 크다. 권위가 '책임지는 순서'라는 건 정말 무서운 말이다.

그렇다면, 무엇을 어떻게 해야 할까? 그냥 그 권위를 '권위 있게' 주장하면 된다.

질문 하나로 충분했다. '그대의 진짜 고객은 누구인가?'

필자의 사례다. 결혼하고 얼마 지나지 않아 여자친구가 가면을 벗었다. 무서운 여자였다.

그래서 그랬다. 아내를 불러 앉히고 물부터 먹였다.

"우리 집 가장이 누구야?" ('옆집 아저씨야?')

"그 권위를 누가 인정해주어야 해?" ('옆집 아줌마야?')

웃으면서 했던 말이다. 그런데 아내 표정과 말투가 평소와 미묘하게 달랐다. 그래서 다시 물었다.

"지금 그 표정이나 말투가 남편의 권위를 인정하는 거야?"

갑자기 아내가 짜증을 내며 남편을 때리기 시작했다. 그래서 그냥 맞았다. 그런데 무서운 여자가 그래도 가끔은, 남편에게 존댓말을 사용하기 시작했다.

(사실 결혼 전에 가면 뒤 모습을 슬쩍 본 적이 있다. 결혼을 준비할 때였다.

평소와 다르게 사람이 짜증스러웠다. 뭐든 만족하지 않았다. 불평불만도 부쩍 늘었고, 신경질적이었다.

물론 남자친구로 감정을 해소하려 할 수도 있다. 정서적인 만족을 주는 것도 남자친구의 역할 중 하나다.

하지만 그 정도가 조금 심했다. 그래서 물부터 먹이고 이렇게 질문했다.

"나랑 결혼하기 싫어?"

여자친구는 침묵했다.(주9) (그 후로는 짜증도 내지 않았고, 결혼 준비도 본인이 다 알아서 했다. 가면을 다시 썼을 뿐이었다는 걸, 그때는 몰랐다.))

그런데 더 사나운 여자가 있었다. 엄마였다. 그래서 승늉을 떠드리고 여쭈어보았다.

"우리 집 가장이 누군가요?" 갑자기 엄마가 악을 쓰기 시작했다. (원래 평소에 악을 쓴다.)

"남편이 남편다워야지!" ('남편이 남편의 책임을 다해야지!!') *네나 잘해*

백만 번 동의한다. 하지만 엄마 책임도 크다. 남편의 권위를 인정해주기는커녕, 오히려 그 책임만 무분별하게 대신해주었기 때문이다.(주43) (오히려 사람을 더 망친 셈이다.)

그뿐만이 아니다. 그건 아버지의 몫이다. 엄마도 엄마 할 몫은 해야 한다. 그래서 되물었다.

"부모가 부모 노릇을 못 하면 부모가 아닌 건가요?"

엄마는 침묵했다.(주9) 두 달이 채 지나지 않아 아버지는, 신용불량에서 벗어나셨다.

(권위의 마지막 역설을 꼭 기억하자. "권위를 인정받을 때 책임을 감당하기 시작한다.")

물론 이는 권위 인정받을 자격을 갖춘 사람, 특히 약하지 않은 사람에게나 가능한 일이다. (아들러가 말한 '미움받을 용기'가 자신을 위한 것이었다면, 필자의 그것은 타인을 위한 것이다. 차원이 다르다.) '자기 책임조차 못 하는 약한 사람'(주34)은 답도 없다. 그럴 땐 무얼, 어떻게 해야 할까?

예쁘고 착하고 지혜롭고 현숙하고 사랑스러운 아내가 나설 때다.

마지막 권위의 역설, '권위를 인정받을 때 책임을 감당하기 시작한다'라는 말을 기억하자.

'남편이 집안일을 스스로 하기 시작한다'라는 말이었다. ((주64)에서 계속)

(주64) 〈집에 있는 남자가 그래도 게으르다면〉 (갖다 버려야 한다.)

(주63)에서 남편으로서 자기 권위를 '권위 있게' 주장하고 인정받는 법을 나누었다.

하지만 '정서적으로 거세당한 남자'(주34)들은 답도 없다.

(그들은 흔히 이렇게 말한다. "꼭 그렇게까지 해야 해?" ("그런다고 뭐가 달라지겠어?"))

그럴 땐 도대체 무얼, 어떻게 해야 할까? (그냥 포기하자. 갖다 버려야 한다.)

예쁘고 착하고 지혜롭고 현숙하고 사랑스러운 아내가 나설 때다.

"남편에게 그 권위가 인정받는다는 느낌만 느끼게 하는 것이다."

뭐든-애교든, 웃음이든, 칭찬이든, 인정이든, 경청이든, 공감이든, 긍정의 맞장구든, 맛있는 밥이든, 가벼운 스킨십이든- 상관없다. 단지 남편에게 존중받는다는 느낌만 느끼게 해보자. 남편은 곧 집안일을 스스로, 심지어 찾아서 하기 시작할 것이다. 권위가 '책임지는 순서'이기 때문이다.

단, 남편의 책임을 대신해주거나, 남편을 챙겨주라는 말은 절대 아니다. 반복해서 말하지만, 상대방의 권위를 인정해주는 것과 상대방 몫의 책임을 무분별하게 대신해주는 건 다르다. 본문에서 인용했던 작가 나비는 《내가 선택한 남자와 사랑하라》에서 이렇게 말했다.

"내가 받고 싶은 대로 남자에게 행동하지 말라."

"상대방을 챙기고, 염려하고, 헌신적으로 돌봐주는 것이 여자가 원하는 사랑이다. 우리가 원하는 것을 상대방에게 주는 것은 큰 실수이다. … 남자는 자신의 능력을 믿어주고, 지켜봐 주고, 인정해주고, 자신의 타고난 모습이나 성격, 버릇들을 찬미해주고, 자신을 대단한 사람으로 봐주며, 자신 때문에 행복하다는 대답을 듣는 사랑을 원한다."

남자친구나 남편에게 챙김을 받고 싶기에, 그를 더 열심히 챙기는 그 마음을 이해한다. 하지만 그 마음과 반대로 해야 할 때도 분명 있다. 그래야 오히려 상대방에게 챙김을 받을 수 있다.

그래도 어렵다면, 로라 슐레징어 박사의 말을 인용하겠다.

"자녀에게 주는 관심의 딱 10분의 1만이라도 남편에게 '먼저' 주는 것이다."

그녀가 같은 책에서 전한, 어느 여성의 사연이다.

"저는 하루에 딱 20분만 할애해서 남편과 친하게 지내기로 했습니다. 아이들을 위해 하루 12시간을 보내면서도 남편을 위해서는 단 10분도 내지 못했던 건 제 잘못이었습니다. 부부가 서로를 최우선순위에 놓아야 한다는 걸 깨달았어요. 저에게도 좋지만, 무엇보다 두 아이에게도 좋으니까요."

자녀에게 주는 관심의 10분의 1이 아니었다, 고작 36분의 1이었다. (아니다, 72분의 1이었다!)

"그를 기쁘게 해주려는 고약한 음모는 심지어 직장에서 받은 스트레스마저 날려버립니다. 이게 바로 사랑이겠지요? 5분이면 충분해요. 그것만으로도 얼마든지 남편에게 사랑을 받는답니다. … 우리 남편이 자발적으로 집안일을 도와줄 거야!"

아니다, 72분의 1도 아니었다! 고작 144분의 1이었다. 그녀는 이렇게 부연했다.

"어느 여성은 놀랍게도, 자기가 남편을 15년 동안 '지배'해왔다고 말했다. 그 남편도 자신이 진정으로 아내를 사랑하며, 기꺼이 아내에게 '복종'한다고 말했다. 아내가 자신을 가지고 논다는 사실을 남편이 기꺼이 인정한다니, 놀랍지 않은가? … 원하는 것을 얻으려면 먼저 주는 것이 훨씬 낫다. 먼저 줄 때 아내는 두려움이나 분노가 아닌 열정과 사랑을 돌려받는다."

남녀 모두에게 적용할 말이지만, 원하는 것을 얻으려면 상대방에게 그 권위가 인정받는다는 느낌을 주는 것이 가장 좋다. 상대방의 권위를 '조건 없이' 인정해줄 때, 뭐든-사랑이든, 관심이든, 열정이든, 책임이든, 돈이든, 선물이든, 모르는 택배든, 반짝이는 거든, 가치brand 있는 가방이든, 근사한 외출이든, 깜짝 파티든, 뜨거운 밤이든― 훨씬 더 많이 돌려받는다. (데일 카네기는 《데일 카네기 인간관계론》(1937)에서 이렇게 말했다. "상대방에게 자신이 중요한 사람이라고 느끼게 하라. 진심으로 하라." 필자의 표현대로라면, "상대방에게 자신의 권위가 인정받고 있다고 느끼게 하라. 진심으로"다.)

이를 필자는 흔히 이솝 우화, 〈북풍과 태양〉 이야기로 설명한다.
지나가던 나그네를 '남성'이라고, 그가 입고 있던 외투를 '거짓 남성성'이라고 해보자. 차갑고 무거운 그 외투를 벗겨야 할 이유가 생긴다. 그래야 그가 영적으로 한 단계 더 성장하기 때문이며, 오히려 그 외투를 벗게 해준 사람이 더 행복해지기 때문이다.
하지만 중요한 건 그 방법론이다. 누군가는 북풍처럼 차갑고도 세차게―악을 써서라도― 그 외투를 벗기려 한다. 하지만 누군가는 태양처럼 따뜻하고도 부드럽게 벗기려 한다. 어느 편이 옳겠는가?
모른다. 하지만 필자 친구(주34)의 선택은 후자였다.
권위 인정받을 자격이 '명백히' 없는 남편의 권위를, 그래도 인정해주기로 한 것이다. 그 결과는 충격적이다.

예쁘고 착하고 강하고 똑똑했던 친구가 '집착하는 남자'를 잘못 만나, 결혼 당했다.(주34)
결혼 직후, 남편은 아내의 경제권을 빼앗고, 일거수일투족을 감시했다. 아내는 기존의 인간관계를 대부분 차단당했다. 남편은 '동정심 유발 작전'을 사용하거나, '피해자 행세'를 하면서까지 아내를 조종하고 구속하려 했다. 아내에게 의무와 책임을 강요하거나, 아내에게 심지어 수치심이나 죄책감을 유발하려 할 때도 많았다. 남편은 자기 모든 책임을 아내에게 전가하려 했고, 그러면서 정작 아내의 책임은 모두 대신해주며, 그녀를 무능력한 사람으로 만들어버렸다. 심지어, 자녀들조차 자신과 똑같은 사람-엄마에게 집요하게 집착하는 자녀-으로 만들어버렸다. 하지만 그런 남편을 친구는 어찌할 수 없었다.
그 말을 들으며, 피가 거꾸로 솟았다.
('후배 첫사랑을 빼앗아갔으면, 최소한 후배보다는 행복하게 해줬어야지!')
그래서 그랬다. **"자기 책임이 아닌 것을 거절하게 했다."**

그녀의 문제는 남편의 권위를 인정하지 않는 것이 아니었다. 남편이 전가하는 책임을 거절하지 못하는 것이 문제였다. 물론 이는 그녀만의 잘못이 아니다. 사람을 무능력하고도 무기력하게 만든 남편의 잘못이며, 그녀의 부모, 특히 엄마의 잘못이다.(주43) 딸을 의무와 책임, 죄책감의 사슬로 얽어맸기 때문이다.
물론, 자기 몫 이상의 책임을 하려 하는 건 정말 좋은 자세다. 하지만 이를 거절해야 할 때도 있다. 상대방이 자기가 충분히 감당할 수 있는 책임조차 전가하려 할 때가 대표적이다. 거절해야 할 책임을 구분하고 거절해야 자신이든 상대방이든, 비로소 그 이상으로 성장할 수 있다.(주27) 강박적으로 더 많은 책임을 감당하려 하는 건 정신질환, '신경증(노이로제)'이다.
그리고 반강제적으로, 《앵그리 보스》를 읽게 했다. 곧, 친구 눈빛이 반짝이기 시작했다.
여전히 남편은 아내에게 자기 책임을 전가하려 했다. 상식과 어긋나는 성적 요구도 여전히 집요했다. 하지만 이제 더는 아내를 자기 마음대로 조종할 수 없다. 그녀가 이를 거절할 만큼 강해졌기 때문이며, 그녀 자신을 진정으로 사랑하게 되었기 때문이다. 자존감만 건강해도 타인이 자신을 함부로 대하게 하지 않는다.

이제 남편은 '동정심 유발 작전'조차 사용하지 못한다. 그녀가 자신을 사랑하고 이해하게 된 만큼 타인을 이해할 수 있게 되었기 때문이다. 그만큼 상대방의 속셈을 더 정확히 분별하고 대처하게 된 건 당연한 결과다.

심지어 남편은, 의도하지 않았겠지만, 성장하기 시작했다. 남편이 전가하려던 책임을 그녀가 거절했기 때문이며, 그러니 남편도 그만큼 자기 책임을 감당할 수밖에 없었기 때문이다.

물론 남편이 완전히 만족스러운 건 아니다. 아내에게 정서적인 만족을 줄 수 없는 사람이며, 49점 이상으로는 성장하지 못하는 사람이다. (시험 삼아 경제권을 요구해봤지만, 실패했다. 아내에게는 절대로 경제권을 넘기려 하지 않았다.(주63)) 하지만 그녀는 이렇게 말했다.

"사람이 바뀔 때도 있구나! 속이 다 시원해!"(기대치가 너무 낮았다~'기대치가 아예 없었지~)

하지만 문제는 자녀들이었다. 아버지의 권위를 인정하지 않았다.

자녀들은 여전히 떼를 심하게 썼다. 여전히 아빠에게 침을 뱉거나 아빠 뺨을 때렸고, 집안 살림은 계속 부서졌다. 시어머니는 "그냥 한번 해줘라"라는 말만 반복했다.

그래서 그랬다. **"아내로서 남편의 권위를 인정하게 했다."**

아내가 남편의 권위를 인정할 때, 자녀들도 당연히 아버지의 권위를 인정하지 않겠는가!

실제로 자녀들이 순식간에 아버지의 권위를 인정하게 될, 줄, 알았다. 하지만 아니었다.

자녀들 상태가 생각보다 심각했다. 자녀들이 일부러 더 심하게 떼쓰는 것이 눈에 보였다.

멀쩡하던 자녀들이 갑자기 악을 쓰며 뒤로 넘어가거나, 입에 거품을 물고 경기를 일으켰다. 하지만 자기가 원하는 걸 얻은 후에는 순식간에 괜찮아졌다. 그렇다고 자녀에게 문제가 있거나 어디가 아픈 것도 아니었다. 그렇다면 이는 자신이 약자라는 사실을 이용하는 것이며, 부모의 감정대응을 유도하는 것으로 볼 수 있다. 남편이 '동정심 유발 작전'을 썼던 것과 같은 맥락이다. 그럴 때 자기가 원하는 바를 이룰 수 있다는 걸 이미 학습한 것이다.

그래서 그랬다. **"자녀가 떼쓰면, 혼자 방에 들어가서 마음껏 떼쓰게 했다."(주62)**

그래야 비로소 '안 되는 건 안 된다'는 사실을 깨닫고 인정하게 되기 때문이며, 그래야 비로소 부모의 권위를 인정하게 되기 때문이다. (자녀가 더 어렸다면, '웃으면서' 함께 방에 들어가서 마음껏 떼쓰게 했을 것이다.)

자녀들이 부모의 감정대응을 유도하는 일은 즉시 사라졌다.

하지만, 그래도 자녀들은 아버지의 권위를 인정하지 않았다.

자녀들 상태가 생각보다 훨씬 심각했다. 엄마의 권위를 이용해서까지 아버지를 굴복시키려 했다.

남편이 '피해자 행세'를 했던 것과 같은 맥락이다. 엄마가 귀가하자마자 몰려와서 아버지를 고자질하는 건 예사였다. 엄마가 귀가할 즈음 아빠를 도발했다.

그럴 때마다 바보 남편은 자녀들에게 감정적으로 대응했고, 그 모습을 귀가하던 아내에게 들켰다. 그럴 때마다 친구는 남편에게 화를 쏟아부으며, 더 감정적으로 대응했다. (단 한 번이었지만, 남편의 멱살을 잡고 따귀를 때린 적도 있었다. 물론 그 정도로 남편이 맞을 만했던 건 사실이지만, 그래도 그 권위는 지켜주었어야 한다. 나중에 둘이 따로 이야기할 수도 있지 않은가. (어차피 대화는 불가능하겠지만 말이다.))

하지만 사실을 확인해 보니, 이번에는 남편이 억울할 만했다. 남편은 아버지로서 자녀들에게 바른말을 했을 뿐이었다. 하지만 자녀들은 단지 듣기 싫다는 이유로 아버지의 바른 지적조차 무시했던 것이며, 오히려 심지어 엄마의 감정대응을 유도했던 것이다.

그런 부모를 보며, 뒤에서 속으로 웃고 있을 자녀의 모습이 눈에 선했다.

그래서 그랬다. **"우선순위를 자녀가 아닌, 배우자에게 두게 했다."**

엄마니까 자녀에게 먼저 눈길이 가는 그 마음을 이해한다. 하지만, 그래도 남편에게 우선순위를 두려는 시도는 해야 한다. 그래야 남편의 권위도 지켜줄 수 있고, 엄마로서 자기 권위도 세울 수 있다. 이 또한 자신을 이기는 일이다.

그리고 그랬다. **"남편에게, 아버지로서의 권위를 '권위 있게' 주장하도록 했다."**

실패했다.

안 되는 사람은 정말 안 되는 것 같다. 바보 남편은 자녀들 앞에서 자기 권위를 '권위 있게' 주장하기는커녕, 자녀들에게 빈정대거나 깐죽거리며, 무너진 권위를 오히려 자기가 더 무너뜨리고 있었다.

자녀들의 마음을 이해하지 못하는 것이 아니다. 철저히 이기적이고도 부정적인 사람을, 상대방의 처지를 이해하려고도 하지 않는 사람을, 사람을 감정적으로-권위적이고도 폭력적으로- 대하는 사람을, 자기 엄마를 자기 소유물로 여기는 사람을, 심지어 자녀를 아내 사랑의 경쟁자로 여기는 사람을 누가 좋아하겠는가.(주43)

자녀만큼 부모를 정확하게 파악하는 사람도 없다.

하지만, 아버지는 아버지다. 존재 자체가 이미 그 권위 인정받을 자격을 갖춘 셈이다. 우리 존재 자체가 이미 사랑받을 자격을 갖춘 것과 마찬가지다. (굳이 낳아준 은혜나 아버지가 벌어오는 생활비를 운운할 필요조차 없다.) 아버지에게 결점이 많은 건 사실이지만, 그래도 그 권위는 인정해 드려야 하지 않겠는가.

그래서 그랬다.

"'옳고 그름을 따지는 것보다 상대방의 권위를 인정하는 것이 더 우선한다'라는 걸 가르치게 했다."

그리고 그 순간, 자녀들이 달라지기 시작했다.

하지만, 전제가 하나 있었다. **"부모 자신의 잘못을 잘못이라고 인정하게 했다."**(주17)

완벽한 사람이 없듯, 완벽한 부모는 없다. 하지만 괜찮다. 부모의 실수나 잘못을 용서하지 않을 자녀는 없기 때문이다. 하지만 문제는 가해자, 즉 부모가 이를 인정하지 않을 때다.

자녀가 아무리 부모의 권위를 인정하려 해도 불가능하다. 부모에 대한 자녀의 용서가 성립할 수 없기 때문이며, 부모와의 관계나 애착이 끊어지는 건 당연한 결과다.

자녀가 아무리 어려도 이는 마찬가지다. 자녀의 눈에 부모의 단점이나 실수, 잘못이 보이지 않을 리 없다. 하지만 문제는 부모가 이를 인정하기는커녕, 회피하거나 합리화하거나 부정할 때다. 심지어 부모가, 자신과 같은 실수를 저지르는 자녀를 징계하면서, 정작 자기 실수는 인정하지 않는다면, 자녀 마음이 어떠하겠는가.

"부모가 먼저 자녀 앞에서 부모 자신의 잘못을 인정해야 한다."

그 순간, 자녀는 과연 무슨 생각을 하게 될까? 자녀 안에 과연 무슨 일이 일어날까?

자녀에게 그 순간은, 자녀 자신이 옳았다고, 사람을 정확하게 봤다고 권위자에게 인정받는 순간이다. 부모에 대한 자녀의 애착이 살아나는 건 당연한 결과다. 부모에 대한 자녀의 용서가 성립하기 때문이며, 단지 그냥, 자녀이기 때문이다.

부모의 인정이 필요하지 않을 자녀는 없다. 자녀가 이미 무의식적으로라도, 부모의 권위를 인정하고 있기 때문이다. (그들이 이미 부모를 순수하게 사랑하고 있다는 의미다.) 그러니 그들도 그만큼 부모에게 인정받으려 하지 않겠는가. (그 인정 한번 받고 싶어서, 장성해서도 몸부림하는 자녀가 얼마나 많은가.)

하지만 부모가 부모 자신의 잘못을 인정하지 않는다면, 자녀가 아무리 부모를 용서하려 해도, 자녀가 아무리 그 권위를 인정하려 해도 불가능하다. 원인이 없으니 결과도 있을 수 없다. (〈부록〉 참조.)

그것이 자녀가 장성해서도, 무의식적으로라도 부모의 과거 잘못을 다시 말하는 이유다. 무의식적으로라도 부모를 용서하려 하기 때문이며, 단절된 부모와의 관계를 회복하려 하기 때문인 것이다. (오히려 자녀가 부모에게 관계 회복의 기회를 다시 주는 셈이다.)

결국, 핵심은 단 하나, 부모가 먼저, 부모 자신의 잘못을 잘못이라고 인정하는 것이다.

그 순간, 부모와 자녀가 서로를 진정으로 사랑하는 이상적인 관계가 이루어지는 건 당연한 결과다. 자녀가 이미 부모를 용서했기 때문이며(주20), 자녀가 이미 부모를 순수하게 사랑하고 있었기 때문이다.

그렇다고 남편이 '자기가 틀렸다'라는 사실을 인정하고, 자녀들에게 사과했을 리는 없다.

대신 친구가 자녀들에게 아빠 잘못을 인정하고 사과하고 그 순간, 자녀들이 달라졌다.

자녀들은 아빠와 더없이 친해졌고, 남편은, 전혀 의도하지 않았겠지만, 더 강해졌다.

이제 그녀는 집에서도 화장실을 마음 편히 사용한다. 더는 죽음의 공포를 느끼며 가슴을 움켜쥐지도 않는다. (이건 정말 놀라운 건데, 부정맥이 사라졌다. (공황장애의 원인이 '억눌린 분노'인 것과 같지 않을까 싶다.))

예전의 그 착하고도 당찼던 모습도 어느 정도는 회복했다.

그녀는 이렇게 말했다. "덕분에 가정을 지킬 수 있었어. 진심으로 고맙게 생각해."

그 후로는 연락이 없다. (그래서 시어머니의 근황은 모른다.) 왠지 쓸쓸하지만, 뭐, 존중한다.

필자가 '남편의 권위를 인정해야 한다'고 말하면 꼭 이렇게 말하는 사람이 있다.

"서로 존중해야지요."

감사하는 척하는 배우자다. 원론적인 주장으로 자기 속내를 교묘하게 감추려는 것이다.

생략된 말을 못 듣는 걸 수도 있다.

"남편이 책임을 감당하는 만큼만이라도 제발' 남편의 권위를…!!"

"남편이 아내 권위를 이미 인정해주고 있으니, 그만큼만이라도 제발' 남편의 권위를…!!"

아니다, 안 들리는 척하는 거겠다. 인정하기 싫은 게다.

그래도 '절대 감사하지 않는 배우자'보다는 낫다. 그들은 악을 쓴다. "권위는 무슨 권위!"

개인의 선택을 존중하지만, 소공자 선생은 《우주의 경영비법과 성공의 황금율》(1998)에서 이렇게 말했다.

"현명한 여성은 항상 밝은 표정으로 남편을 출근시켜 보낸다."

왜? 아내 자신에게 좋기 때문이다. (남편이 승진해서 연봉이 인상된다면, 그게 다 누구 돈이겠는가.)

이경원은 《첫눈에 반하지 마라》(2014)에서 이렇게 말했다.

"성공한 남자 뒤에는 반드시 여자가 있다. 지혜로운 어머니가, 지혜로운 아내가, 여자가 남자를 성공시킨다. 여자는 남녀평등을 주장하는 것보다 더 중요하고 의미 있는 일이 있다는 것을 명심해야 한다.

결혼생활에서 '내가 밥을 할 테니 너는 세탁기를 돌려라'가 남녀평등이 아니다. 당신이 밥을 하니 나는 세탁기를 돌려서 당신을 편하게 해주고 싶다는 마음과 당신이 세탁기를 돌리니 나는 당신을 위해 따뜻한 밥을 지어주겠다는 마음이 만날 때 결혼생활의 남녀평등이 이루어지는 것이다."

남편 돈은 아내 돈이고, 아내 돈은 아내 돈이다. 권위가 '책임지는 순서'인 까닭이다. (처가에 드리는 용돈, 처가에 가는 기름값까지 시시콜콜하게 따지는 관계는 이미 부부가 아니다.)

이 역시 남녀 모두에게 적용할 말이다. 그 권위 인정받을 자격이 '명백히' 없는 사람의 권위를 '조건 없이' 인정해주었는데도, 사람이 바뀌지 않을 수 있다. 그냥 그 선택을 존중해주자. (마음 편히 갖다 버리자.) 그것이 상대방에게도 훨씬 좋다. 최소한 자기 책임 이상은 한 셈이니, 후회하지 않을 것이다.

정말 진짜 진짜 끝. *해봤다!!*

참고도서 목록

고진하, 《시 읽어주는 예수》, 비채, 2015.

김무곤, 《NQ로 살아라》, 김영사, 2003.

김미경, 《언니의 독설》, 21세기북스, 2012.

김미진, 《왕의 재정》, 규장, 2014.

김범일, 《효자는 결코 망하지 않는다》, 규장, 1998.

김상근, 《마키아벨리》, 21세기북스, 2013.

김성회, 《용인술, 사람을 쓰는 법》, 쌤앤파커스, 2014.

김성회, 《리더를 위한 한자 인문학》, 북스톤, 2016.

김승호, 《사람이 운명이다》, 쌤앤파커스, 2015.

김진호, 《죽은 민중의 시대 안병무를 다시 본다》, 삼인, 2006.

김향훈, 《당신의 이혼을 응원합니다》, 끌리는책, 2019.

나비, 《내가 선택한 남자와 사랑하라》, 중앙북스, 2014.

류창열, 《심뽀를 고쳐야 병이 낫지》, 국일미디어, 2002.

민성원·이계안, 《학교가 알려주지 않는 세상의 진실》, ㈜위즈덤하우스, 2009.

박수경, 《그 남자 그 여자의 바람바람바람》, 도서출판 가연, 2018.

박홍규, 《마르틴 부버》, 홍성사, 2012.

배평모, 《거창고등학교 이야기》, 종로서적, 1995.

성선화, 《결혼보다 월세》, 다산3.0, 2015.

소공자, 《우주의 경영비법과 성공의 황금율》, 골든북, 1998.

송길원, 《유머, 세상을 내 편으로 만드는 힘》, 청림출판, 2005.

안수현, 《그 청년 바보 의사》, 아름다운사람들, 2009.

유기성, 《나는 죽고 예수로 사는 사람》, 규장, 2008.

유정옥, 《울고 있는 사람과 함께 울 수 있어서 행복하다》, 크리스챤서적, 2004.

유정옥, 《말하지 않아도 들리는 소리》, 소중한사람들, 2013.

이경원, 《첫눈에 반하지 마라》, 살림, 2014.

이기복, 《성경적 부모교실》, 두란노, 2005.

이상준, 《웃음과 유머 그 비밀의 문을 열다》, 오피니언리더커뮤니티, 2005.

이서윤, 《내가 춤추면 코끼리도 춤춘다》, 이다미디어, 2009.

이서윤·홍주연, 《더 해방The Having》, 이다미디어, 2020.

이수원, 《남성 여성 산뜻하게 벗겨보기》, 나무생각, 1999.

이외수·하창수, 《뚝,》, 김영사, 2014.

이윤주·양정국, 《밀턴 에릭슨 상담의 핵심, 은유와 최면》, 학지사, 2007.

이재철, 《청년아 울더라도 뿌려야 한다》, 홍성사, 2000.

이진우, 《니체의 인생 강의》, (주)휴머니스트출판그룹, 2015.

이진희, 《광야를 읽다》, 두란노, 2015.

이하, 《경제 카페에서 읽은 시》, 실천문학사, 2015.

무한(장윤성), 《솔로부대 탈출 매뉴얼》, 경향미디어, 2009.

최정, 《미친 연애》, 좋은날들, 2011.

피오나, 《인어공주가 다른 남자를 만났다면?》, 마젤란, 2009.

홍세화, 《나는 빠리의 택시운전사》, 창작과비평사, 1995.

알프레드 아들러Alfred Adler, 《아들러 심리학What life should mean to you》, 유진상 옮김, 스마트북, 2015.

알프레드 아들러Alfred Adler, 《아들러의 인간이해Menschenkenntnis》, 홍혜경 옮김, 을유문화사, 2016.

토머스 앤더슨Thomas Anderson, 《크리스천 부자백서Becoming a Billionaire God's Way》, 이건 옮김, 두란노, 2007.

셰리 아곱Sherry Argov, 《남자들은 왜 여우 같은 여자를 좋아할까Why men love bitches》, 이미경 진행, 인사이트북스, 2014.

제럴드 베네딕트Gerald Benedict, 《5분 철학The Five-Minute Philosopher》, 박수철·정혜정 옮김, 지와 사랑, 2015.

대니얼 버그너Daniel Bergner, 《욕망하는 여자What Do Woman Want》, 김학영 옮김, 메디치, 2013.

앙리 베르그송Henri Bergson, 《웃음 : 희극의 의미에 관한 시론Le Rire : Essai sur la significance du comique》, 김진성 옮김, 종로서적, 1989.

존 비비어John Bevere, 《순종Under Cover : The Promise of Protection Under His Authority》, 윤종석 옮김, 두란노, 2005.

존 비비어John Bevere, 《은혜Extraordinary : The Life You're Meant to Live》, 윤종석 옮김, 두란노, 2010.

엘지 버킨쇼우Elsye Birkinshaw, 《마음먹은대로 날씬해진다Think Slim - Be Slim》, 이영주 옮김, 삶과꿈, 1994.

안토니 보린체스Antoni Bolinches, 《사랑에 빠지게 만드는 기술El Arte De Enamorar》, 김유경 옮김, 레디셋고, 2015.

스벤 브링크만Svend Brinkmann, 《철학이 필요한 순간Ståsteder》, 강경이 옮김, 다산초당, 2019.

줄리아 카메론Julia Cameron, 《아티스트 웨이The Artist's Way》, 임지호 옮김, 경당, 2003.

데일 카네기Dale Carnegie, 《데일 카네기 인간관계론How to Win Friends & Influence People》, 임상훈 옮김, 현대지성, 2019.

론 카펜터Ron Carpenter Jr., 《내 안에 적이 있는 이유The Necessity of an Enemy》, 장택수 옮김, 평단, 2013.

게리 채프먼Gary D. Chapman, 《5가지 사랑의 언어The Five Love Languages》, 장동숙·황을호 옮김, 생명의

말씀사, 1997.

스티븐 체리Stephen Cherry, 《용서라는 고통Healing Agony》, 송연수 옮김, 황소자리, 2013.

필리스 체슬러Phyllis Chesler, 《여자의 적은 여자다Woman's Inhumanity to Woman》, 정명진 옮김, 부글북스, 2009.

팀 클린튼Tim Clinton · 조슈아 스트라웁Joshua Straub, 《관계의 하나님The God Attachment》, 오현미 옮김, 두란노, 2011.

짐 콜린스Jim Collins, 《좋은 기업을 넘어 위대한 기업으로Good to Great》, 이무열 옮김, 김영사, 2001.

짐 콘웨이Jim Conway, 《중년의 위기Men in Midlife Crisis》, 윤종석 옮김, 도서출판디모데, 2005.

폴 콜린Paul Coughlin, 《착하게 살리고 성경은 말하지 않았다No More Christian Nice Guy》, 전현주 옮김, 21세기북스, 2009.

키스 크래프트Keith Craft, 《내 삶을 바꾸는 히든 파워 1%Your Divine Fingerprint》, 고수영 · 김영일 옮김, 디아스포라, 2014.

월트 디즈니Walt Disney, 《월트 디즈니의 꿈과 성공의 메시지 100》, 지식여행, 2021.

윌리엄 더건William Duggan, 《제7의 감각 –전략적 직관-STRATEGIC INTUITION: The Creative Spark in Human Achievement》, 윤미나 옮김, (사)한국물가 정보, 2007.

움베르토 에코Umberto Eco, 《장미의 이름Il nome della rosa》, 이윤기 옮김, 열린책들, 1993.

진 에드워즈Gene Edwards, 《크리스천에게 못박히다Crucified by Christians》, 홍종락 옮김, 좋은씨앗, 2005.

진 에드워즈Gene Edwards, 《신의 열애The Divine Romance》, 조이선교회, 2006.

킴 피셔Kim Fisher, 《앙큼 발칙한 그녀의 고단수 연애 백서 90TAGE AUF BEWAEHRUNG》, 장혜경 옮김, 갈매나무, 2006.

리처드 포스터Richard J. Foster, 《돈, 섹스, 권력Money, Sex & Power》, 김영호 옮김, 두란노, 2011.

로리 프리드먼Rory Freedman · 킴 바누인Kim Barnouin, 《스키니 비치Skinny Bitch》, 최수희 옮김, ㈜밀리언하우스, 2008.

에리히 프롬Erich Fromm, 《사랑의 기술The Art of Loving》, 황문수 옮김, 문예출판사, 2006.

로버트 풀검Robert Fulghum, 《지구에서 웃으면서 살 수 있는 87가지 방법What on Earth Have I Done?》, 최정인 옮김, 랜덤하우스코리아, 2009.

마이클 거버Michael E. Gerber, 《사업의 철학The E-Myth Revisited》, 이제용 옮김, 라이팅하우스, 2015.

칼릴 지브란Kahlil Gibran, 《예언자The Prophet》, 류시화 옮김, 열림원, 2002.

말콤 글래드웰Malcolm Gladwell, 《티핑 포인트Tipping Point》, 임옥희 옮김, 21세기북스, 2004.

존 그레이John Gray, 《화성에서 온 남자, 금성에서 온 여자MEN ARE FROM MARS, WOMEN ARE FROM VENUS》, 김경숙 옮김, 친구, 1993.

로버트 그린Robert Green · 주스트 엘퍼스Joost Elffers, 《권력의 법칙THE 48 LAWS OF POWER》, 정영목 옮김, 까치글방, 2000.

로버트 그린Robert Green · 50 Cent50 Cent, 《50번째 법칙The 50th LAW》, 안진환 옮김, 살림Biz, 2009.

로버트 그린리프Robert K. Greenleaf, 《서번트 리더십 원전The Servant Leadership》, 강주헌 옮김, 참솔, 2006.

존 맥스웰 해밍턴John Maxwell Hamilton, 《카사노바는 책을 더 사랑했다Casanova Was a Book Lover》, 승영조 옮김, 열린책들, 2005.

데이비드 호킨스David R. Hawkins, 《의식혁명Power vs. Force》, 이종수 옮김, 한문화, 1997.

나폴레온 힐Napoleon Hill, 《황금률Golden Rules》, 박선영 옮김, 비즈니스맵, 1928.

나폴레온 힐Napoleon Hill, 《당신은 결국 이길 것이다OUTWITTING THE DEVIL》, 샤론 레흐트Sharon L. Lechter 해설, 강정임 옮김, 흐름출판, 2013.

이구치 아키라Akira Iguchi, 《부자의 사고 빈자의 사고FUTSUU NO HITO GA OKANEMOCHI NINARITAKUNATTARA》, 박재영 옮김, 한스 미디어, 2015.

잉그리트 옌켈Ingrid Jenckel · 안젤라 보스Angela Voss, 《못된 남자에게 끌리는 여자 사랑에 무책임한 남자 Böse Männer kommen in jades Bett》, 박강 옮김, 명솔, 2001.

수 요한슨Sue Johanson, 《우리 그 얘기 좀 해요Sex sex and more sex》(1995), 구소영 옮김, 한겨레출판(주), 2014.

빌 존슨Bill Johnson · 크리스 밸러턴Chris Vallotton, 《왕의 자녀의 초자연적인 삶The Supernatural Ways of Royalty》, 김형술 옮김, 순전한나드, 2008.

빌 존슨Bill Johnson, 《하나님과 꿈꾸기Dreaming with GOD》, 조앤 윤 옮김, 쉐키나미디어, 2009.

빌 존슨Bill Johnson, 《하나님의 임재Hosting the Presence》, 임정아 옮김, 순전한 나드, 2013.

엘리엇 카츠Elliott Katz, 《여자가 원하는 강한 남자 되기Being the Strong Man a Woman Wants》, 엄홍준 · 이혜진 옮김, 젠북, 2007.

팀 켈러Tim Keller, 《고통에 답하다Walking with God through Pain and Suffering》, 최종훈 옮김, 두란노, 2018.

스티븐 킹Stephen Edwin King, 《유혹하는 글쓰기On Writing》, 김진준 옮김, 김영사, 2002.

로버트 기요사키Robert Kiyosaki · 샤론 레흐트Sharon L. Lechter, 《부자 아빠 가난한 아빠Rich Dad Poor Dad》, 형선호 옮김, 황금가지, 1997.

로버트 기요사키Robert Kiyosaki, 《페이크FAKE》, 박슬라 옮김, ㈜민음인, 2019.

프랭크 루박Frank C. Lauback, 《권능의 통로Channels of Spiritual Power》, 유정희 옮김, 규장, 2015.

아미르 레빈Amir Levine · 레이첼 헬러Rachel Heller, 《그들이 그렇게 연애하는 까닭ATTACHED》, 이후경 옮김, ㈜알에이치코리아, 2018.

맥스 루케이도Max Lucado, 《나의 사랑하는 책God's Inspirational Promises》, 윤종석 옮김, 복 있는 사람, 2004.

맥스 루케이도Max Lucado, 《일상의 치유Cure for Common Life》, 최종훈 옮김, 청림출판, 2006.

에릭 본 마르코빅Erik Von Markovik, 《미스터리 메써드Mystery Method》, 강혜원 · 박현진 · 이동훈 · 장지현 ·

정가영 옮김, 14차원 엔터프라이즈 출판사, 2007.

제임스 마틴James Martin, 《성자처럼 즐겨라Between Heaven and Mirth》, 이순 옮김, 가톨릭출판사, 2013.

마르셀 모스Marcel Mauss, 《증여론Essai sur le don》, 류정아 옮김, 지만지고전천줄, 2008.

필 맥그로Phillip C. McGraw, 《똑똑하게 사랑하라Love Smart》, 서현정 옮김, 시공사, 2005.

롤로 메이Rollo May, 《권력과 거짓순수Power and Innocence》, 신장근 옮김, 문예출판사, 2013.

스탠리 밀그램Stanley Milgram, 《권위에 대한 복종Obedience to Authority》, 정태연 옮김, 에코리브르, 2009.

니체Friedrich Wilhelm Nietzsche, 《굿모닝 니체》, 유진상 엮음, 휘닉스, 2010.

이노우에 미노루Minoru Inoue, 《남편도감DAME DANNA ZUKAN》(2014), 한태준 옮김, 다반, 2015.

오기 오가스Ogi Ogas · 사이 가담Sai Gaddam, 《포르노 보는 남자 로맨스 읽는 여자A Billion Wicked Thoughts》, 왕수민 옮김, 웅진지식하우스, 2011.

오카다 다카시Takashi Okada, 《나는 상처를 가진 채 어른이 되었다Aichaku Shogai》, 김윤경 옮김, 프런티어, 2011.

오카다 다카시Takashi Okada, 《나는 왜 저 인간이 싫을까?Human Allergies: What make you hate someone》, 김해용 옮김, 동양북스, 2015.

오카다 다카시Takashi Okada, 《아버지 콤플렉스 벗어나기CHICHI TOIU YAMAI》, 박정임 옮김, 이숲, 2015.

오스카Oscar, 《어느 게이가 말하는 여자들의 연애 심리Conseils d'un homo hétéros pour séduire les femmes》, 최정수 옮김, (주)자음과 모음, 2010.

오쇼Osho, 《자유로운 여성이 되라The Book of Women》, 손민규 옮김, 지혜의 나무, 1996.

오쇼Osho, 《이해의 서The Book of Understanding》, 손민규 옮김 판미동, 2010.

오쇼Osho, 《권력이란 무엇인가Power, Politics and Change》, 최재훈 옮김, 젠토피아, 2016.

조단 B. 피터슨Jordan B. Peterson, 《12가지 인생의 법칙: 혼돈의 해독제12Rules for Life: An Antidote To Chaos》, 강주헌 옮김, 메이븐, 2018.

파커 J. 파머Parker J. Palme, 《가르칠 수 있는 용기The Courage to Teach》, 이종인 옮김, 한문화, 2000.

트리나 폴러스Trina Paulus, 《꽃들에게 희망을Hope for the Flowers》, 김석희 옮김, 시공사, 1999.

M. 스캇 펙Morgan Scott Peck, 《아직도 가야 할 길The Road Less Travelled》, 신승철 · 이종만 옮김, 2001.

M. 스캇 펙Morgan Scott Peck, 《거짓의 사람들The People of The Lie》, 윤종석 옮김, 비전과리더십, 2003.

M. 스캇 펙Morgan Scott Peck, 《끝나지 않은 여행Further along the Road Less Travelled》, 김영범 옮김, 열음사, 2003.

로렌스 피터Laurence J. Peter · 레이몬드 힐Raymond Hull, 《피터의 원리The Peter Principle》, 나은영 · 서유진 옮김, 21세기북스, 2009.

데이브 램지Dave Ramsey, 《돈 없이도 돈 모으는 법Dave Ramsey's Complete Guide to Money》, 배지혜 옮김, 시목, 2021.

클로테르 라파이유Clotaire Rapaille, 《컬처코드The Culture Code》, 김정수 · 김상철 옮김, 리더스북, 2007.

클로테르 라파이유Clotaire Rapaille, 《클로벌 코드The Global Code》, 박세연 옮김, 리더스북, 2016.

레기날트 링엔바흐Reginald Ringenbach, 《하나님은 음악이시다Dieu est Musique》, 김문환 옮김, 예솔, 1983.

토니 로빈스Tony Robbins, 《흔들리지 않는 돈의 법칙Unshakeable》, 박슬라 옮김, RHK, 2018.

로저 로젠블라트Roger Rosenblatt, 《유쾌하게 나이 드는 법58 Rules for Aging》, 권진욱 옮김, 나무생각, 2002.

사카시타 진Jin Sakashita, 《아내를 사장으로 하세요IMA SUGU TSUMA WO SHACHO NI SHINASAI》, 김영택 옮김, e비즈북스, 2014.

캐럴 피셔 샐러Carol Fisher Saller, 《파격적인 편집자The Subversive Copy Editor》, 허수연 옮김, 소담출판사, 2012.

장 폴 사르트르Jean-Paul Sartre, 《실존주의는 휴머니즘이다L'existentialisme est un humanisme》, 박정태 옮김, 이학사, 2008.

도로시 세이어즈Dorothy L. Sayers, 《창조자의 정신The Mind of the Maker》, 강주헌 옮김, IVP, 1987.

쇼펜하우어Arthur Schopenhauer, 《쇼펜하우어 문장론Arthur Schopenhauer: SYNTAX》, 김욱 옮김, 지훈출판사, 2005.

쇼펜하우어Arthur Schopenhauer, 《의지와 표상으로서의 세계Die Welt als Wille und Vorstellung》, 이서규 옮김, 지만지고전천줄, 2008.

로라 슐레징어Laura C. Schlessinger, 《열 받지 않고 삐치지 않는 사랑의 대화법The Prosper Care and Feeding of Husbands》, 양은모 옮김, 밀리언하우스, 1996.

나타샤 스크립처Natasha Scripture, 《나는 남자를 잠시 쉬기로 했다MAN FAST》, 김문주 옮김, 샘앤파커스, 2019.

세네카Lucius Annaeus Seneca, 《베풂의 즐거움De Beneficiis》, 김혁·오명석 옮김, 눌민, 2015.

미겔 데 세르반테스Miguell de Servantes Saavedra, 《돈키호테Don Quijote》, 박철 옮김, 시공사, 2004.

더치 쉬츠Dutch Sheets, 《왕처럼 기도하라Authority in Prayer》, 김애정 옮김, 토기장이, 2006.

데니스 셰커지안Denise Shekerjian, 《슈퍼천재들Uncommon Genius》, 김혜선 옮김, 슬로디미디어, 2017.

마이클 슈메이트A. Michael Shumate, 《예술가로 살아남기Success in the Arts》, 서나연 옮김, 다빈치, 2008.

사이먼 사이넥Simon Sinek, 《나는 왜 이 일을 하는가Start with Why》, 이영민 옮김, 타임비즈, 2013.

밥 소르기Bob Sorge, 《하나님이 당신의 이야기를 쓰고 계신다Between the Lines》, 배응준 옮김, 규장, 2015.

스탕달Stendhal, 《연애론De L'Amour》, 권오석 옮김, 홍신문화사, 2010.

닐 스트라우스Neil Strauss, 《더 게임The Game》, 한정은 옮김, 디앤씨미디어, 2006.

닐 스트라우스Neil Strauss, 《룰즈 오브 더 게임Rules of the Game》, 양태민 옮김, 디앤씨미디어, 2013.

레프 톨스토이Lev N. Tolstoy, 《고백록A Confession》, 박문재 옮김, 현대지성, 2018.

롤로 토마시Rollo Tomassi, 《합리적 남자The Rational Male》, 홍종호 옮김, 아니마, 2013.

히메노 토모미Himeno Tomomi, 《여자는 왜 갑자기 화를 낼까ONNA WA NAZE TOSTUZEN OKORIDASU NO KA?》, 구현숙 옮김, 이아소, 2013.

게리 바이너척Gary Vaynerchuk, 《SNS 마케팅 구멍가게 마인드가 정답이다The Thank You Economy》, 최선영 옮김, 지식의날개, 2011.

조 비탈레(바이테일)Joe Vitale, 《마케팅의 신The Seven Lost Secrets of Success》, 김용희 옮김, 에이지21, 2013.

닐 도널드 월쉬Neale Donald Walsch, 《신과 나눈 이야기Conversation with God, book 1》, 조경숙 옮김, 아름드리, 2000.

닐 도널드 월쉬Neale Donald Walsch, 《신이 원하는 것은What God Wants》, 오인수 옮김, 빛, 2011.

베르나르 베르베르Bernard Werber, 《웃음Le rire du Cyclope》, 이세욱 옮김, 열린책들, 2011.

오프라 윈프리Oprah Winfrey, 《내가 확실히 아는 것들What I Know For Sure》, 송연수 옮김, 북하우스, 2014.

빅터 우튼Victor Wooten, 《음악 레슨The Music Lesson》, 윤상 · 심혜진 옮김, 환타웍스, 2010.

슈테판 츠바이크Stefan Zweig, 《츠바이크가 본 카사노바, 스탕달, 톨스토이Drei Dichter ihres Lebens: Casanova, Stendhal, Tolstoi》, 필맥, 2005.

지부제哲不解(장밍밍張明明), 《미치광이, 루저, 찌질이 그러나 철학자》, 허유영 옮김, 시대의창, 2016.

로렌스 피터는 《피터의 원리》, 참고도서 목록에서 이렇게 말했다.

"참고한 도서가 없다."

와우. 대단한 자신감이다. 그런데 이 책도 그렇다.

권위를 '책임지는 순서', 또는 '정체성'이라고 말한 사람이 있다면 알려주기 바란다. 사례하겠다. (그런데 왜 그렇게 인용문이 많았냐고? 반론을 제기하지 못하도록, 권위에 호소한 거다. ~~그건 오류잖아!~~)

참고도서 목록은 사실 감사 인사다. 3,000여 권의 책을 읽고, 300여 권의 책을 필사하며 마치 도둑질이라도 하는 듯한 기분을 느꼈다.

글 쓰는 내내 필자를 고민하게 한 질문이다.

'내가 감히 뭐라고 책을 쓴다는 건가?'

하지만 스티븐 킹은 《유혹하는 글쓰기On Writing》(2000)에서 이렇게 말했다.

"만약 여러분이 누군가에게서 그렇게 마음껏 책을 읽고 글을 써도 좋다는 허락을 받고 싶다면 지금 이 자리에서 내 허락을 받았다고 생각하라."

하지만, 그래도 문제가 있었다. 필력이 없어도 너무 없었다.

그때 레바논의 별, 칼릴 지브란을 만났다. '지금 당장 필사하라.'

무슨 책을 필사해야 할지조차 모르겠더라.

그래서 남기는 참고도서 목록이다. (그러니 평소에 책을 좀 읽었어야 한다.)

번역가에게

쇼펜하우어는 이렇게 말했다.

"몇몇 번역가들은 원작의 내용이 자신의 시대에 맞지 않는다는 이유로 수정을 가하는 경우가 있다. 그런 행위를 나는 일종의 폭력이라고 생각한다."

하지만 필자의 생각은 다르다. 얼마든지 수정해도 괜찮다. 중요한 건 사상이지, 그 표현법이 아니지 않은가.

혹시 이 책을 번역하게 된다면, 다음 네 가지 콘셉트는 꼭 기억해 주기 바란다.

의역과 단문短文, 구문口文과 펀치라인Punch Line이다.

글이란 읽기 쉽고도 재미가 있어야 하며, 그것이 의역神의 한수해야 할 이유다.

자기 책을 내 본 사람이라면 필자의 의도를 이해할 것이다.

그래도 가독성이 좋지 않다면, 편집자가 일 안 한 거다쫙 팔 생각이 없는 거다.

정말 진짜 에필로그

이 책의 토대가 된 질문이 있다.

"좋은 사람good person이 위대한 사람great person으로 다시 태어날 수 있을까? 만약 그것이 가능하다면 무엇을, 어떻게 해야 할까? '그저 좋기만 한' 병을 과연 치유할 수 있을까?"

《좋은 기업을 넘어 위대한 기업으로》에서 짐 콜린스가 제기한 질문이다.

그 해답으로 짐 콜린스는 〈단계5의 리더십〉[주19]을 제시했고, 필자를 포함한 전 세계 모든 독자가 그 리더에게 정말로trully 완전히totally 반해버렸다.[주56]

필자의 생각에는 절대자의 선택, 즉 소명이나 부르심이 있는 것 같다. 절대자가 그 가능성, 즉 그 씨앗을 보고 그를 선택하고, 고난과 시련으로 훈련하는 것이다. 그렇다면 단계5의 리더는 다른 사람일 수 없다.

"인생의 고난과 시련, 즉 '광야학교[주22]'를 통과하며 자신을 진정으로 사랑하게 된 사람, 그리고 그 사실을 타인을 존중하는 말과 행동으로 증명하는 사람, 그가 바로 단계5의 리더다."

실제로 그가 소개한 리더의 과반수가 고난과 시련을 거쳤으며, 그 순간을 기점으로 그 자세와 태도가 완전히 달라졌다. (물론 고난을 겪지 않은 사람도 있었지만, 비교적 소수였다. 밝혀지지 않은 사례도 많으리라 믿는다.)

재미있게도 그 책에서, 단계5의 리더를 한 명 더 발견했다. 짐 콜린스 본인이다. 그는 서문을, 아니 책 자체를 이렇게 시작했다.

"이 책을 '짐 콜린스 지음'이라고 하는 건 잘못된 표현이다. 다른 사람들의 기여가 없었더라면 이 책은 나오지 못했을 것이다."

자신도 단계5의 리더라는 사실을 그는 부인하지 못할 것이다.

《돈, 섹스, 권력MONEY, SEX & POWER》(1985), 이미 고전이 된 리처드 포스터Richard J. Foster 의 책이다. 그 배턴을 내가 받겠다.

이 책이 권력, 즉 권위에 관한 책이라면 다음 책 《게임의 법칙》은 돈에 관한 책이며, 다다음 책은 검열삭제검열삭제에 관한 책이다. (다다음 책이 더 기다려질 사람도 있겠지만, 검은 마음은 버려야 한다. 연애와 결혼, 육아에 관한 건전하고도 건강할 책일 것이다. 그래도 기다려진다면, 필자를 좀 보채달라. 식충이를 퇴치할 혁신적인 신개념은, 좀 보채는 거다.)

1720년 영국을 뒤흔들었던 경제 위기, 〈남해거품사건〉 당시 전 재산 대부분을 잃어버리고 뉴턴은 이렇게 말했다.

"천체의 움직임은 알겠어도 인간의 광기狂氣는 도저히 모르겠다."

이 책에 인간의 광기를 측정할 기준이 담겼다고 말해주고 싶다. 하지만 불가능하다. 이미 죽었기 때문이다. 아쉽다.

롤로 메이의《권력과 거짓순수》에서 좋은 질문을 발견했다.

'인간이 된다는 건 무엇을 의미하는 걸까?'

사랑받으려는 의지 The Will to Love다.

"마음껏 사랑하고 마음껏 사랑받는 존재, 그것이 인간이다."(주46)

미국 임상심리학자 롤로 메이는 유럽의 실존주의 사상을 현대 심리치료에 적용하는 데 크게 공헌했다. 대한민국 아들 셋의 영웅 길군은 실존주의 사상을 현대 비즈니스에 적용하는 데 약간은 공헌할 것이다.

이제 와 고백하지만, 유신론적 실존철학 서적은 신앙 서적이다.

진짜 마지막으로 한마디 하라고 한다면?

'누구나 할 수 있는 말은 하고 싶지 않았다?', '쉽게 쓰는 게 더 어렵더라?'

아니면, '호불호가 갈리지 않는 책은 좋은 책이 아니다?'

아니다.

"첫 문장은 마지막에 쓰는 거다."

그러니 일단 쓰라. 정말 진짜 끝.

하느님,
나한테 왜 그러세요?

| 상급자가 부당한 지시를 한다면

"상급자가 부당한 지시를 한다면, 어떻게 해야 할까?"

이는 자기 양심과 타협하지 않는 사람만이 할 수 있는 건강한 질문이다. 하지만 문제는 따로 있다. 상급자의 지시에 불복종하기 어렵다는 사실이나. 왜?

불복종의 대가를, 양심을 택한 본인이 치러야 하는 까닭이다.

스탠리 밀그램은 《권위에 대한 복종》(1974)에서 이렇게 말했다.

"불복종의 대가는 결코 가볍지 않다. 피험자가 도덕적으로 올바른 행동을 선택한 건 맞다. 하지만 피험자는 신의를 저버렸다는 괴로움에 휩싸인다. 자신이 사회적 질서를 무너뜨렸다는 생각, 어떤 원칙을 저버렸다는 생각을 떨쳐버릴 수 없다."

사람이 정말로 억울하니까 눈물도 안 나오더라. '나는 불복종을 선택했다'라며 자기 의를 드러내거나, 누군가에게 '불복종을 선택하라'라고 말할 수도 없다.

아픈 건 둘째치고, 많이 외롭다. 같은 고민을 하는 사람이 있다면, '그대 잘못만은 아니다'라고, '그대 혼자가 아니다'라고, 말이나 한마디 건네고 싶다.

가장 흡사한 사례가 **내부고발**이다. 이외수 선생은 《뚝.》(2014)에서 '내부고발자는 조직의 배신자인가?'라는 질문에 이렇게 답했다.

"만약 내부고발자의 고발이 옳다면 그 조직은 사회를 배신한 겁니다. 이때 내부고발자는 보호받아야 하고, 그 조직은 와해되어야 합당합니다. 이 상황은 내부고발자가 조직을 배반한 것이 아니라, 조직이 사회를 배반하고 인간을 배반한 것이죠. … 내부고발자는 보호받아야 하고, 조직은 '반성의 기회로 삼아야 합니다."

속 시원한 말이 아닐 수 없지만, 이는 사회적 차원의 해답이다. 지금 즉시 적용할 수 있는 개인적 차원의 해답은 없을까? 필자 나름의 대안을 제시한다.

"'예'라는 긍정 표시만 잘해주고, 그냥 놔두자."

우리 그냥, 놔두자

권위가 책임지는 순서이기에, 상급자가 더 큰 책임을 감당하는 건 당연하다. 하급자의 책임을 대신해주는 것도 당연하다. 그러니 정말 아닌 건, 그냥 놔두자. 그 순간 상급자가 일하기 시작할 것이다. 그러니까 하는 말이다.

"'예'라는 긍정 표시만 잘해주고, 그냥 놔두자."

혼자 스트레스라도 받으며 끙끙 앓을 필요는 전혀 없다. 장담하건대, 절대 문제 안 생긴다. 절대 안 무너지고, 절대 사고 안 터진다. 관계가 단절될 일도 없으며, 조직이 붕괴할 일도 없다. 그러니 제발 그냥 놔두자.

상급자가 괜히 상급자가 아니며, 권위가 괜히 책임지는 순서가 아니다. 우리 몫은 오직 하나, 그 권위를 인정'만'이라도 하는 것이 전부다. 이미 그 전부터 그는 그 모든 책임을 대신하고 있었을 것이다.

전작 《앵그리 보스》를 리뷰한 어느 블로거가 어느 관리자의 말을 전했다.

"이해가 되지 않는 지시가 내려왔을 때, 무조건 안 된다고 하지 말고 '생각해 보겠다'라고 먼저 이야기하세요. 그래도 안 되겠다 싶으면, '숙고해 봤지만 어려울 것 같다'라고, 자기가 생각한 다른 방안을 제시해 주세요. 그러면 우리 의사소통이 한결 수월해질 겁니다."

물론 이는 그가 올바른 상급자일 때다. 아니라면, 당장 문제가 발생하고, 당장 사고가 터질 것이다. 관계란 관계는 모조리 깨지고, 조직은 당장 붕괴할 것이다. 그러니 당장 권위자부터 분별해야 한다! (불사조나 식충이가 없는 조직은 없다고! 매국노를 위한 죽음은 순국이 아니라 개죽음이라고! 그러니 당장 사람부터 보라고!)

이제 남은 건 하나, '자신과 싸워 이기는 것'이다. 하나만 기억하자.

"평소에 게으르고 책임감 없던 인간이 습관처럼 일을 뒤로 미루는 것과 평소에 부지런하고 책임감 있던 사람이 자기 본성을 거스르는 것은 다르다. 전자가 인간이 덜된 사람이라면, 후자는 자신을 이긴 사람이다."

이 말은 평소에 부지런하던 사람에게 하는 말이다. 평소에 잘 하던 거 다 안다. 쉬래도 못 쉬는 것도 안다. 그 모든 책임이 자기 몫인 것 같은, 그 무거운 어깨를 이해한다. 그런데 지금 이 무슨 말인가? 대놓고 일을 하지 말라니, 이 무슨 궤변인가?

그렇다, 지금 필자는 독자에게 세상에서 가장 어려운 일을 요구하고 있다. 자기 자신을 이기는 일이다. 자기 본성과 반대로 말하고 행동하기가 쉬울 리 없다. 하지만, 그래야 할 때도 분명 있다. 그러니까 하는 말이다.

"'예'라는 긍정 표시만 잘해주고, 그냥 놔두자."

이 방법은 불사조에게 아주 잘 통한다. 불사조가 가장 원하는 것이 바로 그것, 칭찬과 인정이기 때문이다. 불사조가 괜히 더 호통을 쳤던 이유가 바로 그것이었다. *관심을 얻으려는 미운 짓 딱 세 살짜리 수준이다.*

불사조는 속으로 우월감을 만끽하며 기꺼이 모든 일을 처리해줄 것이다.

"대단하신데요?" 씨익 웃으며 다가갔더니, 성난 황소가 온순해지더라.

20살의 나를 다시 만날 수 있다면, 꼭 해 주고 싶은 말이 있다.

"부모님 말씀을 듣지 말자." ("'예'라는 긍정 표시만 잘해주고, 그냥 놔두자.")

필자가 말하려는 바를 이해할 것이다. 이는 부모를 존중함과 함께 자신에게 정직할 수 있는 건강한 대안이다.

| 알고 치르는 시험

칼릴 지브란은 《예언자》에서 이렇게 노래했다.

"그대는 활, 그리고 그대의 아이들은 마치 살아있는 화살처럼 그대로부터 쏘아져 앞으로 나아간다. 그렇게 신은 무한의 길 위에 과녁을 겨누고, 자신의 화살이 더 빠르고도 더 멀리 날아가도록 온 힘을 다해 그대를 당겨 구부린다.

그대는 활 쏘는 이의 손에 구부러짐을 기뻐하라. 그가 날아가는 화살을 사랑하는 만큼, 흔들리지 않는 활 또한 사랑하기에."

대부분 부모가 그 구부러짐을 기쁘게 받아들이겠지만, 내 부모는 아니었다. 과녁을 향해 날아가기는커녕 부러져 바닥에 버려진 채 짓밟혔다.[주43]

그래도 부모를 용서하고 싶었다. 하지만 불가능했다. 꼭 필요한 과정이 하나 빠졌기 때문이었다. 죄를 죄라고 인정하는 것, 즉 정죄定罪였다.

산은 산이고 쓰레기는 쓰레기다

M. 스캇 펙은 《끝나지 않은 여행》(1993)에서 이렇게 말했다.

"용서와 용인은 다르다. 용인은 악을 피하는 것, 즉 회피에 불과하다."

본문에서 '죄를 죄라고 인정해야 한다'라고, '그래야 용서가 성립한다'라고 말했다. 하지만 이는 가해자에게 하는 말이 아니었다. 피해자에게였다.

자기 잘못을 인정하지 않는 가해자도 많지만, 더 안타까울 때가 있다.

피해자조차 그 죄를 죄라고 인정하지 않을 때다.

결과는 같다. 용서가 성립할 수 없는 건 당연하며, 오히려 피해자조차 그 죄에

매여 영원히 고통받게 된다.

그러니 피해자라도 그 죄를 죄라고 인정해야 한다. 그래야 그 용서가 성립할 수 있기 때문이며, 그래야 피해자 자신이라도 그 죄에서 자유로울 수 있기 때문이다.

M. 스캇 펙은 이렇게 부연했다.

"'부모는 나름 최선을 다하셨습니다', '부모를 용서했습니다'라고 말하는 사람이 많다. 하지만 이는 용서가 아니다. 용서하는 것처럼 보이는 것뿐이다.

저지르지도 않은 범죄에 대해 누군가를 용서할 수는 없다. 진정한 용서는 유죄 판결이 난 이후에 할 수 있다. 가장 먼저 해야 할 일은 이들의 부모들을 다시 심판대 위에 세우는 것이다."

그가 부모를 예로 든 이유를 이해할 것 같다. 부모에게 상처받지 않은 자녀가 어디에 있겠으며, 부모보다 용서하기 힘든 사람이 또 누가 있겠는가. 그리고 무엇보다, 부모를 용서한 자녀가 세상 그 누구를 용서하지 못하겠는가.

하지만 부모보다 용서하기 어려운 존재도 또 없었다. 부모를 공경하라는 말씀과도 정면으로 반하는 것 같았다. 하지만 아니었다. 그 권위를 인정하는 것과 그 잘못을 잘못이라고 인정하는 건 완전히 다른 문제였다.

토머스 앤더슨Thomas Anderson은 《크리스천 부자백서》(2007)에서 이렇게 말했다.

"성경은 부모를 존경하고 사랑하라고 가르친다. 하지만 부모가 쏟아부은 쓰레기까지 사랑할 필요는 없다."

그 순간, 부모가 쏟아부은 오물 덩어리를 끌어안고 있는 내가 보였다. 내 부모가 최선을 다한 건 분명 아니었다고, 나를 조건 없이 사랑해주기는커녕, 오히려 나를 조종하고 이용했다고, 어렵게 어렵게 인정할 수밖에 없었다. 그리고 그 순간, 용서가 성립했다. 그 순간 나는 자유로워졌다. (그 자유로움은 말로 표현할 수 있는 것이 아니었다.)

이제 와 돌아보면, 필자가 영적으로 한 단계 더 성장하기 위해 꼭 거쳐야 했던 과정이 바로 그것, '권위자를 용서하는 경험'이었다.

자녀라면 누구나 경험할 그 과정을 M. 스캇 펙은 이렇게 묘사했다.

"이는 번거롭고 복잡한 과정이다. 값싼 용서를 선택하는 사람이 여전히 많은 이유다. 하지만 지금 이 순간에도 누군가는 용서를 선택해 낸다.

'아무리 그럴 만한 이유가 있었더라도, 아버지가 하신 일은 잘못이에요. 아버지는 제게 죄를 지으신 겁니다. 그걸 알고 있지만, 아버지를 용서할게요.'

이것이 진짜 용서다."

그렇다고 당장 누군가를 정죄해야 한다거나, 당장 누군가를 용서해야 한다는 말을 하려는 건 절대 아니다. 같은 고민을 하는 사람에게 그가 옳다는 확신이나 한번 주고 싶을 뿐이다. (아직 너무 이르다.[주20])

조직에서 일어나는 갈등의 원인을 이제 우리는 이해한다. 상급자와 하급자의 처지가 다르기 때문이다. 부모와 자녀 사이의 갈등도 마찬가지다. 양쪽의 처지가 다르기 때문이다.

하지만 그로 인해 세상 모든 자녀를 고뇌하게 하는 문제가 하나 있다.

부모의 기대와 자녀의 꿈이 다를 때다.

우리는 모차르트다

인생의 사명을 향해 도전하는 순간, 누구나 부모의 반대를 만난다. (자녀의 꿈에 반대하지 않고 응원해주거나, 그 필요를 채워 주는 부모를 만났다면 대단한 축복을 받은 셈이다.) 그 반대에 저항하고 이겨내며 우리는 그만큼 더 강해진다.

하지만 문제는 그리하기가 죽기만큼 어렵다는 사실이며, 이 역시 부모와의 관계 단절을 불사해야 하는 까닭이다. 자녀도 어느 정도는, 정서적으로든 경제적으로든 부모에게 의존할 수밖에 없다.

나는 감히 그 반대에 도전하지 못했다. 그 정도로 내 영혼이 짓밟혔던 까닭이다. 내 인생에서 두 번째로 후회하는 것이 바로 그것이다. 하지만 모차르트는 타협하지 않았다.

그 아버지가 그를 연주자로 키우고자 하는 목적은 오직 하나, 돈이었다. 하지만 모차르트는 타협하지 않았고, 그 결과는 혁명적이었다. 완전히 새로운 직업, '전업 작곡가'가 탄생했다. 서양 음악의 역사는 모차르트 이전과 이후로 나누어진다.

최근 어머니에게 모차르트의 일화를 말씀드렸다. 평소처럼 빈정대셨다.
"네가 모차르트냐?" 그런데 그때 내 입에서 이런 말이 튀어나왔다.
"절대자가 볼 땐 어머니도 모차르트래요."
어머니는 침묵하셨다.

20살의 나를 다시 만날 수 있다면, 꼭 해 주고 싶은 말이 있다.
"부모님 말씀을 듣지 말자." ("'예'라는 긍정 표시만 잘해주고, 그냥 놔두자.")
이는 아버지로서 사랑하는 세 아들^{길시열, 시윤, 시안}에게 하는 말이다.
"너희들 존재 자체가 아버지에겐 기쁨과 행복이다. 고맙다. 하지만 언젠가는 너희도 아버지 말에 순종하지 못할 순간을 만날 거야. 아버지가 걱정과 염려, 불안과 두려움에 하는 말이라면, 세상과 타협해서 하는 말이라면, 아버지의 말이 너희들 마음속 소리와 다르다면, 더더욱 '예'라는 대답만 잘해주고, 절대 하지 마라."
부모가 자녀를 믿고 기다려주는 만큼 자녀가 성장한다는 걸 필자는 경험했다. 그러니까 하는 말이다. "얼마든지 도전하렴." ('자랑스럽다', '사랑한다.')

이는 내 부모에게 듣고 싶었던 말이다.

위로가 되었으면 좋겠다. 아직 말하지 못한 사례가 하나 있다.

간접 공격이다. 내가 당했던 건 매도와 선동이었다.

공격당한다는 것조차 알지 못한 채, 순식간에 당해 넘어졌다.

마지막 시험 (2)

본문에서 필리스 체슬러의 글, 《여자의 적은 여자다》를 인용했다.

"남자들보다 상대적으로 무력한 소녀나 여자들의 모임에 나타나는 특징이 바로 간접 공격이다. … 한 여자가 다른 여자를 시기하거나, 필요한 자원을 얻으려 경쟁을 벌이다 그 여자의 삶을 지옥으로 만들어버린다."

하지만 이는 여성들만의 것이 아니다. 악하고 똑똑한 사람들, 특히 '절대로 성장하지 않는 사람'들이 특히 그렇다. 비록 '헛똑똑이'에 불과하지만, 그래도 똑똑한 건 사실이기에, 그들은 우리를 보이지 않는 곳에서 공격한다.

비교적 최근에 있었던 일이다. 부모님 댁에서도 쫓겨나, 숙소를 제공하는 일자리 ~~구한직업~~를 전전하고 있었다. 그래도 조직에서 '일머리가 좋은 사람', '조직에 꼭 필요한 사람' 등의 평을 듣고 있었다. (상급자들이 말하는 그대로 순종했을 뿐이다.) 육체적으로는 힘들었지만, 정서적으로는 만족했다.

하지만 직속 팀장의 친구가 상급자로 입사하며, 지옥이 시작되었다.

처음에는 괜찮은 사람으로 보였다. 하지만 그는 고자질쟁이였다. 그는 보이지 않는 곳에서 우리를 팀장에게 매도했고, 어느 순간 팀장이 그에게 선동되었다.

팀장의 사적 제재가 시작되었다. 지옥이었다. *정신적으로도 힘들어졌다!*

팀 켈러[Tim Keller]는 《고통에 답하다》(2013)에서 '배신에서 오는 고난'을 말했다.

"자신의 죄에서 오는 고난이 있는가 하면, 반대로 선하고 용감한 행동에서 비롯

되는 시련도 있다. … 앞선 첫 번째 유형의 고난은 회개를 요구하는 반면, 두 번째 유형의 역경은 용서라는 이슈를 붙들고 씨름하게 만든다."[주20]

필자가 선하거나 용감했다고는 말할 수 없다. 하지만 모든 팀원 앞에서 공개적으로 망신을 당할 때조차, 그 권위를 지켜주기 위해 변명 한마디 하지 않았다.

하지만 그렇다고 문제가 해결되거나 상처가 치유되는 건 아니었다. 마음속 지옥이 더 뜨거워졌다. 그가 왜 그랬던 걸까? 그렇게 해서라도 그가 자기 권위를 세우려 했던 걸까? 그가 나를 시기하거나 질투하기라도 했던 걸까? 혹시라도 내가 그의 열등감을 자극한 건 아닐까? 그가 타인의 불행을 즐기는, 정말로 악한 사람이었던 걸까? 사람이 그렇게까지 악할 수 있을까? (자기 상급자의 권위를 인정하지 않는 상급자는 정말 조심해야 한다.)

알 수 없다. 하지만 하나, 그 과정이 나에게 꼭 필요했다는 건 이해할 수 있다.

시험[Test(주22)]이다.

필자가 정말로 타인의 권위를 인정하게 되었는지, 특히 그 권위 인정받을 자격이 없는 권위조차 존중하는지, 절대자가, 그리고 세상이 필자를 시험한 것이다. (그래야 '권위를 인정해야 한다'라고 말할 자격도 얻을 수 있다.)

난 당연히 내가 타인, 특히 권위자를 존중한다고 생각했다. 하지만 그 권위 인정받을 자격이 명백히 없는, 정말로 악한 권위자를 만난 순간에야 비로소 진실이 드러났다. 그런데도 그 권위를 인정하기는커녕, 사사건건 따지고, 어떻게든 불만을 표현하고, 어떻게든 그 지시에 불복종하고, 어떻게든 책임을 전가 당하지 않으려 몸부림하는 옹졸한 내가 드러났다. 부끄러웠다. 하지만 그 권위를 진정으로 인정하는 것과 그저 책임이나 회피할 정도로 인정하는 '척'하는 건 분명 달랐다.

예전에도 비슷한 경험이 있다. 전형적인 악한 상급자였다. 자기 책임을 사사건건 다른 사람에게 전가했고, 다른 사람의 권위를 세워주기는커녕, 무너뜨리기에 바빴다. 하급자들을 불안이나 두려움으로 조종하는 것이 눈에 보였다. 꼭지가 돌았다. 사생 결단을 벌였고, 보기 좋게 징계를 받았다.

하지만 이번엔 달랐다. 그래도 그 권위를 인정하기로 하고, 그 말 그대로 순종했다. (심지어 집에서 김치까지 퍼다 주었다. 고맙다는 말 한마디 없었다.) 이는 결국, 절대자에게 모든 걸 걸었던 셈이다.

얼마 지나지 않아 어떤 생각이, 조용하지만 분명히 떠올랐다.

'시험 통과.'

'너의 복종이 비로소 온전하게 되었다'(고전 10:6)는 말씀이 레마^{rema, 나를 위한 특별한 말씀}로 심장에 꽂혔다. 비로소 이 책 저자로 인정받은 듯한 기분이었다. (상급자들과의 관계도 곧 회복되었다.[주57])

이제 와 돌아보면 필자의 인생 전반은 '타인의 권위를 인정하게 되는 과정', 특히 '그 권위 인정받을 자격이 없는 권위조차 인정하게 되는 과정'이었다.

용서에 대한 글을 나누었다. 하지만 정말로 정죄하고 용서해야 할 궁극의 적 enemy이 따로 있었다.

절대자였다.

| 하느님, 나한테 왜 그러세요?

로렌스 피터는 《피터의 원리》에서 이렇게 말했다.

"위계조직에서 불리한 사람은 무능한 사람이 아니다, '지나치게 유능한 사람'이다."

공감하는 독자가 많겠지만, 내 이야기는 아니다.

나는 그가 말하는 최악의 인간, 강박적인 무능력자였다.

당시 나는 실적에 강박적으로 집착하고 있었다. 부모에게 못 받았던 칭찬과 인정을 그렇게라도 받으려 했던 것 같다.

뭐 해 먹고 살지?

여러 일이 동시에 일어났다. 문화센터를 총괄하는 부서로 다시 돌아왔고, 지자체의 정치적인 이유로 우리 부서 전체가 민영화民營化되었다. 새로운 조직에서 우리는 또 다른 불사조를 만났고, 동료들을 위한다는 같잖은 사명감에 불사조를 들이받았다.

정직 2개월.

'젊은 날을 바쳤던 조직을 떠나는 아버지들의 마음'을 감히 느꼈다.

구차한 변명을 늘어놓고 싶진 않다. 그 어떤 명분이 강박적인 자기 의義를 합리화하겠는가. 하지만 당시에는 아직 혈기가 살아 있었다. 회사를 향해 돌을 던졌다.

육아 휴직 3년. 그렇게 게임이 시작되었다.

머릿속이 곧 한 가지 생각으로 가득 찼다.

'뭐 해 먹고 살지?'

하느님, 나한테 왜 그러세요?

죽으라는 법은 없었다. 몇 달이 지나지 않아 동종 업계에는 내가 '전설'이라는 소문이, 회사에는 내가 '그 동네 돈을 다 쓸어 담는다'는 소문이 돌았다.

하지만 좋은 날은 길지 않았다. 갑자기 무슨 법^{단말기유통구조개선법}이 시행되며 업계 자체가 붕괴했다. 지인의 배신으로 매장 연합에서 제명당했고, 어렵게 개척한 IT 용품 도매 영업권도 빼앗겼다. 지인의 공금 횡령 사실이 드러났고, 덕분에 제삼자에게 소송까지 당했다. 모든 걸 잃어버렸다.

이번에는 '극단적인 선택을 고민하는 자영업자의 마음'을 감히 느꼈다.

하지만 고난은 시작에 불과했다. 사업이 어려워지자 무서운 여자가 남편을 시댁에 갖다 버렸다. (남편 옷가지는 시아버지 차에 버려져 있었다.) '처자식에게 버림받고 노숙을 하는 기분'을 뭐라고 표현해야 할지 모르겠다.

하지만 고난은 시작에 불과했다. 모든 걸 잃고 돌아온 아들에게 어머니는 '너 집에나 가'라며 악을 쓰셨고, 아버지는 '저런 새끼는 자살해야 한다'며 칼을 휘두르셨다.^(주43) '부모에게 버림받은 기분'을 정말, 뭐라고 표현할 방법이 없다. 어느 순간 사람 정신 줄이 탁, 끊어졌다.

"하느님, 나한테 왜 그러세요?" ('내가 뭘 그렇게 잘못했나요?')

하지만 절대자의 음성은 들리지 않았다.

주변 사람들의 말은 똑똑히 들렸다. 사람 가슴을 후벼 팠다.

"네가 죄인이야." ("회개해라!")

하지만 난 돈이 아니라 사람을 남기는 사람이었다. 직장에서든 자영업 현장에서든 항상 정직하려 노력했다.

내 믿음이 좋았다고는 말하지 못한다. 하지만 나는 십일조가 아니라 십이조를 하던 사람이었다. '너무 퍼주기만 한다'고 오히려 고객들이 필자를 걱정해주었다. 그런데도 내가 그렇게 잘못했던 건가?

가정에서 필자는 '대화가 통하는 남편' 정도가 아니었다. 아내의 권위를 세워주는 남편이었다. 이는 심지어 아내 친구들이나 장모님 지인들조차 인정해주는 사실이다. 그런데도 내가 그렇게 부족했던 걸까? 그런데도 더 회개해야 하는 걸까?

자녀가 이미 용서받은 죄를 끊임없이 되새기길 바라는 부모가 있을까? 교만이 나쁜 건 사실이지만, 거짓 겸손이나 죄책감, 열등감이 더 나쁜 거 아닌가?

도대체 내가 뭘 그렇게 잘못했던 걸까? 셀 수조차 없이 물었다.

"하느님, 정말로 살아계시면, 한마디라도 말씀 좀 해 줘요!"

하지만 절대자의 음성은 들리지 않았다.

본문에서, '그 은혜가 사라진 순간에야 비로소 그 소중함을 깨닫는다'라고 말했지만, 이는 쉽게 했던 말이 아니었다. 내 이야기였던 까닭이다.

그 은혜가 사라진 순간, 즉 고난이나 시련을 만난 순간을 성경은 '광야曠野(주-22) 라고 말한다. 먹을 것도 없고, 마실 것도 없다. 한 치 앞도 안 보인다. 뭘 할 수도 없고, 딱히 할 것도 없다. 죽지도 못한다.

그 길을 얼마나 걸었을까, 문득 내가 보였다. 내 잘못이었다.

누가 죄인인가?

광야를 만나기 전엔 나 자신을 나름 괜찮은 사람이라고, 법 없이도 살 사람이라고 생각했다. 아니, 주변 모두가 그렇게 나를 인정해 주었다.

성경은 우리가 타락한 존재, 즉 원죄原罪를 범한 죄인이라고 말한다. 나에게 이는 남의 이야기에덴동산에서 선악과를 따먹은 아담과 하와의 이야기였다. 하지만 광야를 만나고 보니 그것이 사실이었다.

나도 선악과를 따먹었다는 사실을 부인할 수 없었다.

내 안에 없는 악罪 교만, 인색, 질투, 분노, 음욕, 탐욕, 나태, 게으름이 없었고, 따먹지 않은 선악과가 없었다. 아무리 불사조가 동료들을 괴롭게 했다고 하지만, 그렇다고 어떻게 '상급자의 권위를 인정해야 한다'라고 말하던 사람이 상급자에게 의자를 던졌던 걸까?

나는 돈이나 정직이라는 가치와는 절대 타협하지 않는 사람이라고 생각했다. 하지만 자영업을 운영하며 수없이 타협했다. 가장 후회하는 건, 자기 잘못을 인정하는 하급자를 용서하지 않았던 것이다.(주20) 그것이 내 선악과였던 것 같다.

본문에서 '지각 있는 사람', 즉 '상대방에게 은혜받을 자격이 있는지 검증하는 사랑, 그리고 상대방이 그 자격을 갖추도록 도와주는 사랑'을 말했다. 그것이 내가 광야를 만나야 했던 이유였다.

아니, 그렇다고 믿기로 했다. 나에게 그 자격이 있는지 절대자가 검증Test하려 하셨던 것이며, 그 자격을 갖게 하려 하셨던 것이다. 결국, 내가 아직 그 권위를 온전히 인정하지 않았기 때문이며, 나와 절대자 사이의 이상적인 관계, 즉 서로를 진정으로 사랑하는 관계가 아직 이루어지지 않았기 때문이다.

물론 아닐 수도 있다. 하지만 중요한 건, 어느 순간 나에게 그런 믿음이 생겨있었다는 사실이다. 아니라면 무엇으로 그 이유를 설명할 수 있겠는가.

욥의 고난도 마찬가지였다. 시험이자 과정이었다.

나의 가는 길을 오직 그가 아시나니 그가 나를 단련하신 후에는 내가 정금 같

이 나오리라 욥기 23:10

팀 켈러는 《고통에 답하다》에서 이렇게 말했다.

"욥은 실제로 하나님을 사랑하지도 섬기지도 않으며, 하나님의 뜻을 따르는 방식으로 자신을 사랑하고 섬길 뿐이라는 게 사탄의 고발 내용이었다. … 인생사가 어떻게 풀려 가느냐에 따라 하늘까지 치솟았다 바닥으로 곤두박질치길 반복하는 건 하나님을 오로지 그분 자체로 온전히 사랑하지 않는 탓이다."

그 고난으로 욥도 비로소 그 권위를 진정으로 인정하게 된 것이며, 비로소 자기 정체성을 정립하게 된 것이다. 그 고난으로 비로소 욥과 절대자 사이의 이상적인 관계, 즉 서로를 진정으로 사랑하는 관계가 이루어진 것이다.

예수 그리스도의 고난, 즉 십자가의 이유도 그랬다. 우리에게 십자가는 구원이지만, 성자에게 이는 시험이었다.

진 에드워즈Gene Edwards는 《크리스천에게 못박히다》(2005)에서 이렇게 말했다.

"성자께서는 죽음을 포함하는 그 시간에 성부께 순종하기를 배우셨습니다. 그것은 십자가에 못 박힘만이 제공할 수 있는 수업이었습니다. 그분은 이전에 알지 못했던 순종을 배우셨습니다."

그가 아들이시라도 받으신 고난으로 순종함을 배워서 히브리서 5:8

필자의 표현대로라면 '성자의 처지와 성부의 처지가 달랐기' 때문이며, 성자도 '순종할 수 없는 것에 순종해야 했던 것'이다. 하지만 이는 성자에게도 절대 쉽지 않은 일이었다. 그는 이렇게 부연했다.

"당신 주님의 겟세마네는 그 아버지의 뜻에 순복하는 것이었습니다. … 당신의 주님은 자신의 뜻을 아버지의 뜻에 맞추기 위해 애쓰면서 무시무시한 순간을 보냈습니다. … 겟세마네는 나약한 인간성이 마침내 신성에 동의하는 장소입니다.”

그리고 성자는 자기 뜻을 내려놓았다.

그러나 나의 원대로 마시옵고 아버지의 원대로 하옵소서 마태복음 26:39

바로 그 순간, 성자가 성부의 권위를 진정으로 인정한다는 사실이 증명되었으며, 그 순간 비로소 둘 사이의 이상적인 관계, 즉 서로를 진정으로 사랑하는 관계가 이루어졌다. 그 순간 비로소 성자도 성자로서의 정체성을 정립한 것이며, 그 순간 비로소 인류의 죄를 대속할 자격, 그 권위를 얻었던 것이다.

같은 책에서 진 에드워즈는 모든 독자에게 질문한다.

‘누가 예수를 십자가에 못 박았는가?’

물론 절대자Heavenly Father다. 하지만 그다음 질문은 절대 쉽지 않다.

‘누가 당신을 십자가에 못 박았는가?’[주58]

역시 절대자다.

“하늘 아버지께서 그의 독생자가 십자가에 못 박히길 원하셨습니다. 당신도 마찬가지입니다. … 심지어 그분은 당신이 그리스도인들의 손에 의해 십자가에 못 박히도록 하셨습니다. … 이 사실을 받아들이는 것이 치유로 가는 당신의 첫걸음입니다. … 치유는 이 끔찍한 비극이 그분의 손에서 나왔음을 받아들이는 행위에 담겨 있습니다.”

비로소 사건의 전후, 즉 내가 고난과 시련을 당해야 했던 이유를 깨닫는 순간이었다. 내가 왜 실패해야 했고, 좌절을 경험해야 했던 건가? 내가 왜 광야 길을 걸어야 했던 건가? 내 실수, 내 잘못이 전부인가?

절대자 때문이었다.

온 우주 만물을 창조하시고 주관하시는 절대자가 살아계신 것이 사실이라면, 그리고 그가 우리 인생을 계획하고 주관하는 것이 사실이라면, 어떻게 다른 결론이 있을 수 있겠는가.

그리고 그 순간, 가장 끔찍한 결론에 도달했다.

'내가 절대자가 쳐놓은 덫에 걸려 넘어졌던 건가?'

가장 끔찍한 결론

절대자가 나를 잡으려고 설치한 덫, 나를 잡으려고 파놓은 함정, 나를 잡으려고 쳐놓은 거미줄, 나를 낚으려고 준비한 미끼, 나를 위해 준비한 선악과, 바로 그것을 내가 덥석 물어버린 것이다! (이를 M. 스캇 펙은 '유혹자로서의 절대자[주59]'이라고 표현했다.) 하지만 더 끔찍한 생각이 따로 있었다.

'내가 선악과를 따먹기를 오히려 절대자가 기다리셨던 건가?'

나는 그렇게 믿는다! 왜? 나도 선악과를 따먹은 타락한 존재, 즉 내가 죄인이라는 사실을 절대 부정할 수 없게 하신 것이다. 그래야 내가 감당할 수 없는 책임이 있었다는 걸 비로소 깨닫기 때문이며, 그 책임을 절대자가 대신해 주고 있었다는 걸 비로소 깨닫기 때문이다.[주17]

그래야 비로소 그 은혜의 소중함을 깨닫기 때문이며, 그래야 비로소 그 권위를 진정으로 인정하게 되기 때문이다. 그래야 비로소 내 진정한 정체성, 창조의 원형을 회복할 수 있기 때문이며, 그래야 비로소 나와 절대자 사이의 이상적인 관계, 즉 서로를 진정으로 사랑하는 관계가 이루어지기 때문인 것이다.

그 순간, 이상한 기분이 들기 시작했다.

'낚싯줄에 거꾸로 매달린 물고기가 된 기분'이었다.

거꾸로 매달려 힘이 빠질 때까지 버둥거리는 신세, 그것이 광야가 아니라면 무엇이겠는가! 그 순간, 피가 정말로 거꾸로 솟았다.

아주 좋습니다! 절대자께서 나를 위해 허락하셨던 시련이며 고난이라는 사실은 인정하겠습니다. 덕분에 제 정체성도 정립할 수 있었고, 덕분에 그 은혜받을 자격도 갖출 수 있었으니까요. 덕분에 인생의 사명에도 도전할 수 있었으니까요.

하지만 이건 정말 너무 하신 거 아닙니까? 어떻게 내가 목숨처럼 지켜온 내 믿음과 신념, 내 자존심, 내 자기 의義에 걸려 넘어지게 하실 수 있는 겁니까? 아니, 어떻게 사람을 그렇게 벼랑 아래로 밀어버리실 수 있는 겁니까? 아니, 어떻게 넘어진 사람을 그렇게 잔인하게 짓밟으실 수 있는 겁니까?

지금 장난하는 거 아닙니다! 목적이 수단을 정당화할 수 없는 건, 죄를 죄라고 인정해야 용서가 성립할 수 있는 건 마찬가지 아닙니까?

그렇다면 이번에는, 절대자가 유죄 확정입니다!

"하느님, 한마디라도 말씀 좀 해 봐요!"

그런데 그 순간, 그렇게 기다렸던 절대자의 음성이 다시 들리기 시작했다.

폭포수처럼 쏟아지는 그 음성이 전하는 메시지는 오직 하나, 사과였다.

'미안하다.' ('나 때문에 고생이 많았지?')

본문에서 하급자들에게 용서를 구하는 권위자들의 마음을 전한 바 있다. 그 마음이 바로 필자를 향한 절대자의 마음이었다.

'내가 허락한 고난과 시련이었다.' ('모두 지켜보고 있었어.')

'지금은 이해할 수 없어도 곧 내 뜻을 깨달을 거야.'

'그 정도면 충분히 잘했다. 고맙다.'

사람이 그대로 고꾸라졌다.

철학자 지젝[Slavoj Žižek]은 이렇게 말했다.

"하느님 아버지가 이처럼 고통과 불의로 가득 찬 불완전한 세상을 창조하셨고, 당신이 함부로 저지른 이 엉터리 실수를 만회하고 인류에게 용서받고자 예수님을 이 땅에 보내셨다고 생각해 보자. 이렇게 예수님의 죽음은 하나님께서 인류에게 진 빚을 갚는 방편이라면 과연 어떤 일이 일어나겠는가?"

지젝의 말에 모두 동의하는 건 아니다. 절대자가 창조한 세상이 불완전하다고 생각하는 것도 아니다. (문제는 이를 타락하게 한 우리다.) 하지만 십자가의 그 희생이 절대자가 우리에게 진 빚을 갚는 방편, 즉 우리 삶의 고난과 시련의 대가라는 생각에는 동의한다.

닐 도널드 월쉬는 《신과 나눈 이야기》에서 이렇게 대언했다.

"아담과 이브의 행동은 원죄가 아니라 사실은 최초의 축복이었다. 너희는 아담과 이브가 인류 최초로 '잘못된' 선택을 했기 때문에, 선택 자체를 할 수 있게 해줬다는 점에서 그들에게 진심으로 감사해야 한다."

십자가는 위대한 사랑이며 희생이다. 하지만 그 사랑과 희생을 완성하는 건 따로 있다. 절대자를 용서하는 우리의 선택이다.

그래야 우리 자신의 진정한 정체성, 즉 창조의 원형을 회복할 수 있기 때문이며, 그래야 우리와 절대자 사이의 이상적인 관계, 즉 서로를 진정으로 사랑하는 관계가 이루어질 수 있기 때문이다.

우리 인생을 고난과 시련의 연속, 즉 고난의 바다[苦海]나 광야라고 말하는 사람도 많지만, 필자의 생각은 다르다. 이는 과정일 뿐이다. (예정론과 자유의지론의 관점에 따라 해석이 다를 수 있다.[주-60])

광야는 그 은혜받을 자격을 갖게 하는 과정, **광야학교**[Desert School]였다.[주-22]

내 형제들아 너희가 여러 가지 시험을 만나거든 온전히 기쁘게 여기라 이는 너희 믿음의 시련이 인내를 만들어내는 줄 너희가 앎이라 인내를 온전히 이루라 이는 너희로 온전하고 구비하여 조금도 부족함이 없게 하려 함이라 야고보서 1:2~4

빌 존슨은 《하나님의 임재》(2012)에서 이렇게 말했다.

"하나님은 참으로 그분을 신뢰하는 자들을 찾으신다."

왜? 절대자가 먼저 우리를 신뢰하기 때문이다. 절대자가 우리를 존중하기 때문이며, 이는 결국, 절대자가 우리를 진정으로 사랑하기 때문인 것이다.(주46)

우리가 하나님을 사랑한 것이 아니요 오직 하나님이 우리를 사랑하사

요한1서 4:10

그 사실이 믿어지지 않는다면, 이를 우리가 속한 조직에 적용해 봐도 좋다. 권위자들이 차마 말하지 못했던, 가장 큰 비밀이 드러날 것이다.

우리가 그 권위를 인정하기도 전에, 그들이 우리를 존중하고 있다.

그들이 우리를 조건 없이 사랑[Agape]하고 있다는 의미다.

권위가 높아질수록 외로워진다

부당한 지시에 대한 경우의 수는 두 가지, 복종 혹은 불복종이었다. 그런데 권위자가 되고 보니, 선택 하나가 더 사라졌다. 복종 혹은 복종[///]이었다!

그 결과가 관계의 단절이며 조직의 붕괴였기 때문이었다.

서로를 존중하는 관계나 조직은 사실 흔치 않다. 어느 한 편이 다른 편을 존중하지 않을 때가 더 많다. 하지만 그런데도 유지되는 관계나 조직이 많다. 이상하지 않은가? 왜 그런 걸까?

어느 한 편이 그 불복종의 책임을 대신해 주고 있기 때문이다.

대부분, 권위자다.

하급자는 그 권위를 인정하지 않아도 괜찮다. 불복종을 선택해도 괜찮다. 그 책임이 상대적으로 크지 않기 때문만이 아니라, 권위자들이 그 책임을 얼마든지 대신해 줄 수 있기 때문이다. 하지만 권위자의 처지는 다르다. 그래도 권위자는 하급자를 존중해줄 수밖에 없다.

본문에서 '상급자는 억울해도 괜찮다'라고 했지만, 아니다. 상급자도 사람이다. 아무렇지 않은 척할 뿐, 그 순간 피가 거꾸로 솟고 가슴이 터져나가는 건 상급자도 똑같다.

하지만 하급자의 처지에서 이를 깨닫기란 쉽지 않다. 자녀가 어찌 부모의 사랑을 헤아리겠으며, 제자가 어찌 스승의 은혜를 헤아리겠는가. 대부분 권위자가 된 이후에야 비로소 깨닫는다. 은혜가 사라진 후에야 그 소중함을 깨닫는 것과 같다.

내가 속했던 관계나 조직이 붕괴하지 않았던 이유를 나는 너무 늦게 깨달았다. 내 불복종의 책임을 대신해 주던 권위자들 덕분이었다. 그것이 권위자로서 해야 할 가장 중요한 역할이었다.[주7]

하지만 권위자들을 힘들게 하는 건, 그만큼 커지는 책임만이 아니었다.

외로움이었다.

리처드 포스터Richard J. Foster는 《돈, 섹스, 권력》(1985)에서 이렇게 말했다.

"영적인 능력이 치러야 할 대가는 바로 홀로 있는 것이다."

그 순간 이 말이, '권위가 높아질수록 외로워진다'는 말로 들렸다.

권위자라면 그 마음을 모를 리 없다. 학교에서는 학교장이, 기업에서는 대표가,

가정에서는 가장이 가장 외롭다. 동호회장이든 종교 지도자든 대부분 마찬가지다. 특히 언제 가장 그렇겠는가?

"상대방의 책임을 대신해 주는 만큼, 그 권위를 인정받지 못할 때다."

권위자의 처지에서 하급자의 마음을 헤아리기란 어렵지 않다. 하지만 그 반대, 즉 하급자의 처지에서 권위자의 마음을 헤아리긴 어렵다. 자기가 감당할 수 없는 책임이 있다는 걸 아직 모를 땐 더 그렇다.[주17]

하지만 그렇다고 권위자가 이를 자기 입으로 말하기도 어렵다. 남부끄럽기 때문이다.[주25] 그러니 밥이나 한 번 더 사주고, 말이나 한 번 더 걸어줄 뿐이다.

하지만 예전의 나처럼 고맙다는 말 한마디 없거나, 아무렇지도 않게 불복종을 선택하는 하급자를 만날 때면, 필자도 가슴이 터져나갔다.

솔직히, 죽.여. 버.리.고. 싶었다.

하지만 그렇다고 사람을 정말로 어찌할 수는 없잖은가. 뒷목이나 붙잡을 수밖에. 어디서 많이 듣던 말이 내 입에서도 새어 나왔다.

"선배가 되어봐야 선배들 마음을 알겠지."

(왠지 엄마 목소리가 들리는 것 같았다. "지 새끼를 낳아봐야 엄마 마음을 알겠지." 할아버지 할머니들이 손자 손녀들을 예뻐하는 이유를 알 것 같다. 자식새끼들에게 복수를 해주기 때문이다.) 주제로 돌아간다.

절대자를 용서하지 않을 이유는 전혀 없었다. 그 모든 고난과 시련이 바로 나를 위한 것이었다는 걸 부정할 수 없었던 까닭이다. 하지만 그렇다고 그 감정이 쉽게 가라앉았을 리 없다.

피투성이가 된 채 벼랑 아래 주저앉아 한참을 중얼거려야 했다.

"와……, 제대로 당했네." ('진짜 치사하시네.')

이건 정말 사실이다. 내가 왜 가정을 이루고 나서야 광야를 만났겠는가?

그렇다, 처자식 때문에 죽지도 못할 것을 이미 아셨기 때문이다. ('절대자 저 양반 참말로 독합디다'라고 대놓고 쓰고 싶을 정도다.) 이건 어금니를 꽉 깨물고 했던 말이다.

'이젠 하나님께서 확신하세요. 사망이나 생명이나 천사들이나 권세자들이나 현재 일이나 장래 일이나 능력이나 높음이나 깊음이나 다른 어떤 피조물이라도 하나님을, 제 사랑에서 끊을 수 없을 겁니다!' (로마서 8:38~39)

그 순간 절대자가 얼마나 기뻐하셨는지 상상할 수 있겠는가?

그렇다, 부모라면 한 번 이상 느껴보았을 바로 그 기쁨^{Joy}이다.

한번은 길 삼 형제에게 이렇게 물어보았다. "너희들은 아버지를 믿나?" 말끝이 살짝 흐려졌다. 그런데 녀석들이 필자를 감동하게 했다.

"당연하죠!" ("아버지를 천만 번 믿어요!")

그 기쁨은 말로 표현할 수 있는 것이 아니었다.

글을 쓰기 시작할 당시 필자는, 나에게 해를 끼치거나 억울하게 했던 모든 사람을 고발하려 했다. 하지만 쓰고 지웠다. 용서했기 때문이다. 진범$^{Heavenly\ Father}$이 드러난 이상, 그들을 용서하지 못할 이유는 없었다. (용서했더니 심지어, 살이 빠졌다![주61])

삶을 살아가며 한 번쯤 해볼 만한 질문이다.

'하느님, 나한테 왜 그러세요?'

이 세상을 창조하고 주관하는 절대자가 존재하는 것이 사실이라면, 우리 삶의 고난과 시련이 우리에게 그 은혜받을 자격을 갖게 하는 과정, 즉 광야학교라면 그 해답을 얻지 못할 이유는 없을 것이다.

우리는 사랑받는 존재다. 우리 이제, 그 사랑을 나누자.

우리가 서로 사랑하자 ⋯ 하나님은 사랑이심이라 요한1서 4:7, 8

나는 더 밉다!

로렌스 피터는 '강박적인 무능력자'에게 이렇게 조언했다.

"능력의 절정에 있는 사람들은 무능의 자리에 오를 수 없다. 그럴 때 그들은 다른 위계조직으로 건너가려고 한다. 새로운 환경에서 무능의 단계에 도달하려는 것이다. 이것이 강박적인 무능력이다. ⋯ 하지만 그렇게 이동할 필요가 있을까?"

그렇다. 그렇게 이동할 필요가 있다. 조직을 떠난 후 뼈아프게 후회했다.

'진작 나올걸.'

필자에게 광야는 삶의 터닝 포인트^{turning point}였다. 광야를 만나지 않았다면 변화와 도전을 선택하지 못했을 것이며, 아직 무능의 단계에 머문 채 소중한 하루하루를 오물 구덩이에 버리고 있었을 것이다.

이 책에서 필자는 특히 행동을 강조했다. 하지만 이는 대단히 기만적인 표현이었다. 믿는 대로 행동하지 않는 인간이 있다면 바로 내가 그런 인간이기 때문이다.

로버트 그린리프는 《서번트 리더십》에서 이렇게 말했다.

"헤르만 헤세의 동방순례를 처음 읽었을 당시, '지도자로서의 서번트^{The Servant Leader}'라는 개념이 불현듯 떠올랐다. 이 생각은 지난 11년 동안 고스란히 잠들어 있었다. 그런데 4년 전 문득 우리 사회가 리더십의 위기를 맞고 있다는 사실을 깨달았다. 이를 위해 내가 할 수 있는 일이 있다! 이건 오직 나만이 할 수 있는 사명인 것이다! ⋯ 11년 동안이나 행동으로 옮기지 못한 내 자신이 미웠다."

나에게도 그런 생각이 있다. 그것이 바로 '사람을 움직이는 힘'이다. 이 생각은 지난 12년 동안 고스란히 잠들어 있었다. 그런데 문득, 사람 때문에 힘들어하는 사람이 너무나도 많다는 생각이 들었다. 이를 위해 내가 할 수 있는 일이 있었다! 이건 오직 나만이 할 수 있는 사명인 것이다!

그런데 지금까지 내가 뭐 하고 있었던 건가? 12년 동안이나 행동으로 옮기지 못한 내가, 나는 더 밉다! *그러니 광야 길을 걸어야 했던 거 아니겠는가! 이런 망할!*

상급자와 하급자의 갈등을 시작으로, 스승과 제자, 선배와 후배, 그리고 부모와 자녀 사이의 갈등에까지 적용할 만한 나름의 해답을 제시했다.

하지만, 권위의 문제가 가장 심각한 곳은 따로 있다.

가정문제, 특히 남편과 아내 사이의 갈등이다.

우리 집에 무서운 여자가 있다! (2)

글을 시작하며 나폴레온 힐의 말을 인용했다.

"이 시대의 가장 심각하고도 시급한 문제는 바로 경영자와 노동자 사이의 갈등, 즉 노사문제다."

틀렸다*고 생각한다.* 필자는 이렇게 주장하겠다.

"이 시대의 가장 심각하고도 시급한 문제는 바로 가정문제, 그중에서도 남편과 아내 사이의 갈등이다."

이제 권위 문제의 끝판왕, 가정문제에 대해, 알아보려, 했다.

그리고, 문제가 생겼다. 〈부록〉 마지막 장을 통째로 편집[주-63] 당했다.

하아……, 마음이 토막 나는 기분이다. 러시아에서는 코끼리 안에 뭘 넣는다지만, 이건 정말 내 탓 아니다, 편집자 탓이다!

편집자도 게으른 남자임이 틀림없다. *나 여자임*

당장 편집자의 목이라도 조르고 싶지만, 권위에 관한 글을 쓴 작자[주]가 편집자의 권위를 인정하지 않을 수는 없다.

저자로서 약속하겠다. 개정판에서는 마지막 장을 편집 당하지 않도록, 노력하겠다.

그런데 왜 자꾸 말을 흐리는 건가?

나는 사실 **식충이**였다.

진짜 끝.

부록 | 하느님, 나한테 왜 그러세요?

앵그리 보스 2 : MZ 킬러

ⓒ 길상훈, 2023

초판 1쇄 발행 2023년 11월 17일

지 은 이 ∣ 길군(길상훈)
펴 낸 이 ∣ 길상훈
디 자 인 ∣ 이보람 lamine_d@naver.com ∣ arti.bee whgnstlr120@naver.com
펴 낸 곳 ∣ 더템플턴북
주   소 ∣ 서울특별시 마포구 홍익로3길 8(서교동)
전   화 ∣ 010-5191-2079
팩   스 ∣ 0504-460-2079
이 메 일 ∣ templeton2@naver.com
홈페이지 ∣ @templeton2 ∣ blog.naver.com/templeton2

ISBN 979-11-985062-0-7(13320)